Religionen aktuell

Religionen aktuell

Herausgegeben von Bertram Schmitz

Band 9

Trauerrituale im vietnamesischen Buddhismus in Deutschland

Kontinuität und Wandel im Ausland

von

Thanh Ho

Tectum Verlag

Thanh Ho

Trauerrituale im vietnamesischen Buddhismus in Deutschland.
Kontinuität und Wandel im Ausland

Religionen aktuell; Band 9

Zugl.: Gottfried Wilhelm Leibniz Universität Hannover, Univ. Diss. 2011

Umschlagabbildung: © Fotografie des Autors

ISBN: 978-3-8288-2887-2
ISSN: 1867-7487

Besuchen Sie uns im Internet
www.tectum-verlag.de

Bibliografische Informationen der Deutschen Nationalbibliothek
Die Deutsche Nationalbibliothek verzeichnet diese Publikation in der Deutschen Nationalbibliografie; detaillierte bibliografische Angaben sind im Internet über http://dnb.ddb.de abrufbar.

Vorwort

Die Fragen nach Leben und Tod stehen im Zentrum der Religionen: Gegenüber dem Tod als Ende dieser einen irdischen Existenz wird das Leben in seiner Ganzheit verstanden und interpretiert. In den vielfachen Strömungen des Buddhismus reicht dieses Leben über den Tod in ein weiteres Dasein hinein, wo es sich neu verkörpert. Dieser Prozess geschieht nicht nur von selbst, sondern er wird durch Rituale unterstützt. Letztere zeigen dabei in allen Religionen eine bemerkenswerte Vielseitigkeit an Aufgaben: Zum einen begleiten die Trauerrituale den Verstorbenen in die neue Existenz, zum anderen bieten sie den Lebenden Trost und Halt. Dabei entsteht eine weitere Verzweigung ihres Sinns: Das Eigentliche des Verstorbenen - seine Wesenheit, seine Seele oder wie auch immer es in den einzelnen Religionen verstanden wird - ist weitestgehend unverfügbar und ungegenständlich. Es scheint sich dem Trauerritual zu entziehen. Dennoch bleibt der irdische Teil in der einen oder anderen Weise greifbar: der Leib des Verstorbenen, die Erinnerung an ihn und die Beziehungen zu ihm. So erscheint die Gesamtheit der Trauerzeremonien als ein komplexer Vorgang, der den verschiedenen Elementen gerecht werden muss.

Der Religionswissenschaftler Thanh Ho stellt diesen Komplex der Rituale um den Verstorbenen im vorliegenden Buch für den Mahayana-Buddhismus anschaulich dar, besonders für dessen vietnamesische Ausrichtung. Diese Spezialisierung ist aus folgenden Gründen sinnvoll: zum einen haben die meisten Buddhisten, die heute in Deutschland leben, eine vietnamesische Herkunft (dies trifft auch auf den Verfasser selbst zu), zum anderen wird deutlich, dass es sich um eine Ausrichtung des Buddhismus handelt, die traditionell durchaus mit der Ahnenverehrung verbunden ist, wie sie vor allem in China, aber auch in mehreren angrenzenden südostasiatischen Ländern relevant ist. So scheinen zwei Elemente miteinander in Spannung zu stehen, die jedem Besucher etwa der vietnamesisch-buddhistischen Pagode Vien Giac in Hannover auffallen, sich aber auch in Vietnam selbst oder in Thailand finden lassen: Wenn man doch von einer Instanz im Menschen ausgeht, die sich verflüchtigt und wiedergeboren wird, warum wird dem Antlitz des Verstorbenen dann so viel Ehre erwiesen, dass ein Portraitfoto im Tempel oder in der Nähe des Grabes aufgestellt wird; warum wird der Leichnam nicht prinzipiell verbrannt, wie dies etwa in Indien der Fall ist; und warum wird die Erinnerung an den Verstorbenen so hoch gehalten? Und wieso steht nicht der direkte Weg in das hinein im Zentrum, was im Westen als Nirvana bekannt ist?

Thanh Ho beantwortet nicht nur diese Fragen, sondern zeigt im Detail und in allen praktischen Momenten anschaulich und konkret, wie vietnamesisch-buddhistische Trauerrituale vollzogen werden. Er erläutert hierfür die vietnamesische Tradition und leitet dann zu von in Deutschland lebenden Gläubigen durchgeführten Trauerzeremonien über. In seiner Darstellung werden buddhistische Originaltexte zum Thema und deren Übersetzung vorgestellt. Der Verfasser zeigt anhand von Fotos, wie die Rituale tatsächlich vollzogen werden. Zugleich werden konkrete Fälle und Einzelbeispiele aufgezeigt. Der weitere Rahmen der realen Praxis im Hinblick auf Sterben, Tod und Trauer wird bearbeitet bis hin zur Frage nach Patientenverfügungen oder nach für eine Überführung des Leichnams eines verstorbenen Vietnamesen in die Heimat erforderlichen Formalitäten; dies schließt auch Kostenabrechnungen und unterschiedliche in Deutschland zur Auswahl stehende Bestattungsformen ein. Auf diese Weise verbindet Ho in seinem Werk die Darstellungsweise eines distanzierten Wissenschaftlers mit derjenigen eines viele Jahre mit dem zu behandelnden Glauben befassten Beraters vietnamesischer Buddhisten - nicht nur - in Deutschland.

Der Verfasser selbst weist die besten Voraussetzungen für ein Werk wie das vorliegende auf: Zum einen spricht er gleichermaßen Deutsch wie Vietnamesisch, zum anderen kennt er als examinierter Religionswissenschaftler die Aufgabenstellungen und Anforderungen auf diesem Gebiet, hat zum anderen aber als vietnamesisch-buddhistischer Mönch schon selbst die von ihm beschriebenen Rituale vollzogen und ist dabei mit allen in der Praxis auftretenden Problemen konfrontiert worden. Hinzu kommt, dass er sich bereits während der Erstellung seiner früheren Schrift „Der Übergang von Leben zu Tod und Wiedergeburt im Theravada-Buddhismus - Vorstellungen und Rituale" (Religionen aktuell, Bd. 3) die für eine Studie wie die vorliegende erforderliche methodische Vorgehensweise bei der Untersuchung einer buddhistischen Schulrichtung angeeignet hat, welche nicht seine eigene ist. Die nun vorgelegte Arbeit zeigt, inwiefern neben den vietnamesischen Traditionen auch die Prägung durch den Mahayana-Buddhismus für die Rituale und die sie bestimmenden Vorstellungen spezifisch ist.

Damit ermöglichen die Ausführungen von Ho eine tiefe und zugleich plastische Annäherung an ein sonst schwer zugängliches Gebiet - sowie ein Verständnis für die Vorstellung des Übergangs vom Leben zum Nach-Leben in einer spezifischen buddhistischen Gedanken- und Ritualwelt aus der Sicht eines Wissenschaftlers und zugleich Praktikers. So wird dieses Buch Wissenschaftler und praktizierende Buddhisten gleichermaßen ansprechen und von ihnen mit großem Gewinn genutzt werden können.

Professor Dr. Dr. Bertram Schmitz (Hannover/Jena)

Abstract I

Die vorliegende Studie befasst sich mit der Frage, in welchem Maße Migranten religiöse Traditionen aus ihrem Herkunftsland beibehalten oder aber sich den in der neuen Heimat vorgefundenen örtlichen Gegebenheiten anpassen. Untersucht wird diese Frage am Beispiel in Deutschland lebender vietnamesischer Buddhisten und deren den Themenbereich „Sterben, Tod und Trauer" betreffenden Sicht- und Handlungsweisen.

Der Verfasser stellt zunächst die ursprüngliche Bedeutung des Todes im Buddhismus unter Heranziehung buddhistischer Quellentexte vor, wobei er explizit auf die in Vietnam verbreitete Tradition des Amitabha-Buddhismus einschließlich ihrer Lehre vom Reinen Land eingeht, in welchem die Gläubigen nach ihrem Tod wiedergeboren werden wollen. Es folgt eine Beschreibung des in Vietnam zu findenden Umgangs mit Sterben, Tod und Trauer im Rahmen der dortigen buddhistischen Glaubenspraxis unter Berücksichtigung maßgeblicher Einflüsse älterer Traditionen (Animismus, Ahnenverehrung, Konfuzianismus und Daoismus). Dabei werden ausführlich anschauliche Beispiele buddhistischer Sterbebegleitung und Trauerzeremonien angeführt. Anschließend nimmt der Verfasser eine genaue Beschreibung der mit Tod und Trauer zusammenhängenden Rituale mittlerweile in Deutschland lebender buddhistischer Vietnamesen vor. Im letzten großen Abschnitt der vorliegenden Studie erfolgt eine umfangreiche Bestandsaufnahme und Analyse der zuvor festgestellten - beibehaltenen oder neu entwickelten - Denk- und Verhaltensweisen des untersuchten Personenkreises im Umgang mit dem sensiblen Themenbereich „Sterben, Tod und Trauer". Hier zeigt der Verfasser außerdem Möglichkeiten der Gestaltung von Trauerfeiern für deutsche Buddhisten unter Einhaltung vietnamesisch-buddhistischer Richtlinien und Empfehlungen auf und stellt darüber hinaus einen von ihm selbst erarbeiteten, am vietnamesischen Buddhismus orientierten Leitfaden für den Umgang mit genanntem Themenbereich in Deutschland vor. Im Anhang der Arbeit findet sich eine umfangreiche Sammlung themenrelevanter Informationen.

Sein dauerhafter Aufenthalt in Deutschland seit 1984, je ein hier erfolgreich absolviertes natur- und geisteswissenschaftliches Hochschulstudium hauptsächlich der Informatik und der Religionswissenschaft, die erfolgte Aneignung umfangreicher Kenntnisse sowohl der vietnamesischen als auch der deutschen Kultur und nicht zuletzt die vor etwa zehn Jahren eingenommene Position eines die Sprachen Vietnamesisch und Deutsch fließend in Wort und Schrift beherrschenden ordinierten buddhistischen Geistlichen versetzen den Verfasser in die Lage, im Rahmen seiner Dissertationsarbeit sowohl den zu untersuchenden Menschen als auch der Wissenschaft gleichermaßen gerecht zu werden.

Abstract II

The present study deals with the question of to what extent migrants maintain the religious traditions of their country of origin or whether they adapt to the local circumstances in their new homeland. This question is examined by example of Vietnamese Buddhists living in Germany and their views and behavior with respect to the topic of "dying, death, and mourning".

The author initially introduces the original relevance of death in Buddhism by citing Buddhist source texts, whereby he explicitly addresses the tradition of Amitabha Buddhism prevalent in Vietnam, including its doctrine of the Pure Land, where believers want to be reborn after their death. This is followed by a description of how dying, death, and mourning are dealt with in Vietnam within the scope of the local practice of the Buddhist faith, taking into account the substantial influences of older traditions (Animism, Ancestor Worship, Confucianism, and Daoism). In the process, descriptive examples of Buddhist terminal care and mourning ceremonies are cited. The author subsequently provides a detailed description of the rituals connected with death and mourning as practiced by Vietnamese people of the Buddhist faith who now live in Germany. The final, extensive section of the present study comprises a comprehensive survey and analysis of the modes of thought and behavior, either maintained or newly developed, of the group of people investigated in their dealing with the sensitive topic of "dying, death, and mourning". In this section the author also points out possibilities for the organization of a funeral service for German Buddhists in observance of Vietnamese Buddhist guidelines and presents a guideline he drew up for dealing with the named topic in Germany oriented toward Vietnamese Buddhism. The appendix comprises a comprehensive collection of information that pertains to the subject.

His permanent residence in Germany since 1984, two university degrees in the natural sciences and the humanities, primarily Computer Science and Religious Studies, the successful acquirement of comprehensive knowledge about both Vietnamese as well as German culture, and not lastly, his approximately ten years of activity as an ordained Buddhist spiritual leader with a command of written and spoken Vietnamese and German put the author in a position to do justice to the people being investigated and scholarship in equal measure within the scope of his doctoral dissertation.

Inhaltsverzeichnis

Kapitel 2
Sterben und Tod im vietnamesischen Buddhismus 53

Kapitel 3
Vietnamesisch-buddhistische Trauerrituale in Deutschland 79

ANHANG
Teil I
Allgemeines 157

ANHANG
Teil II
Texte zur vietnamesisch-buddhistischen Bestattungs- und Trauerkultur 163

ANHANG
Teil IV

Abbildungsverzeichnis

(Sämtliche Abbildungen sind vom Autor erstellt, außer denjenigen, die ausdrücklich mit einer Quellenangabe versehen sind)

Abkürzungsverzeichnis

A.	Anguttara-Nikaya
Anm.	Anmerkung
Bd.	Band
bzw.	beziehungsweise
ca.	circa
d. h.	das heißt
d. Verf.	der Verfasser
ders.	derselbe
dies.	dieselbe
dt.	(auf) Deutsch
e. V.	eingetragener Verein
ebd.	ebenda
ed.	editor
eds.	editors
engl.	(auf) Englisch
etc.	et cetera
f.	und folgende Seite
ff.	und folgende Seiten
ggf.	gegebenenfalls
Hrsg.	Herausgeber
Kap.	Kapitel
M.	Majjhima-Nikaya
n. u. Z.	nach unserer Zeitrechnung
o. g.	oben genannte/-r/-s
o. J.	ohne Jahresangabe
o. O.	ohne Ortsangabe
o. V.	ohne Verlagsangabe
pers. comm.	personal communication
pp.	pages
s.	siehe
S.	Seite
s. o.	siehe oben
s. u.	siehe unten
sanskr.	(auf) Sanskrit
transl.	translator
u.	und
u. a.	unter anderem/und andere
u. ä.	und ähnliche/-s

Übers.	Übersetzer
usw.	und so weiter
v. u. Z.	vor unserer Zeitrechnung
Verf.	Verfasser
vgl.	vergleiche
vietn.	(auf) Vietnamesisch
vol.	volume
vs.	versus
z. B.	zum Beispiel
zit.	zitiert

Danksagung

Wenn jemand ein Werk vollendet hat, wird ihm Aufmerksamkeit zuteil; doch die vielen Menschen, die ihn bei seiner Arbeit unterstützt haben, bleiben im Hintergrund und werden teilweise gar nicht mit dem Arbeitsergebnis in Verbindung gebracht. Damit dies niemandem meiner vielen Helfer widerfährt, seien sie im Folgenden genannt, denn ohne ihr Engagement und ihren unermüdlichen Einsatz wäre die vorliegende Arbeit in ihrer Anschaulichkeit, Praxisbezogenheit und Wissenschaftlichkeit nicht zustande gekommen.

- An erster Stelle möchte ich meinen Doktorvätern Professor Dr. Dr. Peter Antes und Professor Dr. Karl-Fritz Daiber meinen Dank aussprechen für die mir gewährte, fachlich überaus kompetente sowie intensive Betreuung während der Vorbereitung und Erstellung der Studie.
- Danken möchte ich auch Professor Dr. Dr. Bertram Schmitz, der meine Forschungsarbeiten und die Entstehung des Textes mit Interesse verfolgte und mir jederzeit beratend zur Verfügung stand.
- Bei allen meinen Freunden und Bekannten möchte ich mich bedanken für Hilfestellungen unterschiedlichster Art, vor allem für wertvolle Informationen, die mir in persönlichen Gesprächen geliefert wurden.
- Dankbar für fachspezifische Auskünfte zu einzelnen Aspekten eines Teils meines Untersuchungsgegenstandes bin ich einigen freundlichen Ärzten aus Hannover sowie Mitarbeitern der Bestattungsinstitute Babst in Laatzen und Wockenfuß in Hannover, des Steinmetzbetriebes Schwarz in Hannover, des Stadtfriedhofs Seelhorst in Hannover und der Feuerbestattungen in Hildesheim.
- Anna Schomann und Edwin Antonius möchte ich danken für die mir zuteil gewordene Unterstützung bei der Gestaltung der äußeren Form bzw. bei der Durchsicht dieser Studie.
- Mein besonderer Dank gilt meiner Familie sowie meinem Meister, dem Hochehrwürdigen Thich Nhu Dien, Gründerabt der Pagode

Vien Giac in Hannover, für den liebevollen geistigen Beistand und nicht zuletzt für die finanzielle Förderung, welche mein Studium bis zur Promotion überhaupt erst ermöglicht hat.

Von den Genannten habe ich viel Bestätigung während der Bearbeitung des Themas erfahren. Möge dem Leser die Beschäftigung mit dieser Studie Freude und Gewinn bringen.

Hannover, im September 2011

Thanh Ho

Einleitung

Es gibt kaum ein anderes Thema, das - nicht nur - in den westlichen Gesellschaften einerseits immer wieder Erwähnung findet, andererseits aber nach Möglichkeit gemieden wird. Man ist sich durchaus der Tatsache bewusst, dass Sterben und Tod irgendwann auch das eigene Leben beschließen werden, und möchte daher ungern darüber sprechen.[1] Und doch ist man spätestens dann gezwungen, sich mit dieser Problematik zu befassen, wenn ein Todesfall im Kreis der eigenen Verwandten, Freunde oder Bekannten eingetreten ist oder aber z. B. im Fall einer unheilbaren Erkrankung das eigene Ableben absehbar ist.

Dass bei aller Abneigung dem Thema gegenüber Bedarf an einer Auseinandersetzung mit ihm besteht, erkennt man an den Versuchen, es in der Öffentlichkeit aufzuarbeiten - vielleicht um eine gelöste, unverkrampfte Beschäftigung mit diesem Tabubereich zu ermöglichen. In der Presse (Extrakolumnen insbesondere an Gedenktagen), im Kino (z. B. „Mein Ende ist mein Anfang" von 2010), im Fernsehen (Einzeldokumentationen, 3sat[2]-Themenwoche „Was am Ende zählt" (3. - 7.4.2011) u. a.) und in Museen (z. B. Sonderausstellung „Über das Leben hinaus. Ein Spaziergang über Hannovers Friedhöfe" des Historischen Museums Hannover (15.9.2010 - 9.1.2011)) findet man Beispiele solcher Annäherungen an das zugegebenermaßen mehr als unbeliebte Sachgebiet.

Bei näherer Beschäftigung mit dem Thema „Sterben und Tod" in den westlichen Gesellschaften und deren Umfeld taucht nicht selten die Frage auf, wie eigentlich Menschen aus anderen Ländern und Kulturen, die aus den unterschiedlichsten Gründen lebenslang dort bleiben, mit dem Lebensende umgehen und wie sie nach ihrem Tod bestattet werden. Die vorliegende Studie geht anhand des Beispiels der Trauer- und Bestattungsrituale der in Deutschland lebenden vietnamesischen Buddhisten dieser Frage nach. Untersucht wird dabei insbesondere, in welcher Hinsicht sich Denk- und Handlungsweisen des genannten Personenkreises von denen in der Heimat verbliebener Landsleute unterscheiden und welche Herausforderungen es für die Neubürger bei der Umsetzung in Deutschland vor ihrer Ankunft völ-

1 Vgl. Gerner, 2001, S. 17.

2 Gemeinsames Kulturprogramm der öffentlich-rechtlichen Fernsehanstalten Deutschlands, Österreichs und der Schweiz.

lig unbekannter Gebräuche und Rituale im Zusammenhang mit Sterben, Tod, Bestattung und Trauer gibt.

Um Missverständnisse zu vermeiden, soll an dieser Stelle explizit darauf hingewiesen werden, dass mit dem im Titel der vorliegenden Arbeit verwendeten Begriff „Trauerrituale" nicht nur - wie in den westlichen Ländern üblich - nach einem Todesfall erfolgende Zeremonien und Bräuche gemeint sind. Da vietnamesische Buddhisten nach ihrem Tod eine Geburt im „Reinen Land" anstreben, gehört auch die geistliche Vorbereitung in absehbarer Zeit sterbender Menschen auf den Übergang in eine andere Welt bzw. Dimension zu den elementaren Bestandteilen ihrer Trauerarbeit. Diese Form der Sterbebegleitung ist für ihren Glauben kennzeichnend. Im Zuge der Durchführung der entsprechenden Rituale verabschieden sich die Familienmitglieder bereits vor dem Tod ihres Verwandten ganz aktiv und bewusst von Letzterem. Auch unterstützen sie ihn damit für die Zeit nach dem Tod und stellen sich selbst auf die bevorstehende endgültige Trennung von ihm ein. Bei den Menschen westlicher Länder hingegen beginnen die Trauerrituale aufgrund der weitgehenden Tabuisierung des Themas „Tod" in ihrer Kultur in der Regel erst nach dem Eintritt eines Todesfalls. Nur in Fällen unheilbarer Krankheiten konfrontieren die Sterbenden ihre künftigen Hinterbliebenen - notgedrungen - frühzeitig mit ihm. Im vietnamesischen Buddhismus hingegen geht man mit dem gesamten Themenbereich „Sterben, Tod und Trauer" viel offener um und versucht nicht, ihn des äußeren Eindrucks in der Öffentlichkeit wegen in die Bedeutungslosigkeit abzudrängen, wie es in den westlichen Ländern oftmals geschieht. Der Tod stellt in diesem Glauben eben nicht das absolute Ende einer Existenz dar. Wenn also im Rahmen dieser Arbeit von „Trauerritualen" die Rede ist, sind damit alle mit dem Sterben von Menschen zusammenhängenden Handlungen von der geistlichen Vorbereitung auf einen bevorstehenden Todesfall (Sterbebegleitung) über die Bestattungszeremonie bis zu den erst einige Zeit später gehaltenen Totenandachten und begangenen Gedenktagen gemeint. Der Verfasser behandelt jedoch die Sterbebegleitung im Rahmen der vorliegenden Studie der besseren Übersicht über das mit einem bevorstehenden bzw. eingetretenen Todesfall zusammenhängende Geschehen wegen in gesonderten Abschnitten (vgl. 2.3.1 u. 3.1.1). Für die Durchführung aller im Zusammenhang mit dem Thema zum Tragen kommenden buddhistischen Zeremonien gibt es an Ordinierte und/oder an Laien gerichtete Richtlinien bzw. Empfehlungen. Nicht zu diesen Zeremonien im eigentlichen Sinne gehören weitere von den Gläubigen praktizierte Rituale und Bräuche, welche nicht auf religiösen Vorschriften beruhen, sondern eher Struktur und Halt in einer Ausnahmesituation geben sollen und sich in dieser Funktion in einer Gesellschaft bewährt und daher etabliert haben. So ist z. B. im vietnamesischen Buddhismus die von Hinterbliebenen eines Verstorbenen vorgenommene Waschung des Leichnams nicht gesondert geregelt. Bei diesem von den Gläubigen in Vietnam in der Regel vollzogenen Trauerritual handelt es sich also nicht um eine Zeremonie.

Unter einer „Trauerfeier" ist im Rahmen der vorliegenden Studie der öffentliche, kollektive Abschied von einem Verstorbenen in einer Trauerhalle, auf dem Weg zum Ort der Beisetzung und an Letzterem selbst zu verstehen. Er stellt nur einen (wenn auch wegen ihrer Öffentlichkeitswirksamkeit besonders beachteten) Rahmen für einige Trauerzeremonien dar. Daneben gibt es weitere vietnamesisch-buddhistische Zeremonien auch im privaten Bereich, welche ebenfalls im Zusammenhang mit dem Tod eines Angehörigen stehen und sich in ihrer Gesamtheit über einen längeren Zeitraum erstrecken.

In Abgrenzung zu anderen buddhistischen Schulen bzw. Richtungen oder Traditionen basiert die in Vietnam zu findende Ausformung des Buddhismus, welche zum Mahayana-Buddhismus zählt, auf den Lehren der Reines-Land-Schule und des Zen.[3] Mit der Bezeichnung *„vietnamesischer Buddhismus"* ist in dieser Arbeit eine bestimmte Form des Buddhismus gemeint, welche eine Kombination aus Amitabha- und Zen-Buddhismus darstellt und welcher der weitaus größte Teil der buddhistischen Vietnamesen sowohl im In- als auch im Ausland angehört. Dieser *vietnamesische Buddhismus* ist eine historisch gewachsene Mischung hauptsächlich aus auf verschiedenen Wegen ins Land gelangten buddhistischen Elementen einerseits und aus Vorstellungen und Handlungsweisen sowohl der ursprünglich in Vietnam verbreiteten Traditionen des Animismus und Ahnenkult als auch der später aus China ins Land gelangten Philosophien bzw. Religionen Daoismus und Konfuzianismus andererseits.[4]

Die Ausführungen in dieser Studie beziehen sich - falls nicht in Einzelfällen anders angegeben - stets auf den eben genauer definierten *vietnamesischen Buddhismus.* Lediglich bei der Behandlung des Thementeils über Vergänglichkeit und Tod in der Lehre des Buddha (s. 1.1) werden Informationen aus Textquellen gegeben, welche auch

---

3 Vgl. Barber & Nguyen, 1998, S. 134f.

4 Vgl. ebd., S. 132, und L. Ho, 2003, S. 54f.

auf alle anderen buddhistischen Traditionen zutreffen bzw. auch für sie Gültigkeit besitzen.

In der vorliegenden Arbeit wird auf eine Darstellung der Geschichte des vietnamesischen Buddhismus verzichtet. An diesem Thema Interessierte seien verwiesen auf die Einführungen zum vietnamesischen Buddhismus in deutscher bzw. englischer Sprache bei Bechert & Vu (1970), Condaminas (1987), Barber & Nguyen (1998), Baumann (2000), Zürcher (2002), Thich Nhu Dien (2002) und L. Ho (2003, 24-63).[5]

Der Schwerpunkt der dieser Studie zugrunde liegenden Untersuchung des Verfassers bei der Behandlung der Frage nach dem Umgang vietnamesischer Buddhisten in Deutschland mit Sterben und Tod und nach den von dieser Personengruppe praktizierten Trauerritualen liegt nicht in der Geschichte, sondern in der Gegenwart.

1. Hintergründe der vorliegenden Untersuchung

Aus dem Jahr 2008 stammenden Angaben der Deutschen Buddhistischen Union (DBU) zufolge gibt es in Deutschland grob geschätzt 250.000 Buddhisten, davon ca. 130.000 deutsche und 120.000 hier lebende asiatische Buddhisten, wobei es sich bei Letzteren vorwiegend um Vietnamesen und Thais handelt.[6] Andere Daten veröffentlichte der Buddhistische Dachverband Diamantweg e. V., der die Zahl asiatischer Buddhisten in Deutschland mit 230.000 bis 250.000 Personen und diejenige deutscher Buddhisten mit 80.000 bis 100.000 Personen veranschlagt.[7] Diesen Angaben zufolge wäre von 300.000 bis 350.000 dem Buddhismus zuzurechnenden Menschen in Deutschland auszugehen.

---

5 Ausführlich über die Geschichte des vietnamesischen Buddhismus informieren drei grundlegende Werke, welche allerdings bislang noch nicht in eine westliche Sprache übersetzt wurden:

Thich Mat The: Viet Nam Phat Giao Su Luoc (dt.: Historischer Abriss des vietnamesischen Buddhismus), Saigon 1944

Nguyen Lang: Viet Nam Phat Giao Su Luan (dt.: Abhandlung zur Geschichte des vietnamesischen Buddhismus), Paris, Bd. 1, 1977; Bd. 2, 1978; Bd. 3, 1985

Le Manh That: Lich Su Phat Giao Viet Nam (dt.: Geschichte des vietnamesischen Buddhismus), Hue (Vietnam) 1999.

6 Vgl. http://www.dharma.de/dbu/pdfdocs/info_zahlen.pdf (Stand: 12.07.2011).

7 Vgl. http://www.buddhismus.de/07_zahlen.php (Stand: 12.07.2011).

Die Zahl im Ausland lebender Vietnamesen wird auf etwa 2,3 Millionen Personen geschätzt, welche in mehr als 70 Ländern der Erde leben, hauptsächlich in Kanada, Australien und insbesondere den USA. Innerhalb Europas leben die meisten Vietnamesen in Frankreich und Deutschland.[8] Baumann (2000, S. 28) führt im Einzelnen folgende Zahlen an, die den Stand von 1998 wiedergeben:

USA (1.000.000)

Frankreich (300.000)

Australien (200.000)

Kanada (150.000)

Deutschland (115.000)

Dem Buddhistischen Dachverband Diamantweg e. V. zufolge rechnet man in Vietnam 80 % der dortigen Bevölkerung dem traditionellen Buddhismus zu.[9] Weil man von einem ähnlich hohen Anteil an Anhängern dieses Glaubens auch unter den ca. 125.000 vietnamesischstämmigen Menschen in Deutschland ausgehen kann, dürften ca. 100.000 vietnamesischen Buddhisten in diesem Land leben. Letztere wiederum stellen die weitaus größte Gruppe hier lebender asiatischer Buddhisten dar. Wenn vom asiatischen Buddhismus in Deutschland die Rede ist, meint man also in der Regel den vietnamesischen Buddhismus.

2. Wissenschaftliche Ausgangsbasis

Ein wesentlicher Schwerpunkt - und zugleich eine Besonderheit - der vorliegenden Studie liegt in der Behandlung des Themenbereichs „Sterben, Tod und Trauer" speziell aus der Sicht der Reines-Land-Schule bzw. des vietnamesischen Buddhismus. Hier fehlte bislang eine umfangreiche Untersuchung. Die zuvor veröffentlichten zahlreichen Bücher zum genannten Themenbereich befassen sich entweder mit dem Standpunkt des Buddhismus allgemein oder aber mit demjenigen jeweils einer der anderen einzelnen buddhistischen Traditionen (z. B. des Theravada-, des Zen- oder des tibetischen Vajrayana-Buddhis-

8 Vgl. Pham Trong Chanh, 1997, S. 4, und L. Ho, 1999, S. 44f.

9 Vgl. http://www.dharma.de/dbu/pdfdocs/info_zahlen.pdf (Stand: 12.07.2011), Thich Nhu Dien, 1982, S. 269, und ders., 1986, S. 269, L. Ho, 2003, S.12.

mus). Die Sichtweise des vietnamesischen Buddhismus hingegen - so der Forschungsstand vor Anfertigung dieser Studie - war noch nicht in einer ihr gebührenden Weise berücksichtigt worden. Dem wollte der Verfasser abhelfen.

Zwar wird die Ausrichtung der Reines-Land-Schule unter anderem auch in China, Japan und Korea praktiziert, jedoch konzentriert sich der Verfasser in dieser Studie bewusst auf den speziell in Vietnam verbreiteten Buddhismus. Dies hat verschiedene Gründe:

1. Der Verfasser ist einerseits selbst vietnamesischer Abstammung sowie ordinierter Mönch in der vietnamesisch-buddhistischen Tradition und verfügt somit nicht nur über umfangreiche Kenntnisse dieser Tradition, sondern wegen seiner vietnamesischen Muttersprache auch über einen besonders guten Zugang zu den Gläubigen; andererseits hat er aufgrund seiner religionswissenschaftlichen Hochschulausbildung jederzeit ausreichend Distanz zum Untersuchungsgegenstand und ist sich der von ihm während seiner Forschungsarbeit einzuhaltenden Neutralität bewusst.

2. Aufgrund der Komplexität des Themenbereichs „Sterben, Tod und Trauer" allein im Buddhismus der Reines-Land-Schule und des Wunsches des Verfassers nach besonders detaillierter Beschäftigung mit ihm beschränkte er sich auf die in Vietnam verbreitete und von den Migranten von dort nach Deutschland mitgebrachte Ausformung und ließ diejenigen anderer Länder wie China, Japan oder Korea unberücksichtigt, um den Rahmen der Arbeit nicht zu sprengen.

3. Die vorliegende Studie versteht sich als ein ergänzender wissenschaftlicher Beitrag zu den Arbeiten von L. Ho (1999, 2003) und Baumann (2000) über den vietnamesischen Buddhismus im Ausland anhand der Beispiele Deutschland und USA. Allerdings liegt das Hauptaugenmerk in dieser Arbeit auf dem Teilaspekt „Sterben, Tod und Trauer" der zu behandelnden Tradition.

3. Ziele und Aufbau der Studie

Für eine erfolgreiche Bearbeitung des Untersuchungsgegenstands sind sowohl eine Darstellung des Weges zu den vom Verfasser angestrebten Ergebnissen als auch eine vorab vorgenommene Strukturierung der Arbeit erforderlich, damit die Recherchen zielgerichtet erfolgen können.

Zentrale Leitfragen

A) Sterben und Tod im vietnamesischen Buddhismus im Heimatland Vietnam

Vor dem Eintritt des Todes:

- Wie werden Sterbende begleitet und auf den Tod vorbereitet?

Nach dem Eintritt des Todes (im Hinblick auf den Verstorbenen):

- Wie wird mit dem Leichnam umgegangen?
- Welche Rituale werden von Familienangehörigen, Freunden und Bekannten praktiziert, um den Verstorbenen beim Übergang in eine neue Existenz zu begleiten?
- Welchen Zweck sollen die einzelnen Rituale erfüllen?
- Gibt es Unterschiede bei der Gestaltung und Durchführung von Trauerfeiern für Laien einerseits und Ordinierte andererseits?

Nach dem Eintritt des Todes (im Hinblick auf die Hinterbliebenen):

- Was wird getan, um die Hinterbliebenen geistlich zu betreuen und sie zu unterstützen (zu Hause, am Ort der Trauerfeier und der Bestattung, in der Pagode)?

B) Sterben und Tod im vietnamesischen Buddhismus in der neuen Heimat Deutschland

- Wie trauern vietnamesische Buddhisten?
- Wie werden die vietnamesisch-buddhistischen Trauerfeiern und Beisetzungen abgehalten?
- Welche Zeremonien bzw. Rituale werden praktiziert?

- Auf welche Art und Weise lassen sich vietnamesische Buddhisten bestatten?
- Welche Bedeutung haben traditionelle Trauerrituale für die fernab ihrer Heimat lebenden vietnamesischen Buddhisten?
- Welche Unterschiede im Vergleich zu den Gebräuchen in der Heimat und welche Herausforderungen gibt es bei der Durchführung von Trauerfeiern bzw. -ritualen?
- Welche konkrete Bedeutung hat der Wechsel des Landes als Standort der Existenz für den Sterbenden sowie für die Hinterbliebenen des Verstorbenen?

Das Hauptaugenmerk der Untersuchung liegt auf dem analytischen Vergleich von Kontinuität und Wandel. Eine Besonderheit dieser Studie stellt eine vom Verfasser erstmalig erstellte Übersetzung wichtiger, im Rahmen einer bestimmten Trauerzeremonie verwendeter bzw. vorgetragener Texte vom Vietnamesischen ins Deutsche dar.

Aufbau der Arbeit

Die vorliegende Studie gliedert sich hauptsächlich in vier große Abschnitte. Zunächst findet sich eine Einführung in die buddhistische Sichtweise des Todes unter Verwendung der entsprechenden Quellentexte und unter besonderer Berücksichtigung des Amitabha-Buddhismus und der Reines-Land-Schule (Kap. 1). Es folgt eine Beschreibung der in Vietnam von dortigen Buddhisten im Zusammenhang mit Sterben, Tod und Trauer praktizierten Rituale samt einer Vorstellung den Letzteren zugrunde liegender Einflüsse älterer Weltanschauungen aus der Region (Kap. 2). Im anschließenden Abschnitt der Studie werden die vom Verfasser in Deutschland vorgefundenen Trauerrituale vietnamesischer Buddhisten ausführlich beschrieben (Kap. 3). Inwieweit sich die letzteren Praktiken von denen der in Vietnam verbliebenen Landsleute unterscheiden, wird im letzten Teil der Arbeit analysiert (Kap. 4). So soll eine Aussage darüber ermöglicht werden, welche Bedeutung jeweils die beibehaltenen und die veränderten Sicht- und Verhaltensweisen im Zusammenhang mit dem Thema der Studie für die in der neuen Heimat lebenden Menschen haben.

4. Zur Methodik und Vorgehensweise

Im Rahmen der zunächst zu erfolgenden Erstellung einer Grundfassung der Arbeit wird die den zu bearbeitenden Themenkomplex behandelnde Literatur auf Vietnamesisch, Deutsch und Englisch gesichtet und auf für den Untersuchungsgegenstand bedeutsame Informationen hin untersucht. Es folgt eine Zusammenstellung empirischen Materials in Form einer Sammlung und Begutachtung von Filmen und Fotos sowie der Vorbereitung und Durchführung von Interviews. Letztlich nimmt der Verfasser im Rahmen der von ihm zu erstellenden Endfassung der Studie eine Beschreibung und Auswertung aller genannten, von ihm zusammengetragenen Dokumente in Kombination mit einer Darstellung seiner eigenen, als vietnamesisch-buddhistischer Mönch gewonnenen Erkenntnisse vor.

Anders als in der vom Verfasser früher (2008) erstellten Studie über Vorstellungen und Rituale im Zusammenhang mit dem Tod innerhalb des Theravada-Buddhismus spielen Interviews beim Zusammentragen von themenrelevanten Informationen für die vorliegende Arbeit eine eher untergeordnete Rolle. Während er hinsichtlich der Theravada-Tradition als Außenstehender auf hauptsächlich durch Befragungen erlangbare Informationen angewiesen war, macht ihn sein als vietnamesisch-buddhistischer Mönch angeeignetes Wissen, welches ihn z. B. selbst befähigt, buddhistische Trauerzeremonien zu leiten, von Angaben aus Interviews unabhängig. Trotzdem befragte der Verfasser zum von ihm zu bearbeitenden Themenkomplex hauptsächlich zwei Personen, und zwar eine Laienbuddhistin (stellvertretend für die Laienschaft) und seinen eigenen Meister, den Gründerabt der Pagode Vien Giac in Hannover (stellvertretend für die Ordinierten). Mit den bei den Interviews ihm gegenüber gemachten Angaben aus „erster Hand" wollte er einerseits die zuvor selbst zusammengestellten Informationen und eigenen Kenntnisse überprüfen und andererseits der eigenen Person unbekannte Erfahrungen weiterer mit dem Thema der Studie vertrauter Menschen aus demselben Kulturkreis ergänzen. Tatsächlich erwiesen sich diese persönlichen Befragungen in der Vergangenheit mit Sterben, Tod und Trauer konfrontierter vietnamesischer Buddhisten, welche ebenfalls wie der Verfasser schon lange in Deutschland leben, als sehr hilfreich. Die während der in den Jahren 2010 und 2011 hauptsächlich mit den beiden genannten Gesprächspartnern durchgeführten Befragungen angewandte Methodik des so genannten problemzentrierten Interviews[10] kam bereits bei der Erstellung der früheren Studie des Verfassers (2008) zur Anwendung und wird in dieser auch vorgestellt und erläutert. Daher sei an dieser Stelle auf die dortigen diesbezüglichen Ausführungen verwiesen.

Abbildung 1: Frau Le Dieu Phuoc Huynh (Dharma-Name: Thien Duc) aus Frankfurt a. M.

Frau Huynh, die vom Verfasser interviewte Laienbuddhistin, wurde 1973 in Vietnam geboren und kam 1992 als anerkannter Flüchtling im Rahmen der Familienzusammenführung mit ihren Eltern nach Deutschland. Sie gehört zu einer streng gläubigen Familie, welche sich rein vegetarisch ernährt und in ihrem Handeln konsequent an die Lehre des Buddha hält. Frau Huynhs Großmutter mütterlicherseits wurde im Jahr 1987 ordiniert und erhielt den Namen Ehrwürdige Nonne Thich Nu Hanh Chau, ihr jüngerer Bruder im Jahr 1996 (nun: Ehrwürdiger Thich Hanh Hoa) und schließlich ihre Mutter im Jahr 1999 (nun: Ehrwürdige Nonne Thich Nu Hanh Binh). 2006 verstarb Frau Huynhs Vater, 2009 ihre erwähnte Großmutter. Aufgrund ihrer persönlichen Erlebnisse und Erfahrungen im Zusammenhang mit diesen beiden Todesfällen ist sie als Interviewpartnerin stellvertretend für die buddhistische Laienschaft geeignet. Der Verfasser kennt Frau Huynh schon seit mehreren Jahren. Sie nimmt regelmäßig an den großen in der Pagode Vien Giac in Hannover gefeierten buddhistischen Festen teil und half dort bereits des Öfteren bei der Durchführung von Feierlichkeiten und so genannten Retreats (mehrtägigen Veranstaltungen zur inneren Einkehr auch für Laien). So hatte der Verfasser die Möglichkeit, sie vor Ort in der genannten Pagode zu interviewen. Darüber hinaus gab es immer wieder kürzere, mit ihr am Telefon geführte Gespräche zwecks Klärung einzelner nachträglich aufgetretener Sachfragen.

---

10 Vgl. Baumann, 1998, S. 33.

Abbildung 2: Der Hochehrwürdige Thich Nhu Dien, Gründerabt der Pagode Vien Giac in Hannover

Der ebenfalls vom Verfasser befragte Hochehrwürdige Thich Nhu Dien, Gründerabt der Pagode Vien Giac in Hannover, wurde im Jahre 1949 in der zentralvietnamesischen Provinz Quang Nam geboren. Im Alter von 15 Jahren wurde er in der Pagode Vien Giac in Hoi An ordiniert. Nach im Jahr 1971 bestandenem Abitur erhielt er ein Begabtenstipendium für ein Auslandsstudium in Japan und absolvierte dort an der Universität Teikyo ein Magisterstudium in Buddhologie und Pädagogik. Während eines Besuchs bei einem vietnamesischen Studienfreund in Kiel im April 1977 entschloss er sich, dauerhaft in Deutschland zu bleiben. Er studierte vor Ort an der Universität Kiel die deutsche Sprache und ließ sich anschließend im Jahr 1978 in Hannover nieder, wo er bis 1981 an der Universität Hannover Erziehungswissenschaften studierte. Seit seiner Ankunft in Hannover im besagten Jahr übernimmt er die geistliche Betreuung der in Deutschland lebenden buddhistischen Vietnamesen, und er pflegt darüber hinaus den Dialog mit Vertretern anderer in diesem Land existierender Religionen. Der Hochehrwürdige Thich Nhu Dien gilt als die zentrale Gestalt in der Geschichte des vietnamesischen Buddhismus in Deutschland. Bislang war er persönlich für die Betreuung und Unterweisung von mehr als 50 ordinierten Schülern und Schülerinnen sowie von über 7.000 Laienschülern zuständig. Zu seinen seit 1974 veröffentlichten 58 Werken zählen zahlreiche selbstverfasste Bücher auf Vietnamesisch und mehrere Übersetzungen aus dem Japanischen, Chinesischen, Englischen und Deutschen ins Vietnamesische.[11] Als ordinierter Schüler des Gründerabtes mit leichtem Zugang zur Ordensgemeinschaft kann der Verfasser, der den Mönchsnamen Thich Hanh Gia trägt, seinen Meister jederzeit interviewen. Insgesamt wurden mit ihm drei längere, ausführliche Gespräche und zahlreiche kürzere Nachgespräche geführt, und zwar erst nach den Interviews mit Frau Huynh

[11] Die Lebensgeschichte des Gründerabtes wird beschrieben bei Thich Nhu Dien, 1982, S. 351-352, ders., 1995, S. 61-66, sowie L. Ho, 1999, S. 65-67.

(s. o.), damit möglichst alle während dieser Befragungen aufgetretenen Unklarheiten beseitigt werden konnten. Die Gespräche mit dem Gründerabt dienten zudem der Überprüfung und Ergänzung eigener zuvor gewonnener Erkenntnisse sowie der Beantwortung komplizierter Sachfragen in Bezug auf Besonderheiten vietnamesisch-buddhistischer Trauerzeremonien.

Bei jeder der längeren Befragungen wurde das von den beiden genannten Gesprächspartnern miterlebte Geschehen vor, während und nach einzelnen Todesfällen (d. h. dem Ableben eines oder einer Familienangehörigen oder aber eines Meisters) geschildert. Da die Interviewten aus eigener Betroffenheit heraus berichteten, kann von der Authentizität der bei den Befragungen erhaltenen Informationen ausgegangen werden. Dem Nachweis der Authentizität der mündlich gemachten Angaben dienen auch dem Verfasser überlassene Tonaufnahmen der Interviews.

Außer längeren Gesprächen mit der Laienbuddhistin und dem Gründerabt wurden vom Verfasser in der Region Hannover mehrere kürzere Gespräche mit Deutschen geführt, welche beruflich in unterschiedlichen Stadien mit Todesfällen vietnamesischer Buddhisten konfrontiert werden (können), nämlich mit Ärzten (Herrn Dr. Dienemann, Frau Dr. Hoffmann), Bestattern (Frau Kretzschmar, Frau Wockenfuß), Mitarbeitern einer Friedhofsverwaltung (Herrn Fischer, Herrn Engelke und Frau Wächtler), einem Krematoriumsleiter (Herrn Herrschaft) und einem Steinmetz (Herrn Schwarz).

Hingewiesen sei im Rahmen dieser Einleitung noch darauf, dass die in der vorliegenden Studie verwendeten Abbildungen ohne gesonderten Herkunftsnachweis alle vom Verfasser stammen. Gleiches gilt für deutsche Übersetzungen vietnamesischer Texte und den Entwurf buddhistischer Patientenverfügungen auf Deutsch und Vietnamesisch.

Der besseren Übersichtlichkeit wegen ist im Text in der Regel nur von der männlichen Form des Sterbenden bzw. Verstorbenen die Rede, obwohl die betreffenden Passagen selbstverständlich auch auf weibliche Betroffene angewandt werden können.

Kapitel 1
Die Bedeutung des Todes im Buddhismus

Unter Bezugnahme auf einige Stellen verschiedener buddhistischer Quellentexte sollen im Folgenden kurz Vergänglichkeit und Tod aus der Sicht des Buddhismus abgehandelt werden. Dabei werden grundlegende Lehren vorgestellt, um die buddhistischen Todesvorstellungen verständlich zu machen, welche übrigens in allen diesem Glauben zuzurechnenden Traditionen gleichermaßen gültig sind.[12] Anschließend gilt die Aufmerksamkeit speziell den Todesvorstellungen im für den Untersuchungsgegenstand der vorliegenden Studie maßgeblichen vietnamesischen Buddhismus bzw. in der den Letzteren prägenden Reines-Land-Schule, wobei der Buddha Amitabha, sein Reines Land und die diese Tradition kennzeichnende buddhistische Praxis besondere Berücksichtigung finden.

1.1 Vergänglichkeit und Tod in der Lehre des Buddha

Da Lehre und Praxis des Buddhismus die Überwindung des Wiedergeburtenkreislaufs durch den Einzelnen zum Hauptziel haben, befassen sich gläubige Buddhisten zeitlebens mit dem Tod als bedeutsamen Wendepunkt der über das aktuelle Leben hinausreichenden Existenz. So schlägt sich die Beschäftigung mit allen den Tod betreffenden Aspekten nicht nur in vielen buddhistischen Sutras und anderen Texten, sondern auch in sämtlichen Bereichen des Alltagslebens der Gläubigen nieder. In allen buddhistischen Traditionen - also auch in der vietnamesischen - betrachtet man das Lebensende zudem als das wichtigste Objekt der Meditation. Es geht im Buddhismus darum, dem Tod gegenüber ein Verständnis, eine Haltung, eine Einstellung zu entwickeln, um ihn als Ansporn für die spirituelle Weiterentwicklung zu nutzen.[13]

---

12 Ausführlich über diesen Themenbereich informiert das erste - sich auf alle buddhistischen Schulen beziehende - Kapitel der vom Verfasser früher angefertigten Studie „Der Übergang von Leben zu Tod und Wiedergeburt im Theravada-Buddhismus. Vorstellungen und Rituale“ (vgl. T. Ho, 2008, S. 21 - 46).

13 Vgl. Morgan, 1992, S. 167, und Gombrich, 2002, S. 24.

1.1.1 Vergänglichkeit und Tod in den Sutras

Der Tod ist im Buddhismus wichtiger Ausgangspunkt aller Überlegungen zur Befreiung von Lebewesen aus dem Wiedergeburtenkreislauf (sanskr.: Samsara). Während seiner langjährigen Lehrtätigkeit nach der Erlangung der Buddhaschaft waren Sterben und Tod häufig Thema der Reden des historischen Buddha, der als Prinz Siddhattha Gotama (pali/sanskr.: Siddhartha Gautama) geboren worden war. In diesem Zusammenhang umschrieb er einmal das Leben wie folgt:

> *„Gleichwie etwa, Brahmane, der Tautropfen an der Spitze eines Grashalmes beim Aufgehen der Sonne gar schnell vergeht, nicht lange bleibt, so auch ist das dem Tautropfen vergleichbare Leben der Menschen."*[14]

Bei anderen Gelegenheiten verglich der Buddha das Leben der Menschen mit den Blasen, die sich bei heftigem Regen auf Wasseroberflächen bilden und schnell zerplatzen, oder mit einem schnell strömenden Gebirgsbach, welcher sich unaufhaltsam auf den Ozean zubewegt.[15] Es ging dem Buddha jedoch nicht nur um die Einhaltung ethischer Normen, sondern auch um die Überwindung von Leiden. In der ersten der Vier Edlen Wahrheiten[16] führt der Buddha die Leidhaftigkeit aller Phänomene und allen Seins aus. Alle Sankharas[17] sind leidhaft (pali: Dukkha; sanskr.: Duhkha). Leidfrei kann nach dem Verständnis des Buddha nur sein, was beständig ist. Nichts in der Welt aber erfüllt die-

---

14 A., VII., 70: Gar kurz ist das Leben, zitiert nach Gunaratna, 1996, S. 49.

15 Vgl. ebd.

16 Der Buddha formulierte seine Erkenntnisse anhand der *Vier Edlen Wahrheiten*: Die erste dieser Wahrheiten ist die Erkenntnis, dass alles Anhaften an vergänglichen Dingen zur Frustration führt, und stellt daher die *Wahrheit vom Leiden* dar. Die zweite Wahrheit deckt die Ursache des Leidens auf und ist somit die *Wahrheit von der Entstehung des Leidens*. Die dritte Wahrheit betrifft die Einsicht in die Möglichkeit, diesen leidvollen Zustand zu beenden, und verkörpert daher die *Wahrheit von der Überwindung des Leidens*. Die vierte Wahrheit schließlich ist die *Wahrheit vom Weg zur Überwindung des Leidens*, der im *Edlen Achtfachen Pfad* beschrieben wird. Dieser Achtfache Pfad wiederum umfasst das Bemühen um rechte Ansicht, rechten Entschluss, rechte Rede, rechtes Verhalten, rechte Lebensführung, rechte Anstrengung, rechte Achtsamkeit und rechte Meditation (vgl. Schumann, 1994a, S. 83f.).

17 Das Pali-Wort „Sankhara" (sanskr.: Samskara) bezeichnet einerseits alle Strebungen, d. h. Triebe, Neigungen, Interessen und Willensregungen, die den Menschen etwas hervorbringen lassen, andererseits aber auch alles Hervorgebrachte, jedes Gebilde sowie im weitesten Sinn sämtliche Objekte der Begierde (vgl. Zotz, 1995, S. 70).

sen Anspruch, daher ist alles Dasein leidhaft. Als Beispiele und Gründe für das Leiden nennt der Buddha:

> *„Geburt ist Leiden, Alter ist Leiden, Krankheit ist Leiden, Sterben ist Leiden, Kummer, Jammer, Schmerz, Gram und Verzweiflung sind Leiden, was man begehrt nicht erlangen, das ist Leiden, kurz gesagt: die fünf Gruppen des Anhaftens (upadana-khandha) sind Leiden. Das nennt man, Brüder, Leiden."*[18]

Alle Phänomene oder Sankharas sind vergänglich (pali: Anicca; sanskr.: Anitya). Alles wandelt sich, vergeht und entsteht wieder in anderer Form. Im Buddhismus wird der Tod als die einschneidendste Form der Vergänglichkeit betrachtet. Trotzdem gilt er nicht als der endgültige Schluss der zeitlichen Existenz. Stattdessen ist er als ein Teil des ständigen Werdens und Vergehens zu verstehen, der die Überleitung von einem Leben zum nächsten bildet.

Das zeigen die beiden Beispiele von Kisagotami und Patacara – zweier Frauen, welche sich nach dem Verlust von Angehörigen durch Todesfälle Rat suchend an den Buddha wandten. Ihre im Folgenden vorgestellten Fälle sollen verdeutlichen, wie der Buddha auf derart betroffenePersonen reagierte und ihnen bei der Bewältigung ihrer jeweiligen schwierigen Situation half.

Kisagotamis einziges Kind war gerade verstorben. Dies war die erste große Verlusterfahrung ihres Lebens. Das tote Kind an ihren Körper gepresst, fragte sie bei verschiedenen Menschen nach einer Medizin, bis jemand sie zum Buddha schickte. Dieser sagte ihr, sie solle ihm Senfkörner für die Zubereitung einer Medizin aus einem Haushalt bringen, in welchem noch nie ein Mensch gestorben sei. Sie suchte einen ganzen Tag lang vergeblich nach einem solchen Haushalt. Am Abend schließlich wurde ihr bewusst, dass sie nicht die Einzige war, die einen Toten zu beklagen hatte. Sie begrub ihr Kind und ging dann zurück zum Buddha. Dieser sagte über ihren verstorbenen Sohn:

> *„Er geht doch nur den Weg, den er nun gehen muss."*[19]

Patacara hatte noch viel größeres Leid erfahren, denn auf dem Weg zu ihrem Heimatdorf hatte sie zunächst ihren Ehemann durch den Biss einer Giftschlange und dann auch noch ihre beiden Kinder durch einen

---

[18] M., 9: Sammaditthi-Sutta, Die Rechte Ansicht, zitiert aus: http://palikanon.com/majjhima/m009n.htm (Stand: 28.8.2011).

[19] Gunaratna, 1996, S. 43f.

Unfall bei der Überquerung eines Flusses verloren, bevor sie kurz vor der Ankunft in ihrem Dorf erfuhr, dass ein Sturm in der Nacht zuvor die Ansiedlung verwüstet und dabei das Leben ihrer Eltern und ihres Bruders gefordert hatte. Vom Schmerz überwältigt und vor Verzweiflung dem Wahnsinn nahe rannte sie umher, bis ihr jemand den Rat gab, den Buddha aufzusuchen. Dieser sagte zu ihr:

> *„Patacara, sei unbesorgt. Dies ist nicht das erste Mal, dass du über den schmerzlichen Verlust deines Ehemannes, deiner Kinder, deiner Eltern und deines Bruders weinst. So wie du heute geweint hast, so hast du in dieser endlosen Runde von Geburt und Tod schon über den Verlust ungezählter Ehemänner, ungezählter Kinder, ungezählter Eltern und ungezählter Geschwister geweint. All die Tränen, die du somit vergossen hast, waren mehr Wasser, als das der vier großen Ozeane."*[20]

Sowohl Patacara als auch Kisagotami verstanden mit der Hilfe des Buddha, dass Tod und Trauer allgegenwärtig sind.

1.1.2 Grundlegende Lehren zu Sterben, Tod und Wiedergeburt

Für den im Zusammenhang mit Sterben, Tod und Wiedergeburt bedeutsamen Begriff Karma[21] (sanskr./pali: Kamma; dt.: Tat), von dem sich die gleichnamige *Karma-Lehre* ableitet, gibt es in der Literatur unterschiedliche Erklärungen, die aber letztendlich alle dasselbe aussagen:

a) *Handlung/Tat.* Jede Tat hat Folgen und bleibt nicht wirkungslos.[22] Der Mensch „erntet", was er „gesät" hat.

b) *Universelles Gesetz von Ursache und Wirkung.* Alle körperlichen, verbalen und geistigen Handlungen hinterlassen Eindrücke im Geist, die sich auf die Erfahrungen dieses Lebens sowie weiterer Leben auswirken.[23]

c) *Summe positiver und negativer Taten.* Gute Taten können zu einer guten und schlechte Taten können zu einer schlechten Wiedergeburt führen.[24]

---

20 Ebd., S. 42f.

21 Vgl. Notz, 2002, S. 233f.

22 Vgl. Tworuschka, 1992, S. 454.

23 Vgl. Ehrhard & Fischer-Schreiber, 1992, S. 119.

24 Vgl. Greschat, 1980, S. 66.

In der Anguttara-Nikaya[25] wird der historische Buddha hierzu wie folgt zitiert:

> *„Alle Wesen sind die Eigner ihrer Handlungen.*
> *Ihre Taten sind die Geburtsstätte, aus der sie entspringen.*
> *Mit ihren Taten sind sie verbunden.*
> *Ihre Taten sind ihre Zuflucht.*
> *Was immer sie tun, ob Gutes oder Schlechtes,*
> *Dessen Erbe werden sie sein."*[26]

Die Wirkungsweise des Karma wird zwar als ein Gesetz bezeichnet, doch ist damit kein von Menschen oder göttlichen Wesen erlassenes Gesetz gemeint, sondern ein Naturgesetz, welches nicht nur die Abläufe in der Natur, sondern auch alle menschlichen Belange regelt und in letzterem Falle genauer mit dem Pali-Begriff „Kamma Vipaka" belegt wird. Ihm zufolge ist es die Natur von Handlungen, dass sie gewisse Resultate zeitigen, welche jedoch nicht nur Ergebnisse darstellen, sondern gleichzeitig auch Ursachen weiterer Handlungen. So entsteht ein ständiger Strom von Handlungen, Bewegungsabläufen und Veränderungen - also Vergänglichkeit.[27]

Die Lehre von der bedingten Entstehung (pali: paticcasamuppada; sanskr.: pratityasamutpada) ist gleichzeitig die Lehre von der Bedingtheit aller individuellen, Dasein ausmachenden, körperlichen und geistigen Phänomene und deren fortwährenden Entwicklungen. Solange verursachende, also nach Ausführung strebende Triebkräfte aktiv sind, vollziehen sich Wiedergeburten.[28]

Die *Anatta-Lehre* besagt, dass der Mensch das Produkt eines Zusammenspiels von fünf bedingt entstandenen Daseinsfaktoren (pali: Khandhas; sanskr.: Skandhas) ist. Aufgrund dieser fünf Daseinsfaktoren[29] führt der Mensch mehr oder weniger bewusste Taten aus.

---

25 Angereihte Sammlung von Sutras aus dem Pali-Kanon.

26 A., X., 205: Die Weise des Verkriechens, zitiert aus: http://www.palikanon.com/angutt/a10_178_219.html#a_x205 (Stand: 28.8.2011).

27 Vgl. Gunaratna, 1996, S. 9.

28 Vgl. „Buddhismus - Glossar (Paticcasamuppada)" aus: http://www.buddhismus-deutschland.de (Stand: 28.8.2011).

29 Die fünf Daseinsfaktoren sind: 1.) der physische Körper (pali/sanskr.: Rupa), der sich aus den vier Elementen Erde, Wasser, Feuer und Wind zusammensetzt, 2.) die Wahrnehmung äußerer Objekte (pali: Sanna; sanskr.: Samjna), 3.) die Empfindung (pali/sanskr.: Vedana) bzw. das Gefühl als Reaktion auf Sinneseindrücke oder Gemütsbewegungen, 4.) die Geistesregung (pali:

Das menschliche Bewusstsein wird durch diese Taten (pali: Kamma; sanskr.: Karma) bestimmt und beeinflusst.

Während man in den westlichen Ländern die Einmaligkeit des Lebens voraussetzt, geht man im indischen Denken ganz selbstverständlich von der mehrmaligen Wiedergeburt nach dem Tod aus. In gewisser Weise können die zwölf Glieder des bedingten Entstehens und der Wiedergeburtenkreislauf als Synonyme angesehen werden; nicht umsonst wird die Kette abhängigen Entstehens in der Regel in der Form eines Kreises angeordnet. Das Sanskrit-Wort für den Wiedergeburtenkreislauf lautet *Samsara* und bedeutet wörtlich: „beständiges Wandern". Es bezeichnet den Kreislauf von Existenzen, bestehend aus einer Folge von Wiedergeburten, die ein Wesen innerhalb der verschiedenen Daseinsformen[30] durchläuft, bis es irgendwann Erlösung erlangt und ins

Abbildung 3: Aufnahme eines Verstorbenen in das Reine-Land durch den Buddha Amitabha und die Bodhisattvas im Augenblick des Todes

Quelle: Reproduktion eines Gemäldes unbekannter Herkunft, private Sammlung

---

Sankhara; sanskr.: Samskara) als Antwort auf die Wahrnehmung bzw. als Interpretation der Letzteren sowie 5.) das Bewusstsein (pali: Vinnana; sanskr.: Vijnana), das alle anderen Komponenten (1-5) koordiniert und zu einer zielgerichteten Gesamtheit zusammenfasst (vgl. Klimkeit, 1990, S. 95).

30 Die Wiedergeburten ereignen sich - karmisch bedingt - in einem von sechs Daseinsbereichen (pali: Gati; dt.: Existenzweise). Diese Bereiche setzen sich zusammen aus den zwei sichtbaren Bereichen der Menschen (pali: Manussa; sanskr.: Manusya) und der Tiere (pali/sanskr.: Tiracchana) sowie den vier nicht sichtbaren Bereichen der Götter (pali/sanskr.: Devas), Halbgötter oder Dämonen (pali/sanskr.: Asuras), Hungergeister (pali: Petas; sanskr.: Pretas) und Höllenwesen (pali: Nirayas; sanskr.: Narakas). Ausführlicher zu den sechs Bereichen informiert Schumann, 1994b, S. 77-82.

Nibbana[31] (pali/sanskr.: Nirvana) eingeht. Dabei bestimmt das Karma der Wesen die Art der Wiedergeburten innerhalb des Samsara.[32]

1.2 Der Buddha Amitabha und das Reine Land Sukhavati

Der Buddhismus hat im Laufe seiner über 2500 Jahre alten Geschichte zahlreiche Schulen und auch Systeme hervorgebracht. Zu den noch heute existierenden buddhistischen Schulen gehören u. a. diejenige des Theravada[33] (dt.: Lehre der Ältesten), die unterschiedlichen Zen-Richtungen, der Buddhismus des Vajrayana (dt.: Diamantenes Fahrzeug) und die Reines-Land-Schule. Letztere prägte im Lauf der Geschichte die in Vietnam am weitesten verbreitete Ausformung des Buddhismus am meisten. Daher wird im Folgenden mit Hilfe entsprechender buddhistischer Quelltexte, auf die sich die Reines-Land-Schule besonders stützt, kurz über Geschichte und Lehre dieser Schule sowie über die Rolle des Buddha Amitabha für diese buddhistische Richtung informiert.

1.2.1 Die „Drei Sutras" der Reines-Land-Schule

Zentraler Gegenstand der Verehrung durch die praktizierenden Buddhisten der Reines-Land-Schule sind der Buddha Amitabha und

---

31 Der Pali-Begriff des Nibbana (sanskr.: Nirvana) steht für das Verlöschen. Das eigene Nibbana hat derjenige verwirklicht, der diejenigen Faktoren in sich selbst vernichtet hat, die ihn an das Samsara binden, und auf diese Weise das Ende des Wiedergeburtenkreislaufs und des Leidens erreicht hat. Mit dem Nibbana endet die Wanderung durch die verschiedenen Daseinsformen (vgl. Tworuschka, 1992, S. 460). Es gibt zwei Arten von Nibbana, nämlich das vor- und das nachtodliche, von welchen das Letztere auch als Pari-Nibbana (pali; dt.: vollständiges Erlöschen) bezeichnet wird. Das Nibbana noch im derzeitigen Leben hat derjenige verwirklicht, der in sich den Lebensdurst und die Begierde besiegt hat und zur Erleuchtung gekommen ist. Dieses Ziel erreichten neben dem Buddha selbst auch die meisten seiner unmittelbaren Schüler. Letztere werden als Heilige (pali: Arahat; sanskr.: Arhat) angesehen. Mit seinem Tod ging der Buddha aus einer tiefen Versenkung in das endgültige, jenseitige, nachtodliche Nibbana ein, nachdem er seine letzten Worte gesprochen und anschließend mehrere Stufen immer tiefer gehender Meditation durchlaufen hatte (vgl. Schumann, 1994b, S. 112-116).

32 Vgl. Ehrhard & Fischer-Schreiber, 1992, S. 187.

33 Der Theravada-Buddhismus stellt die einzige noch erhaltene Richtung der buddhistischen Hauptströmung des sogenannten Hinayana (dt.: Kleines Fahrzeug) dar.

sein Reines Land Sukhavati. Diese Persönlichkeit, die auch kurz Amitabha (dt.: Unermessliches Licht) und Amitayus (dt.: Unendliches Leben) genannt wird, ist der Herrscher des genannten Landes.[34] Herkunft, Eigenschaften und Einfluss des Buddha Amitabha und seines Reiches leitet die Reines-Land-Schule hauptsächlich aus drei bestimmten, von ihr am meisten verehrten Sutras - dem Kleinen Sukhavativyuha-Sutra (dt.: Kleines Sutra vom Land des höchsten Glücks), dem Großen Sukhavativyuha-Sutra (dt.: Großes Sutra vom Land des höchsten Glücks) und dem Amitayus-Dhyana-Sutra (dt.: Sutra von der Meditation über Amitayus) - sowie aus zahlreichen weiteren Sutras und buddhistischen Abhandlungen ab. Die drei namentlich genannten Texte werden als die „Drei Sutras" der Reines-Land-Schule bezeichnet und von den Anhängern des vietnamesischen Buddhismus sehr verehrt.[35] Da sie begründen, warum eine Wiedergeburt im Reinen Land erstrebenswert ist, der Tod daher als wichtiger Schritt auf dem Weg in diese Dimension betrachtet wird und sich die Gläubigen während ihrer Praxis und vieler Trauerrituale so intensiv mit diesem Übertritt befassen, seien diese drei Sutras im Einzelnen vorgestellt.[36]

Das *Kleine Sukhavativyuha-Sutra* (s. A11 (dt.) u. A12 (vietn.)), das sowohl auf Sanskrit als auch auf Chinesisch vorliegt, beinhaltet eine lediglich im Mahayana-Buddhismus bedeutsame Lehrunterweisung des historischen Buddha Shakyamuni, die er im Jetavana-Park des Anathapindada im nordindischen Sravasti vor insgesamt 1250 ausgewählten Mönchen seines Sangha hielt. Im Beisein von Bodhisattvas[37] und Mahasattvas[38] stellte der Buddha Shakyamuni im direkten Gespräch mit Sariputra, einem seiner bedeutsamsten Schüler, das Reich „Sukhavati" (dt.: „Höchstes Glück") des Buddha Amitabha vor. Im Kleinen Sukhavativyuha-Sutra wird er wie folgt zitiert:

---

[34] Vgl. Zotz, 1991, S. 8. Über Ursprung und Geschichte dieser Schule informiert ausführlich die Studie von Leßmann (1999).

[35] Vgl. Schumann, 1995, S. 153-168, und Steineck, 1997, S. 15.

[36] Leßmann (1999) bietet eine ausführliche Darstellung von Herkunft und Verwendung dieses Sutras.

[37] Hierbei handelt es sich um Personen, die die Befreiung aus dem Wiedergeburtenkreislauf und damit die Erleuchtung nicht allein für sich, sondern für alle Lebewesen anstreben.

[38] Dies sind seit Langem praktizierende Bodhisattvas, die bereits einen hohen Erkenntnisstand erreicht haben.

> *„Westlich von hier, zehn Billionen Buddhaländer entfernt, existiert eine Welt, die ‚Höchstes Glück' heißt. In jenem Land gibt es einen Buddha, der Amitabha heißt [und] gerade jetzt den Dharma verkündet."*[39]

Das Reine Land wird als das Land höchsten Glücks bezeichnet, weil dort alle Lebewesen frei von allen Leiden sind und ausschließlich alles Glück empfangen.[40] Dem im genannten Sutra weiter zitierten Buddha Shakyamuni zufolge zeichnet sich das Reine Land z. B. durch eine aus sieben kostbaren Materialien bestehende Landmasse, Berg- und Höhlenlandschaften, seltene Bäume, tiefe Seen, Teiche und Flüsse mit Wasser in acht verschiedenen Qualitäten, herrliche Lotusblumen und himmlisch schöne Vögel aus, welche Manifestationen des Buddha Amitabha darstellen.[41] Dieser Beschreibung folgt die Aufforderung an die Zuhörer der Lehrunterweisung, eine Wiedergeburt in diesem Land anzustreben, um an den dortigen Verdiensten teilzuhaben. Vor allem – so die Ankündigung – werden die dort Praktizierenden

> *„... von allen Buddhas beschützt und erreichen alle das Nicht-mehr-Zurückfallen auf dem Weg zur Erlangung der Anuttarasamyaksambodhi."*[42]

Diese Ankündigung beschreibt ein Stadium, in dem man nicht mehr in den sechs Daseinsbereichen[43] wiedergeboren wird, sondern im Reinen Land weiter praktiziert, bis man die Buddhaschaft erlangt hat. Die Bedeutung des Glaubens an den Buddha Amitabha und sein Wirken sowie an die Existenz seines Reiches wird am Ende der Lehrunterweisung des Buddha Shakyamuni noch einmal betont, indem der Redner zu Sariputra sagt, dass er sich freut, die Verdienste des Amitabha zu preisen, und dass sich auch andere Buddhas freuen, dass er dies tut.[44] Die Lebewesen werden aufgefordert, dem Inhalt der beschriebenen Lehrunterweisung zu vertrauen und eine Wiedergeburt im Reinen Land Sukhavati anzustreben, wofür ein Bedürfnis nach Erlösung erforderlich ist. Das genannte Land ist das Ziel der Praktizierenden, deren religiöses Streben allein darauf abzielt, nach dem Tod dort wiedergeboren

---

39 Günzel, 1994, S. 118.

40 Vgl. ebd.

41 Vgl. ebd., S. 118-120, und Tulku Thondup, 2008, S. 265-267.

42 Günzel, 1994, S. 124. Der aus dem Sanskrit stammende Begriff „Anuttarasamyaksambodhi" steht für die von einem Buddha erlangte gänzliche und allumfassende Erleuchtung (vgl. http://www.orientalia.org/dictionary-Buddhist_Dictionary-definition21495-anuttarasamyaksambodhi.html (Stand: 30.8.2011)).

43 S. Anm. 30.

44 Vgl. Günzel, 1994, S. 125.

zu werden. Es bietet den Gläubigen einen Anreiz, alles Handeln und Denken letztendlich diesem Idealziel zu widmen. Sie verfolgen lebenslang das Bodhisattva-Ideal und helfen dabei den Lebewesen, um nach dem Ende ihres derzeitigen Lebens - also nach ihrem Tod - über den Weg einer Wiedergeburt im Reinen Land letztlich die Buddhaschaft zu erlangen.

Das zweite für die Reines-Land-Schule wichtige Sutra ist das *Große Sukhavativyuha-Sutra*[45], das ebenfalls auf Sanskrit und Chinesisch vorliegt. Es berichtet über eine Lehrunterweisung des Buddha Shakyamuni auf dem Geierberg nahe der Stadt Rajagaha (heute: Rajgir). Im Rahmen dieser im Sutra festgehaltenen Lehrunterweisung berichtet der Redner über das frühere Leben des Buddha Amitabha, welcher damals als ein Mönch namens Dharmakara vor dem Buddha Lokeshvara 48 Gelübde[46] ablegte, um auf dem Weg der Erfüllung der Letzteren selbst ein Buddha zu werden und allen Wesen zu dienen, indem er ein eigenes Reines Land mit zahlreichen besonderen Eigenschaften erschaffen und die Lebewesen dorthin bringen wollte, um sie zur Buddhaschaft zu geleiten.[47] Die ursprünglichen Gelübde Dharmakaras beschreiben die Fähigkeiten, welche es dem späteren Buddha Amitabha ermöglichten, das Reine Land zu erschaffen, die außergewöhnlichen Eigenschaften des von ihm kreierten Landes und die Praktiken, mit denen man es als Gläubiger nach dem Tod erreichen kann.[48] Im Rahmen der erwähnten Lehrunterweisung des Buddha Shakyamuni - und damit auch im genannten Sutra - findet sich auch eine Beschreibung verschiedener Arten einer Wiedergeburt im Reinen Land Sukhavati des Buddha Amitabha.

Das dritte der für die Reines-Land-Schule bedeutsamen Sutras ist das *Amitayur-Dhyana-Sutra*[49], welches im Gegensatz zu den beiden anderen eben vorgestellten nur in einer chinesischen Fassung bekannt ist. Auch dieses Sutra gibt den Inhalt einer vom Buddha Shakyamuni auf dem Geierberg nahe der Stadt Rajagaha gehaltenen Lehrunterweisung wieder. Mit Letzterer wandte sich der

---

45 Vgl. Hapatsch, 2003, S. 21-73.

46 Die Zahl dieser Gelübde des späteren Buddha Amitabha variiert je nach Textversion. So ist in der Sanskrit-Version von nur 46 Gelübden die Rede, während in der chinesischen - und auch in Vietnam gebräuchlichen - 48 Gelübde aufgezählt werden (vgl. Shih, 2000, S. 55).

47 Vgl. Zotz, 1991, S. 25, 33f.

48 Vgl. Zürcher, 1995, S. 235.

49 Vgl. Hapatsch, 2003, S. 73-100.

Redner an Vaidehi, die Ehefrau des Königs Bimbisara, deren Mann vom eigenen Sohn Ajatasattu eingekerkert worden und später an den Folgen dieser Gefangensetzung gestorben war. Sie hatte in ihrem großen Schmerz über die Ungerechtigkeiten in dieser Welt den Buddha Shakyamuni gebeten, ihr ein Land zu zeigen, in welchem sie kein Leid mehr erfahren würde. Dieser stellte ihr alle existierenden Reinen Länder vor, woraufhin Vaidehi sich für das Reine Land Sukhavati des Buddha Amitabha entschied und den Buddha Shakyamuni um Anweisungen zur Meditation bat, um es zu erreichen. In seiner im Sutra wiedergegebenen Lehrunterweisung beschreibt der Redner insgesamt sechzehn Meditationen, die sich auf das Reine Land Sukhavati, den Buddha Amitabha und die beiden Bodhisattvas Avalokitesvara und Mahasthamaprapta beziehen. Auch unterscheidet er zwischen unterschiedlichen karmischen Vorbelastungen von Gläubigen, die neun unterschiedliche Arten von Wiedergeburten - so genannte Lotusstufen - im genannten Reinen Land bewirken können.

1.2.2 Glaubenspraxis der Reines-Land-Schule

Die Buddhisten Vietnams - und damit auch die Exilvietnamesen in Deutschland - gehören zum weitaus größten Teil der vietnamesischen Ausformung des Buddhismus an, welche hauptsächlich von der Reines-Land-Schule geprägt ist. So richten sich die Gläubigen auch nach den Lehrinhalten der Letzteren, welche sich ihrerseits insbesondere an den drei vorgestellten Sutras (s. 1.2.1) orientiert. Bereits zu Lebzeiten bereiten sich die praktizierenden vietnamesischen Buddhisten bewusst auf den eigenen Tod vor, um gut zu sterben und im Reinen Land des Buddha Amitabha wiedergeboren zu werden. Sie streben also mit ihrer Glaubenspraxis an, bei vollem Bewusstsein, ruhig, angst- und sorgenfrei, ohne Bedauern und gefasst zu sterben - ohne jegliche Anhaftung an das im Moment des Todes endende Leben. Eine Möglichkeit, das eigene Bewusstsein angesichts des Todes zur Gelassenheit zu bringen, besteht darin, sich an die selbst ausgeübte Glaubenspraxis und die eigenen karmischen Verdienste zu erinnern und somit eine friedliche und entspannte Haltung im Geist zu bewirken. Dieses Ziel, das eine Wiedergeburt im Reinen Land des Buddha Amitabha im Anschluss an den Tod ermöglicht, bildet die Grundlage des Systems, der Philosophie und der Praxis des Glaubens der Anhänger der Reines-Land-Schule - und damit auch derjenigen des vietnamesischen Buddhismus.

Historischen Überlieferungen zufolge war die Praxis der Reines-Land-Schule bereits im 1. Jahrhundert v. u. Z. im Nordwesten Indiens verbreitet.[50] Möglicherweise entstand diese Bewegung bereits im 2. Jahrhundert v. u. Z. in Baktrien oder im Kabul-Tal (im geografischen Bereich des heutigen Afghanistans und Pakistans).[51] Im 2. Jahrhundert n. u. Z. genoss die Verehrung des Buddha Amitabha in Nordindien und Zentralasien große Popularität.[52] Allerdings kam es nicht zur Etablierung einer unabhängigen eigenständigen buddhistischen Schule der Amitabha-Verehrung.[53]

Dem buddhistischen Glauben zufolge befinden sich die Menschen derzeit im Zeitalter des so genannten Dharma-Verfalls, in dem es zwar nach wie vor praktizierende Buddhisten gibt, jedoch es als kaum möglich gilt, die Erleuchtung eigenständig zu erlangen. Die Gläubigen hoffen auf die Kraft des Buddha Amitabha, um mit ihrer Hilfe in sein Reines Land zu gelangen. Nur an ihn selbst zu glauben, reicht nach Ansicht der Reines-Land-Schule allerdings nicht aus, um von ihm eine Gnade gewährt zu bekommen. Die Praktizierenden müssen sich - so die Auffassung - selbst bemühen, die Lehre des Buddha zu praktizieren, um ihr zuvor aufgeladenes schlechtes Karma abzubauen und dafür im Gegenzug gutes Karma anzusammeln. Veranschaulichen lässt sich das Ganze anhand des Beispiels eines Sandkorns und eines Steins. Ein Sandkorn, das man ins Wasser legt, geht unter - egal wie klein es ist. Transportiert man dagegen einen Stein auf einem Boot, geht er unabhängig von seiner Größe nicht im Wasser unter. Das Karma ist zu vergleichen mit dem Sandkorn bzw. dem Stein. Die Hilfe des Buddha Amitabha entspricht dem Boot. Sie übernimmt lediglich die Funktion des Transports in das Reine Land. Das Karma selbst (im genannten Beispiel also das Sandkorn bzw. der Stein) bleibt dabei unverändert. Diejenigen Buddhisten, die aufgrund ihrer bisherigen Glaubenspraxis und der damit erworbenen Hilfe des Buddha Amitabha in sein Reines Land geboren werden, sind befreit vom Wiedergeburtenkreislauf, auch wenn sie noch nicht die Erleuchtung erlangt haben.

Die vietnamesisch-buddhistischen Trauerrituale einschließlich Sterbebegleitung und Bestattung haben die der Reines-Land-Schule eigenen Praktiken zur Verehrung des Buddha Amitabha zum Inhalt. Sie

50 Vgl. Pas, 1974, S. 97.

51 Vgl. ebd, 1995, S. 29f.

52 Andrews, 1973, S. 1, zitiert nach Leßmann, 1999, S. 43.

53 Vgl. Tanaka, 1990, S. 3.

zielen darauf ab, dem Sterbenden bzw. Verstorbenen eine Wiedergeburt im Reinen Land zu ermöglichen (s. A04 (dt.) u. A05 (vietn.)). Das durchgeführte „begleitende Rezitieren" (vietn.: Trợ niệm) wird eingesetzt vor dem Sterbeprozess, während desselben und nach demselben, weil es Shih (2000, S. 50) zufolge „... helps the dying person make contact with the Amitabha Buddha who will lead the dying person to the Pure Land." Unter Bezugnahme auf die ursprünglichen Gelübde des Buddha Amitabha (s. 1.2.1) helfen die Anhänger der Reines-Land-Schule dem Sterbenden bzw. Verstorbenen, um ihm eine Geburt im Reinen Land zu ermöglichen. Das Prinzip der Rezitation ist die ununterbrochene Anrufung des Namens des Buddha Amitabha und die Übertragung der mit ihr erworbenen religiösen Verdienste der Lebenden auf den Toten, wodurch auch negatives Karma des Letzteren abgebaut werden kann. Dabei ist es wichtig, den Sterbenden bzw. Verstorbenen an die von ihm während seines Lebens ausgeübte und - soweit möglich - während des Sterbeprozesses fortzusetzende Glaubenspraxis zu erinnern und seine vertrauensvolle Hinwendung zum Buddha Amitabha und zu dessen Reinen Land Sukhavati zu erreichen. Mithilfe der Rezitation, die beim Betroffenen das absolute Vertrauen in die „andere Kraft" des genannten Buddha und den aufrichtigen Wunsch, im Reinen Land wiedergeboren zu werden, erzeugen soll, hoffen die Beteiligten, ihm diese ersehnte Wiedergeburt zu ermöglichen.

Sterbebegleitung (vietn.: Chăm sóc người sắp từ trần (Điều Dưỡng)) ist bei den Buddhisten Vietnams gängige Praxis und wird sogar auf den historischen Buddha Shakyamuni zurückgeführt, welcher sie bereits persönlich praktizierte und somit vorlebte, indem er z. B. den sterbenden Schüler Phagguna in seiner Lehre unterwies und ihm damit half, sich vor dem Eintritt des Todes von den fünf niederen Fesseln[54] zu befreien. Im späteren Gespräch mit dem SchülerAnanda über den Effekt dieser Lehrunterweisung betonte der Buddha die Vorteile, die das rechtzeitige Anhören der Lehre und die rechtzeitige Ergründung ihres Zieles in Verbindung mit dem Anblick eines Vollendeten oder eines Schülers eines Vollendeten für einen von den fünf Fesseln noch nicht befreiten ebenso wie für einen bereits von ihnen befreiten Ster-

[54] Die fünf niederen Fesseln sind: 1. Persönlichkeitsglaube, 2. Zweifelsucht, 3. Hängen an Regeln und Riten, 4. Sinnenlust und 5. Hass (vgl. A., X.,13: Die zehn Fesseln, http://www.palikanon.com/angutt/a10_001_020.html (Stand: 28.8.2011)).

benden in der Todesstunde bringen.[55] Auch soll den Aussagen des historischen Buddha zufolge sogar einem Sünder, welcher zuvor eine der fünf Todsünden[56] begangen hat, der Weg ins Reine Land des Buddha Amitabha möglich sein, wenn ihm - so eine der erforderlichen Voraussetzungen - praktizierende Gefährten während seines Sterbeprozesses beistehen.[57] So kommt der Sterbebegleitung unter den Buddhisten (nicht nur) Vietnams eine ganz besondere Bedeutung zu.

Als Richtlinien für die Ausübung der Glaubenspraxis der Reines-Land-Schule, an die sich die Anhänger der Letzteren halten, gelten die drei so genannten Dharmasiegel Vertrauen, Wunsch und Praxis (vietn.: Tín, Nguyện, Hạnh), welche im Folgenden kurz erläutert werden.

Zunächst üben sich die gläubigen Buddhisten der Reines-Land-Schule darin, *Vertrauen* in den Buddha Amitabha zu entwickeln, der in seinem früheren Leben als Bodhisattva Dharmakara 48 Gelübde abgelegt und dabei versprochen hatte, die Lebewesen im von ihm zu erschaffenden Reich aufzunehmen (s. 1.2.1). Zu diesem Vertrauen zählen sowohl der Glaube an die Worte des Buddha Shakyamuni, der den Buddha Amitabha und dessen Reines Land vorgestellt hatte, und den Wahrheitsgehalt dieser Worte als auch der Glaube an die eigene Anstrengung, den Erfolg der selbst ausgeübten Glaubenspraxis und die eigenen Verdienste, welche die Wiedergeburt im Reinen Land ermöglichen.

In der darauffolgenden Stufe sollen die Praktizierenden den sehnsüchtigen *Wunsch* entwickeln, nach dem Ausscheiden aus dieser Welt in das Reine Land hineingeboren zu werden. Die Wirkung der Glaubenspraxis, welche die ständig wiederholte Anrufung des Namens des Buddha Amitabha während des Rezitierens und die Visualisierung seiner Person beinhaltet, wird verstärkt durch das abzulegende Gelübde des Bodhisattva-Ideals, das besagt, dass man danach strebt, ein Buddha zu werden und gleichzeitig allen Lebewesen zu helfen.

Als dritter Schritt ist die eigene Anstrengung in Form häufiger *Praxis* wichtig für das Erreichen einer Wiedergeburt im Reinen Land. Die Häufigkeit bzw. Intensität während des Lebens ausgeübter Glau-

---

55 Vgl. A., VI., 56: Der Tod des Phagguna, http://palikanon.com/angutt/a06_055-060.html#a_vi56 (Stand: 28.8.2011).

56 Die fünf Todsünden sind: Vatermord, Muttermord, Heiligenmord, Verwundung eines Buddha, Ordensspaltung (vgl. A.,V.,129: Unheilbar, http://www.palikanon.com/angutt/a05_111-130.html#a_v129 (Stand: 28.8.2011)).

57 Vgl. Hapatsch, 2003, S. 97f.

benspraxis in der genannten Weise entscheidet darüber, auf welcher Stufe man im Reinen Land wiedergeboren wird (s. 1.2.1).

Im 18. der genannten, von ihm früher als Mönch Dharmakara abgelegten Gelübde hatte der spätere Buddha Amitabha versprochen, bewusst nicht die Buddhaschaft zu erlangen, solange er nicht in der Lage sein würde, allen Wesen, die eine Wiedergeburt in seinem Reinen Land anstreben, ihren diesbezüglichen Wunsch zu erfüllen. Bereit zu Letzterem ist er in jedem Einzelfall,

> *„... wenn die Person den Gedanken an eine Wiedergeburt in meinem Reinen Land nur zehnmal wiederholt hat – es sei denn, er oder sie hat eines der ‚fünf unermesslichen Verbrechen' begangen oder dem Dharma abgeschworen"*[58].

Dieses 18. Gelübde beinhaltet in nur einem Teilsatz (s. o., Zitat) die drei bereits erläuterten Dharmasiegel der Reines-Land-Schule, wonach Praktizierende Hingabe und Vertrauen in den Buddha Amitabha entfalten, den Wunsch nach einer Wiedergeburt in seinem Reinen Land entwickeln und schließlich ihren Glauben durch wiederholtes Rezitieren praktizieren sollen, um die Unterstützung des genannten Buddha und damit ihr Ziel zu erlangen.[59]

Den größten Anteil an der sich ganz auf den Tod und den gewünschten anschließenden Übertritt in das Reine Land konzentrierenden Praxis der Anhänger der Reines-Land-Schule und damit auch des vietnamesischen Buddhismus macht die ständige Anrufung des Namens des Buddha Amitabha aus, die im Gehen, Stehen, Liegen und Sitzen erfolgen kann. Ebenfalls positiv im Hinblick auf das angestrebte Ziel wirken sich Niederwerfungen, Rezitation der „Drei Sutras" (s. 1.2.1) sowie Vergegenwärtigung und Visualisierung des Buddha Amitabha und seines Reinen Landes Sukhavati aus, die zudem zur Reinigung des Geistes beitragen. Der Praktizierende soll in seiner Todesstunde den Zustand der „rechten Achtsamkeit" erreichen. Dieser Zustand soll es ihm ermöglichen, den Buddha Amitabha und seine Begleiter, die Bodhisattvas Avalokitesvara und Mahasthamaprapta, zu erkennen, wenn sie ihn gemäß dem genannten früheren 18. Gelübde des späteren Buddha Amitabha im Idealfall bei Eintritt des Todes abholen und in das Reine Land Sukhavati aufnehmen.

---

[58] Hapatsch, 2003, S. 29f.

[59] Vgl. Zotz, 1991, S. 40f.

Kapitel 2
Sterben und Tod im vietnamesischen Buddhismus

Einer ausführlichen Beschreibung des Umgangs vietnamesischer Buddhisten in ihrem Heimatland mit allen das Lebensende betreffenden Aspekten wird im Rahmen dieses Abschnitts des besseren Verständnisses wegen ein kurzes Portrait Vietnams und seiner Bevölkerung vorangestellt.

2.1 Vietnam - Land und Leute

Viele Menschen westlicher Staaten verbinden mit dem Namen des Landes Vietnam lediglich den Vietnamkrieg. Die meisten wissen nicht, dass Vietnam auf eine mehrere Jahrtausende alte Geschichte zurückblicken kann. Diese weist allerdings ungewöhnlich viele Zeitabschnitte der Fremdherrschaft und mehrere Kriege auf, unter denen die einheimische Bevölkerung zu leiden hatte.

Vietnam ist fast so groß wie Deutschland und grenzt im Norden an China, im Westen an Laos und Kambodscha sowie im Osten und Süden an das Südchinesische Meer. Die bedeutendsten Städte sind die heutige Hauptstadt Hanoi, die ehemalige Kaiserstadt Hue und die Geschäftsstadt Ho Chi Minh City - als Saigon die frühere Hauptstadt Südvietnams (s. A01).

Kurzer Überblick über die Geschichte Vietnams

2789 - 257 v. u. Z.	Legendäre Periode (Jagd, Fischfang, Reisbau)
257 - 111 v.u.Z.	Vor- und frühgeschichtliche Periode (Dong-Son-Kultur)
111 v. u. Z. - 939 n. u. Z.	chinesisches Protektorat
939 - 1860	von wechselnden Dynastien regiertes unabhängiges Vietnam
1860 - 1954	französische Kolonialherrschaft (während des II. Weltkrieges zeitweise Teilung der Macht mit dem ebenfalls ins Land eingedrungenen Japan, ab 1946 Unabhängigkeitskämpfe)
1954	Teilung des Landes in die nördliche Demokratische Republik Vietnam und die südliche Republik Vietnam
1964 - 1975	Vietnamkrieg zwischen den USA und den Vietcong (Verband kommunistischer Partisanen) mit militärischem Sieg Nordvietnams über Südvietnam durch die Einnahme Saigons am 30.4.1975 als Schlusspunkt
2.7.1976	Wiedervereinigung des Landes zur Sozialistischen Republik Vietnam

Quellen: Eckardt & Nguyen (1968), Le Thanh Khoi (1969), Heyder (2009)

Dank einer Politik der wirtschaftlichen Erneuerung (vietn.: Đổi mới) öffnete sich das sozialistisch regierte Vietnam in jüngerer Zeit nicht nur in ökonomischer, sondern auch in kultureller und politischer Hinsicht zunehmend der Weltöffentlichkeit und gewann unter ausländischen Touristen, Unternehmen und Kapitalanlegern an Attraktivität. Im Land finden sich gleichermaßen Tradition und Moderne.[60]

Länderprofil Vietnams (Stand 2010)

Fläche:	331689 km²
Gesamtbevölkerung:	ca. 90 Millionen Einwohner
Hauptstadt:	Hanoi (3,5 Millionen Einwohner)
Größte Stadt des Landes:	Ho Chi Minh City (7,8 Millionen Einwohner)
Ethnische Gruppen:	85 % Vietnamesen (Kinh) sowie 53 ethnische Minderheiten
Amtssprache:	Vietnamesisch
Religionen:	80 % Buddhisten (zumeist Anhänger der vietnamesischen Ausformung des Mahayana-Buddhismus, ferner kleine Minderheiten von Theravada- und Zen-Buddhisten sowie Anhängern des Hoa Hao und des Khat Sy), ca. 8 - 9 % Katholiken, außerdem kleinere Gruppen von Anhängern der Religionen Cao Dai, Protestantismus und Islam

Quellen:
http://www.fco.gov.uk/en/travel-and-living-abroad/travel-advice-by-country/country-profile/asia-oceania/vietnam (Stand: 22.8.2010)
http://www.fco.gov.uk/en/travel-and-living-abroad/travel-advice-by-country/country-profile/europe/germany (Stand: 22.8.2010)

Ab Mitte der 1970er-Jahre erfuhren die vietnamesischen Kriegsflüchtlinge, die aufgrund der Art ihrer Flucht als „Boat People" bezeichnet wurden, zunehmend Aufmerksamkeit in den westlichen Ländern. Die beachtlichen Flüchtlingswellen wurden ausgelöst von der Besetzung Südvietnams durch die nordvietnamesischen Kommunisten. Internationale humanitäre Hilfsaktionen ermöglichten zahlreichen Vietnamesen die Flucht in verschiedene Staaten. Die aufgrund des sozialistischen Regimes in ihrer Heimat dauerhaft im Exil lebenden Vietnamesen hatten das Bedürfnis, ihre Kultur und Traditionen auch im Ausland zu pflegen und so zu erhalten. Sie begannen daher, sich als neue Bevölkerungsgruppe in der Fremde zu etablieren und zu organisieren.[61] In seiner vergleichenden Studie über das Leben von Vietnamesen in Australien und Japan kam Kawakami zu dem von der untersuchten Gruppe selbst bestätigten Schluss, dass die Situation vietnamesischer

---

60 Vgl. Ray et al., 2010, S. 46, und Rothlauf, 2006, S. 254f.

61 Vgl. L. Ho, 1999, S. 11.

Flüchtlinge in den verschiedenen westlichen Ländern untereinander vergleichbar ist, weil von ihnen überall dort, wohin sie gelangt waren, ähnliche Erfahrungen gesammelt wurden.[62]

2.2 Einflüsse nichtbuddhistischer Traditionen und Religionen auf die Todesvorstellungen im vietnamesischen Buddhismus

Anders als z. B. in Europa wird in Vietnam dem Geburtstag eines Menschen keine so große Bedeutung beigemessen wie seinem Todestag. Man merkt sich Todestage verstorbener Personen und nicht deren Geburtstage, weil der Tod nicht das Ende von Allem bedeutet, sondern den Beginn einer neuen Existenz markiert.[63] Jährlich trifft sich daher die Großfamilie anlässlich des Todestages jedes Ahnen, gedenkt in einer Andacht dem Verstorbenen und nimmt anschließend ein gemeinsames Mahl ein. Bei dieser Gelegenheit erinnert man vor allem die Kinder und Enkelkinder an die Verdienste ihres Vorfahren, damit sie sich ihn zum Vorbild nehmen können.

In Vietnam verfügt jedes buddhistische Kloster und jeder Tempel über einen Totenraum. An der Wand solch eines Raumes hängen Bilder Verstorbener, die jeweils mit dem weltlichen Namen, dem buddhistischen Namen (= Dharma-Namen[64]) sowie dem Geburtsdatum und Todestag der betreffenden Person versehen sind, an welche erinnert werden soll. Die Toten spielen also eine wesentliche Rolle im vietnamesischen Buddhismus. Die Ursachen hierfür liegen jedoch teilweise außerhalb dieser Tradition.

Zweifellos wurde die Kultur Vietnams während der über tausend Jahre dauernden chinesischen Fremdherrschaft stark von den durch die Machthaber eingeführten Religionen bzw. Philosophien beeinflusst. Es gab jedoch schon vor dieser Epoche eigene Weltanschauungen in Vietnam. Für die Zeit um etwa 2000 v. u. Z. gibt es Belege dafür, dass die damals in diesem geographischen Bereich beheimateten Menschen dem Animismus anhingen. Sie waren nicht sesshaft und glaub-

62 Vgl. Kawakami, 2003, S. 56.

63 Vgl. Thich Nhu Dien, 1986, S. 332, und ders, 1998, S. 226, 241.

64 Jeder Gläubige erhält während der Zeremonie seiner Zufluchtnahme zu den Drei Juwelen - Buddha (erleuchteter Stifter der Lehre), Dharma (Lehre des Erleuchteten) und Sangha (Gemeinschaft der Ordinierten) - einen buddhistischen Namen (vgl. Baumann, 2002, S. 53-56).

ten an eine beseelte Natur. Daher baten sie ihre Schutz- und Naturgeister um Beistand und versuchten, sie durch Opfergaben zu besänftigen. Forschungen ergaben, dass die etwa um 1000 v. u. Z. im Gebiet des heutigen Vietnams lebenden Menschen allmählich sesshaft wurden und zunehmend Hütten und sogar Häuser bauten. Während dieser Zeit gewann der Ahnenkult an Bedeutung. Von den verstorbenen Vorfahren erhoffte man sich durch Gebete Schutz, Hilfe, Rat und Trost.[65]

In China selbst wurde und wird das geistige bzw. religiöse Leben außer vom Buddhismus auch maßgeblich geprägt von den Traditionen des Konfuzianismus und des Daoismus. Sie wurden während der über tausend Jahre währenden chinesischen Herrschaft über ein Teilgebiet des heutigen Vietnams auch in das Letztere eingeführt und dort verbreitet. So prägten sie nachhaltig die vietnamesische Kultur. Dauerhaft wirksame konfuzianische und daoistische Einflüsse finden sich mittlerweile in Literatur, Kunst, Musik, Sprache, Architektur, Politik, Alltagssitten und -bräuchen des Landes - und nicht zuletzt in der hier am weitesten verbreiteten religiösen Tradition, der landesspezifischen Ausformung des Buddhismus. Zur Ethik des Konfuzianismus wie auch des Daoismus gehört die Forderung nach Unterordnung der Bedürfnisse des Einzelnen unter diejenigen der Gesellschaft bzw. Gemeinschaft. Dies bezieht sich auch auf den familiären Bereich, wo Jüngere den Älteren Ehrfurcht und zusätzlich den unmittelbaren Vorfahren Pietät entgegenbringen sollen und wo man den Grundsätzen des Konfuzius (vietn.: Khổng Tử) zufolge bereits zu Lebzeiten Anerkennung anstreben soll, welche auch über den eigenen Tod hinaus Bestand hat.[66] Obwohl Konfuzianismus und Daoismus auch mit diesen Lebensprinzipien lange Zeit nur in der Oberschicht Vietnams Anklang fanden, betrachtete der in der Mehrheit der einfachen Bevölkerung des Landes weit verbreitete Buddhismus schließlich die auf diesen Elementen innerfamiliären Respekts aufbauenden Verhaltensweisen als vereinbar mit den eigenen Grundsätzen. Die vietnamesischen Buddhisten integrierten sie ebenso wie auf den noch älteren Traditionen des Animismus und des Ahnenkults beruhende Ansichten und Handlungen in ihre Glaubenspraxis.[67]

Die in China beheimatete und weit verbreitete Variante des Mahayana-Buddhismus mit ihrer Ausrichtung der Reines-Land-Schule

---

65 Vgl. Bezacier, 1975, S. 332-349, Bühler & Kothmann, 2006, S. 180ff., und Rothlauf, 2006, S. 269-271.

66 Vgl. Ess, 2009, S. 21f., und Lulei (2001).

67 Vgl. Daiber, 2010, S. 129f.

wurde ebenso wie Konfuzianismus und Daoismus während der langen Epoche chinesischer Fremdherrschaft in der Geschichte Vietnams mitgebracht und fand Zuspruch bei einem Großteil der hiesigen Bevölkerung. In Vietnam ist oft die Rede von der „Dreifachen Religion" (vietn.: Tam Giáo), womit zusammenfassend Konfuzianismus, Daoismus und Buddhismus gemeint sind.[68] Der eben angeführte Begriff suggeriert, dass die Religiosität der Vietnamesen von den drei „importierten" Traditionen gleichermaßen stark geprägt worden ist. Tatsächlich jedoch setzte sich in der großen Mehrheit der Bevölkerung hauptsächlich der nicht nur über China ins Land gelangte Buddhismus durch, entwickelte sich hier aber unter Einbindung nicht nur von Teilen der konfuzianischen und daoistischen Lehren, sondern auch von Elementen sowohl des hier schon früher verbreiteten Ahnenkultes als auch des noch älteren Animismus zu einer eigenen, landestypischen Form weiter. Da der chinesische Buddhismus zum großen Teil von den meisten Vietnamesen übernommen worden war, machten diese sich auch die im Zusammenhang mit ihm gelehrten Vorstellungen von Sterben und Tod zu eigen, wandelten sie jedoch unter Verwendung einzelner diesbezüglicher Ansichten aus den anderen genannten Philosophien bzw. Traditionen ab, was sich auch auf ihre Handlungsweisen auswirkte. Trotz aller Eigenheiten der ursprünglich nur in ihrem Heimatland verbreiteten Ausformung ihres Glaubens gibt es nach wie vor viele Gemeinsamkeiten mit den anderen existierenden buddhistischen Traditionen. So pilgern auch vietnamesische Buddhisten zu den buddhistischen Wallfahrtsorten in Indien[69], Sri Lanka und China. In tiefster Ehrfurcht verharren sie dort vor Statuen und Reliquien der Buddhas. Diese Wallfahrten gelten unter Buddhisten als wertvolle Tugend. Die Gläubigen erhoffen sich durch sie den Segen der Buddhas und Bodhisattvas.

---

[68] Vgl. Condaminas, 1987, S. 257, und Daiber, 2010, S. 128.

[69] Reisen in dieses Land führen die Pilger bis in die Gegenwart zu insgesamt vier Wallfahrtsorten, nämlich denen der Geburt des historischen Buddha Shakyamuni (Lumbini), seines Erwachens (Bodh Gaya), des In-Gang-Setzens des Rads seiner Lehre (Sarnath) und seines Verlöschens (Kusinara) (vgl. von Brück, 1998, S. 80, und Bräutigam, 2005, S. 137).

2.3 Buddhistische Sterbebegleitung und Trauerzeremonien in Vietnam

Der Respekt den lebenden und verstorbenen Vorfahren gegenüber hat einen sehr hohen Stellenwert im vietnamesischen Buddhismus. Dies hängt mit der Geschichte des Landes (s. 2.1) und den Einflüssen anderer Traditionen (s. 2.2) zusammen. Aber auch der Buddhismus für sich allein ist nach Ansicht seiner Anhänger von Anfang an ein Glaube mit einer starken Betonung der Pietät. Bereits der historische Buddha Shakyamuni soll seinen unmittelbaren Vorfahren seine Ehre erwiesen haben, indem er der Überlieferung zufolge seine verstorbene Mutter Mahamaya in der Himmelswelt Tusita[70] aufsuchte und in seiner Lehre unterwies sowie seinen noch lebenden Vater bei Krankheitsfällen besuchte.

2.3.1 Sterbebegleitung

Wenn in Vietnam ein Buddhist im Sterben liegt, werden alle seine Verwandten, Bekannten und Freunde ganz unabhängig von ihrem Wohnort über seinen nahenden Tod informiert, damit sie ihn zu seinen Lebzeiten noch einmal besuchen bzw. rechtzeitig zur Teilnahme an den dem Eintritt des Todes folgenden Zeremonien erscheinen können. Die Familienangehörigen laden außerdem buddhistische Mönche oder Nonnen ein, den Sterbenden von Anfang an - d. h. während des gesamten Sterbeprozesses - zu begleiten. Diese Aufgabe kann zwar auch von Laien übernommen werden, jedoch betrauen die Angehörigen sterbender Buddhisten in Vietnam in der Regel lieber Ordinierte damit. Die Mönche bzw. Nonnen kommen nicht nur, um zu rezitieren, sondern auch um den Familienangehörigen tröstend beizustehen und Ratschläge zu geben. Nach ihrer Ankunft im Haus des Sterbenden erläutern die Ordinierten sowohl ihm als auch seiner Familie Sinn und Zweck der Sterbebegleitung und geben den Verwandten Anweisungen im Hinblick über das

70 Der buddhistischen Lehre zufolge werden verstorbene Menschen mit größeren zu Lebzeiten angesammelten karmischen Verdiensten z. B. in Tusita, einer von vielen Himmelswelten, wiedergeboren, können aber von dieser Himmelswelt aus nicht erleuchtet ins Nirvana eingehen. Daher soll der historische Buddha Shakyamuni mit den ihm eigenen Fähigkeiten seiner verstorbenen Mutter den von ihm entdeckten Weg zur Erleuchtung aufgezeigt haben (vgl. http://www.buddha-dhamma.de/daseinsber.htm (Stand: 18.8.2011) und Bräutigam, 2005, S. 114f.).

erforderliche Verhalten. Anschließend streben sie an, dem Sterbenden mithilfe von Lehrunterweisungen und Rezitationen einen friedlichen Tod frei von Ängsten und quälenden Sorgen zu ermöglichen. Alle Beteiligten - Ordinierte wie Familienangehörige - versuchen deshalb, eine ruhige Atmosphäre zu schaffen. Damit der Sterbende nicht emotional aufgewühlt wird, bemühen sich die Verwandten, nicht zu weinen. Stattdessen soll die Aufmerksamkeit seines Geistes auf die von ihm durch heilsame Taten und buddhistische Praxis erworbenen Verdienste gelenkt werden.

Die Rezitation des Namens des Buddha Amitabha soll dem Sterbenden nicht nur ihn selbst ins Gedächtnis rufen, sondern auch an den eigenen, schon immer vorhandenen Wunsch erinnern, nach dem Tod im Reinen Land Sukhavati geboren zu werden. Andererseits wird aber auch der Buddha Amitabha mithilfe der ständigen Wiederholung seines Namens gebeten, den Sterbenden nach dem Eintritt des Todes seinem Versprechen bzw. Gelübde gemäß in seinem Reinen Land aufzunehmen und ihm Schutz zu gewähren. Es heißt, dass durch die sanften Lichtstrahlen des Buddha Amitabha - durch das so genannte Unendliche Licht - dem Sterbenden während des Sterbeprozesses Schmerzfreiheit ermöglicht und im günstigsten Fall sogar Kenntnis vom genauen Zeitpunkt des bevorstehenden Eintritts des Todes vermittelt wird.

Die Ordinierten fragen den Sterbenden, ob er noch irgendetwas sagen oder erledigen möchte oder aber noch irgendwelche Wünsche hat. Sie leiten ihn an, Reue für während seines Lebens begangene unheilsame Taten zu zeigen und (erneut) Zuflucht zu den Drei Juwelen zu nehmen. Auch erinnern sie ihn an die drei für eine günstige Wiedergeburt erforderlichen Kriterien: Vertrauen, Äußerung des Wunsches, im Reinen Land des Buddha Amitabha geboren zu werden, und Bekräftigung dieses Wunsches durch aufrichtige und hingebungsvolle Rezitation des Namens des genannten Buddha und durch Visualisierung seiner Person (vietn.: Tín, Nguyện, Hạnh). Man überlässt dem Sterbenden die Wahl der von den Ordinierten angewandten Rezitierweise - in Abschnitten aus je sechs oder ersatzweise vier Wörtern („Nam Mô A Di Đà Phật" oder „A Di Đà Phật") -, um ihn anzuspornen, ebenfalls zu rezitieren. Allerdings ist es auch möglich, dass der Sterbende aufgrund körperlicher Schwäche nicht mehr in der Lage ist, die Rezitationen in voller Länge aktiv zu unterstützen.

Die Angehörigen werden von den Ordinierten daran erinnert, dass die von ihnen zu übernehmende Aufgabe der Sterbebegleitung von höchster Bedeutung ist, da es heißt, dass man dem Sterbenden hilft, ein Buddha zu werden, wenn man ihn dabei unterstützt, nach seinem Tod im Reinen Land des Buddha Amitabha geboren zu werden. Wenn Letzteres eintritt, ist die Person befreit vom Wiedergeburtenkreislauf und hat wegen der günstigen Bedingungen dort beste Chancen, weiter praktizieren zu können, um die Buddhaschaft zu erlangen. Aus diesem Grund ist die Sterbebegleitung äußerst wichtig und Verdienste bringend. Deshalb sollen die Angehörigen von ganzem Herzen alles ihnen Mögliche für den Sterbenden tun. Vor allem sollen sie in der Zeit der Sterbebegleitung keine unheilsamen Taten begehen, sondern heilsame Taten (z. B. Rezitation und rein vegetarische Ernährung) vollbringen und sämtliche daraus erwachsenen Verdienste durch Widmung auf den Sterbenden übertragen, um ihn seinem angestrebten Ziel noch näher zu bringen.

Nicht nur von den Angehörigen wird eine ernsthaft durchgeführte Sterbebegleitung aus vollem Herzen erwartet, sondern auch von den anwesenden Ordinierten. Diese beten für den Sterbenden, dass er nach seinem Tod im Reinen Land des Buddha Amitabha geboren werden möge; falls er jedoch (entgegen aller Erwartungen aufgrund seines derzeit sehr schlechten Gesundheitszustands) wieder ganz genesen würde, dann möge er am Leben bleiben. Auch betet man gegebenenfalls für diejenigen Geister früher verstorbener Lebewesen, die den Sterbenden nicht mögen, weil er ihnen zu ihren Lebzeiten Leid zugefügt hat, und daher seinen Übertritt ins Reine Land behindern könnten. In so einem Fall „spricht“ man mental mit den betreffenden Geistern und bittet sie stellvertretend für den Sterbenden um Vergebung. Diese Geister werden anschließend aufgefordert, gemeinsam mit allen Anwesenden den Namen des Buddha Amitabha zu rezitieren, damit auch sie - gemeinsam mit dem Sterbenden - im Reinen Land geboren werden können. Wort für Wort klar und deutlich - nicht zu schnell und auch nicht zu langsam - rezitieren alle Anwesenden unter Anleitung der Ordinierten den Namen des Buddha Amitabha. Sie alle sollen sich allein auf den Gedanken bzw. die Vorstellung konzentrieren, dass der Buddha Amitabha in Erscheinung tritt und den Sterbenden in sein Reines Land aufnimmt. Die Helfer betonen während der Sterbebegleitung auch die weiterhin bestehende Zugehörigkeit des Sterbenden zu seiner Familie, um ihn zu bewegen, sich auch seinerseits im Hinblick auf das angestrebte Ziel verstärkt zu bemühen.

Als Anzeichen[71] für eine letztlich erfolgreich verlaufene Sterbebegleitung (d. h. für eine zu erwartende Geburt des Sterbenden im Reinen Land bzw. eine dort bereits erfolgte Geburt des soeben Verstorbenen) gelten vor und während des Eintritts des Todes das Wissen des Sterbenden um den genauen Zeitpunkt im Voraus und ein schmerzfreies Sterben bei vollem Bewusstsein. Weitere, erst nach dem Eintritt des Todes feststellbare Anzeichen sind verschlossene Augen und Mund, eine fortbestehende Geschmeidigkeit des Körpers und das Ausbleiben normalerweise auftretender Körpergerüche.

Anders als z. B. bei den Christen Europas endet die Sterbebegleitung der Buddhisten Vietnams nicht mit dem Eintritt des physischen Todes, weil sich in der unmittelbaren Folgezeit der Geist des Verstorbenen erst bewusst vom Körper lösen muss, um im Reinen Land wiedergeboren werden zu können. Daher gehören die im Folgenden zu beschreibenden Verhaltensweisen der Anwesenden zum Thema dieses Abschnitts.

Nach dem Eintritt des Todes versuchen die Helfer, ungerührt weiter zu rezitieren, ohne in Tränen auszubrechen, denn solche Anzeichen von Trauer würden es dem Geist des gerade Verstorbenen erschweren, seinen Körper loszulassen. Jemand notiert die genaue Todeszeit und hängt anschließend eine an alle Anwesenden und später Hinzukommenden gerichtete Mitteilung mit folgendem Inhalt aus:

Der Verstorbener/Die Verstorbene
_____________________(weltlicher Name) _________________ (Dharma-Name)
ist verstorben am _________(Todesdatum) um ______(genauer Zeitpunkt des Todes).

Wir werden 8 Stunden fortlaufend den Namen des Buddha Amitabha rezitieren, und zwar bis _____ Uhr. Bitte weinen Sie nicht, und berühren Sie keinesfalls den Körper des Verstorbenen während dieses Zeitraums! Vielen Dank!

Hương Linh
_____________________(Họ và tên) _________________________ (Pháp Danh)
đã lâm chung vào ngày _____________ (ngày mất) vào lúc__________ (giờ mất).

Chúng tôi sẽ niệm Hồng Danh Đức Phật A Di Đà 8 tiếng đồng hồ liên tục đến ______ giờ.
Xin quý vị đừng quá bi ai và tránh đụng chạm đến thi hài
người mất trong thời gian này! Xin cảm ơn nhiều!

71 Vgl. Thich Thien Tam, 1997, S. 291-296, Tinh Hai, 2002, S. 222, Thich Nguyen Tang (2007), und Shih (2000).

Nach dem Eintritt des Todes sollte der Leichnam mindestens acht Stunden lang unberührt bleiben, damit das Bewusstsein des Verstorbenen ausreichend Zeit hat, sich vom Körper zu trennen. Wird die genannte „Ruhezeit" nicht gewährleistet, könnte das Bewusstsein des Verstorbenen sich erschrecken oder gar Schmerzen bekommen. Aus diesem Grund wird dieser Teil des Sterbeprozesses gelegentlich mit dem Abziehen des Panzers einer Schildkröte verglichen.[72] Im Falle einer zu früh erfolgten Berührung des toten Körpers könnte das Bewusstsein des Verstorbenen wütend reagieren, was wiederum zu einer niedrigeren Wiedergeburt als Tier, so genannter Hungriger Geist oder Höllenwesen führen könnte.[73]

Abbildung 4: Totenkleidung und Decke für verstorbene Buddhisten

Nach Ablauf der erwähnten ersten acht Stunden nach dem Eintritt des Todes sollen alle an der Sterbebegleitung Beteiligten ihre während des Rituals erworbenen Verdienste auf den Verstorbenen übertragen, damit er im Reinen Land geboren werden kann. Erst wenn dieser Schritt vollzogen ist, gilt die Sterbebegleitung bei den Buddhisten Vietnams als abgeschlossen; und es kann mit den Vorbereitungen für die Trauerzeremonien begonnen werden.

2.3.2 Trauerzeremonien

Nach Ablauf der im vorigen Abschnitt angesprochenen ersten acht Stunden nach dem Eintritt des Todes - wenn also die Sterbebegleitung abgeschlossen ist - kann die Leichenwaschung erfolgen. Diese hat zwar im Buddhismus - anders als im Islam - keine religiöse Bedeutung, doch die Hinterbliebenen nehmen sie aus Gründen der Liebe

72 Vgl. Thich Nhuan Nghi (2006).

73 Detallierte Angaben zur vietnamesisch-buddhistischen Sterbebegeleitung machen Thich Thien Tam, 1997, S. 272-296, Shih, 2000, S. 60, und Thich Nhuan Nghi (2006).

und des Respekts dem Verstorbenen gegenüber vor. Der Leichnam wird mit in lauwarmes Wasser getauchten Lappen gereinigt. Es gibt keine Vorschriften darüber, wie und von wem (ggf. in welcher Reihenfolge) er gewaschen werden muss. Nach dem Waschen wird er eingekleidet (vietn.: Mộc Dục). Auch hier gibt es im Buddhismus keine Vorschrift darüber, welche Art von Kleidung verwendet werden soll; die Familie kann frei entscheiden - und dabei entweder dem Wunsch des Verstorbenen entsprechen oder aber dem eigenen Geschmack den Vor-rang geben. In der Regel ziehen die Angehörigen dem Leichnam über die normale Kleidung eine speziell für diesen Zweck vorgesehene - aber nicht verpflichtende - Form buddhistischer Trauerbekleidung an (s. Abb. 4). Dazu gehören ein Gewand, das in seiner Form den bei Selbstverteidigungssportarten getragenen Jacken ähnelt, eine gesonderte Kapuze (viet.: Mũ Quan Âm) und Handschuhe. Eine mit buddhistischen Mantras bedruckte Decke (vietn.: Mền Quang Minh), mit der man den angekleideten Leichnam von den Schultern abwärts bedeckt, hat eine Schutz gewährende Funktion. Die Mantras auf ihr sollen den Toten vor bösen Geistern schützen.

Abbildung 5: Von Ordinierten gehaltene Andacht nach dem Ableben eines hohen Würdenträgers

Als Nächstes wird in der Wohnung des Verstorbenen ein Altar zum Gedenken an ihn errichtet (vietn.: Lập Bàn Thờ). Zu den hierbei üblicherweise verwendeten Utensilien gehören zwei Kerzenständer samt Kerzen, ein Behälter für angezündete Räucherstäbchen, Blumen und Obst. Vor dem Gedenkaltar hängt ein Papierblatt mit Angaben zu weltlichem Namen, Dharma-Namen sowie Geburtsdatum und Todestag des Verstorbenen. Auf diesem Altar selbst werden dem Toten dreimal täglich - also ähnlich der Anzahl seiner Mahlzeiten zu Lebzeiten - Speise- und Trankopfer dargebracht, und zwar meist in der von ihm frü-

Abbildung 6: Familienangehörige vor dem Gedenkaltar und Sarg einer verstorbenen Laienbuddhistin

her bevorzugten Form. Bei jeder dieser kleinen Zeremonien entzündet man je drei Räucherstäbchen und bittet - an das auf dem Gedenkaltar stehende Portraitbild gerichtet - den Verstorbenen darum, er möge die dargebrachten Opfergaben annehmen. Etwa eine halbe Stunde nach jeder dieser kleinen Zeremonien - frühestens jedoch, wenn die zuvor entzündeten Räucherstäbchen abgebrannt sind - geht man wieder zum Gedenkaltar und bittet den Toten darum, das Essen abräumen zu dürfen. Anschließend isst die Familie von diesen zuvor dargebrachten Opfergaben, außerdem teilweise von Resten früher für den Verstorbenen auf den Altar gestellter Mahlzeiten.

Nach einem Todesfall fragen die Hinterbliebenen in der Regel die Ordinierten nach für die Durchführung der verschiedenen während der Trauerzeit durchzuführenden Trauerzeremonien geeigneten Tagen (vietn.: Xem Ngày Tốt). Anhand eines astrologischen Kalenders (vietn.: Lịch Tử Vi) schlägt man ihnen bestimmte Termine vor, an die sie sich halten können.

Während der ersten 49 Tage nach einem Todesfall rezitieren Mönche bzw. Nonnen und die Angehörigen des Verstorbenen die für diesen Zeitraum wichtigsten Sutras, zu welchen insbesondere das Kleine Sukhavativyuha-Sutra (s. 1.2.1; A11 (dt.) u. A12 (vietn.)) und das Ksitigarbha-Sutra[74] gehören. In manchen Familien werden außerdem noch das Große Sukhavativyuha-Sutra (s. 1.2.1) und das Amitayus-Dhyana-Sutra (s. 1.2.1) rezitiert.

Zu den Trauerfeierlichkeiten gehören in der bis heute in Vietnam praktizierten Ausformung des Buddhismus verschiedene Zeremonien, die in derjenigen Reihenfolge durchgeführt werden, in welcher sie im Folgenden einzeln beschrieben sind:

Zur Durchführung der Einsargungszeremonie (vietn.: Nhập Quan) wird ein Raum der Wohnung zur Verfügung gestellt - in der Regel das Wohnzimmer, weil sich dort bereits der Buddha-Altar und der Ahnenaltar befinden. Den Sarg platziert man in der Mitte des Raumes. Vor der Aufbettung des Leichnams wird der Sarg vom Zeremonien-

74 Dieses Sutra wurde von Shih (2000, S. 1-93) ins Englische und von Thich Tri Tinh (Pagode Vien Giac (Hrsg.), 2002, S. 8-180) ins Vietnamesische übersetzt. Ksitigarbha (vietn.: Đia Tạng; dt.: Mutterschoß der Erde) ist ein im Mahayana-Buddhismus verehrter Bodhisattva, der gelobt hat, so lange in den Höllen zu verbleiben, solange es dort noch Lebewesen gibt, um diesen zu helfen und sie zu belehren (vgl. Notz, 2002, S. 251).

Abbildung 7: Einsargungszeremonie für einen hohen buddhistischen Würdenträger

meister[75] spirituell gereinigt (d. h. geweiht). Währenddessen rezitieren die anderen anwesenden Ordinierten sowie die Laien die drei Mantras bzw. Sutras Chú Đại Bi (sanskr.: Mahakaruna Dharani - s. A07), Thập Chú (dt.: Zehn Kleinere Mantras - s. A08) und Bát Nhã (dt.: Herz-Sutra - s. A09 (dt.) u. A10 (vietn.)). Die in Vietnam verwendeten Särge sind aus sehr festem Holz gefertigt und daher auch sehr robust; sie wirken zudem von außen sehr edel. Als Grabbeigaben können dem aufgebetteten Leichnam unterschiedlichste Gegenstände (Kleidung, Gebetskette usw.) in den Sarg gelegt werden. Auch legt man ihm einige Reiskörner (im Fall eines Mannes sieben und in demjenigen einer Frau neun Körner) sowie etwas Blattgold in den Mund, weil der Tote auf seinem Weg in die andere Welt nicht hungrig werden und während dieses Zeitraumes ein Zahlungsmittel zur Erleichterung seiner Reise mit sich führen soll. Schließlich wird der verbliebene Leerraum im Sarg gänzlich mit Teeblättern ausgefüllt, welche den Austritt von Körperflüssigkeiten in den Sargraum unterbinden sollen. Danach verschließt man den Sarg sehr fest, damit keine Gerüche oder Körperflüssigkeiten nach außen dringen können. Es gibt bei den Buddhisten in Vietnam - und auch seitens der dortigen Behörden - keine Vorschrift oder Richtlinie darüber, wie viele Tage nach dem Eintritt des Todes das Begräbnis erfolgen muss. Manchmal findet es erst nach mehr als zwei Wochen statt, da man auf die Ankunft weit entfernt lebender Verwandter zwecks ihrer Teilnahme an der Bestattung wartet. Der Sarg des Verstorbenen kann übrigens nur bei guter finanzieller Ausstattung der Hinterbliebenen einige Zeit lang zu Hause aufbewahrt werden, denn es müssen nicht nur Räucherstäbchen und Kerzen zum Abbrennen bezahlt werden, sondern außerdem aufwändige Blumendekorationen, die im feuchtheißen tropischen Klima Vietnams während der einsetzenden Verwesung des Leichnams entstehende Gerüche unterbinden sollen. Auch die Bewirtung aus der Ferne eingetroffener Trauergäste, welche tagelang auf die Beisetzung warten, muss finanziert werden.

75 Der die Trauerzeremonien leitende Ordinierte.

Erst nach Abschluss der Einsargungszeremonie dürfen die Hinterbliebenen im Rahmen der sich zeitlich direkt anschließenden *Zeremonie zur Austeilung der Trauerkleidung* (vietn.: Lễ Phát Tang) an die Familienangehörigen aus den Händen der Ordinierten speziell für die folgenden Trauerfeierlichkeiten vorgesehene Bekleidungsstücke in Empfang nehmen und anlegen. Trauerfarbe in Vietnam ist weiß. Je nach Verwandtschaftsgrad zum Verstorbenen gibt es unterschiedliche Formen der Trauerkleidung. Söhne, Schwiegertöchter und ihre Nachkommen sowie unverheiratete Töchter tragen die volle Trauerkleidung einschließlich Stirnband, während verheiratete Töchter, Schwiegersöhne und ihre Nachkommen nur ein Stirnband tragen und die Eltern und Geschwister der Schwiegerkinder weder Trauerkleidung noch Stirnband anlegen müssen. Die Stirnbänder der Nachkommen der Söhne sind in der Mitte mit einem roten Punkt versehen, diejenigen der Nachkommen der Töchter hingegen mit einem blauen Punkt. Die eben genannten Unterschiede hinsichtlich der angelegten Trauerkleidung ermöglichen es Trauergästen, den Verwandtschaftsgrad der einzelnen hinterbliebenen Familienmitglieder zu erkennen. Übrigens darf eine verheiratete Frau nur mit Erlaubnis der Familie ihres Ehemannes Trauerkleidung anlegen, wenn jemand von ihren eigenen Eltern verstirbt, denn in Vietnam gehört sie ab dem Zeitpunkt ihrer Heirat nur noch zur Familie ihres Mannes. Sie muss andererseits im Fall des Todes eines der Elternteile ihres Ehemannes ebenso Trauerkleidung anlegen wie dessen Schwestern. Alle Einzelteile der von Hinterbliebenen getragenen Trauerkleidung sind ohne Säume und Knöpfe gefertigt und werden nur mit einem Band am Körper zusammengehalten. Ihre Einfachheit steht für die freudlose Zeit der Trauer. Früher fertigte man die Trauerkleidung selbst an; mittlerweile wird sie jedoch von Bestattungsunternehmen zur Verfügung gestellt. Die hinterbliebenen Söhne führen außerdem Stöcke mit sich, welche Schwäche aufgrund des vom Tod des Elternteils verursachten Schmerzes symbolisieren. Während der gesamten Trauerzeit tragen außerdem alle Familienmitglieder als Zeichen ihres Schmerzes je einen kleinen Stofffetzen auf der Brust oder auf dem Arm, der sich farblich von der Kleidung darunter abhebt, und zwar einen schwarzen auf heller bzw. einen weißen auf dunkler Oberfläche. Für die Trauergäste gibt es keine besondere Kleiderordnung, aber es wird von ihnen erwartet, dass sie keine bunte Kleidung tragen, die an freudige Ereignisse erinnert.[76] Die von den Buddhisten Vietnams eingehaltene Trauerzeit, während

[76] Vgl. Tan Viet, 2005, S. 117.

der die beschriebene Trauerkleidung angelegt wird, umfasst gemäß einer aus dem Konfuzianismus übernommenen Tradition insgesamt 27 Monate (24 normale Monate und zusätzlich je ein Monat zu Ehren des Himmels, der Erde und des Menschen).[77] Während dieses Zeitraums dürfen keine freudigen Feste (z. B. Hochzeitsfeiern) stattfinden; derartige planbare Ereignisse müssen auf einen Termin nach Ablauf der Trauerzeit verlegt werden.

Bis zur Bestattung sollte der Leichnam nicht allein gelassen werden; daher wird von sich abwechselnden Familienangehörigen Totenwache gehalten. Die Teilnahme an Letzterer gilt als Zeichen dafür, dass man vor Trauer nicht normal schlafen kann. In der Nacht vor dem Tag der in Vietnam üblichen Verabschiedungszeremonie und der Erdbestattung versammelt man sich, um des Lebens und der Verdienste des Verstorbenen zu gedenken.

Am darauf folgenden Morgen kommen nach einer kurzen, vom Zeremonienmeister geleiteten Andacht, mit welcher die *Verabschiedungszeremonie* (vietn.: Lễ Di Quan) beginnt, die Bestatter und führen ihr eigenes Ritual durch. Sie bezeugen dem Verstorbenen ihren Respekt und bitten ihn um Erlaubnis, den Sarg zur Grabstelle bringen zu dürfen, während sie Niederwerfungen vor dem Gedenkaltar vollziehen. Bevor der Sarg hinausgetragen wird, zerschlägt man - einem alten Brauch folgend - einen Teller auf dem Boden, um den Geist des Verstorbenen zu wecken und ihn zu veranlassen, das Haus zu verlassen. Beim Hinaustragen des Sarges achtet man darauf, dass er mit dem Kopfende voran das Haus verlässt. Vor der Haustür jedoch ändert man seine Tragerichtung und deutet drei leichte Verbeugungen mit entsprechenden Kniebeugen an, um den Verstorbenen zum letzten Mal von seinem Zuhause zu verabschieden, und setzt dann den Weg fort.

Der Trauerzug während des Fußweges zur Begräbnisstätte auf dem Friedhof, zum Krematorium oder zum den Weitertransport übernehmenden Trauerwagen (falls dieser weiter entfernt wartet) wird von einem voran getragenen Bildnis des Buddha Amitabha angeführt. Diesem Bildnis folgen im Trauerzug nacheinander getragene Blumenkränze, die an den Zeremonien beteiligten Mönche und/oder Nonnen,

---

[77] Konfuzius soll 27 Monate lang um seine verstorbene Mutter getrauert und damit - nicht nur - den Chinesen ein klassisches Vorbild der Sohnesliebe gegeben haben (http://glauben-ist-leben.de/konfuzianismus_taoismus.html (Stand: 3.8.2011)).

Abbildung 8: Andacht nach der Schließung des Erdgrabes einer verstorbenen buddhistischen Laienbuddhistin

ein getragenes Portraitbild des Verstorbenen, ein getragener Behälter für Räucherstäbchen, getragene Kerzenständer samt brennenden Kerzen, die Bestatter, der getragene Sarg, die unmittelbaren Hinterbliebenen und schließlich weitere Verwandte sowie die Freunde des Verstorbenen. Während des Fußmarsches verstreut man - auch hier einem alten nichtbuddhistischen Brauch folgend - imitierte Papiergeldscheine[78], um potentiell störende Geister zu besänftigen. Im Fall einer Erdbestattung, die unter den Buddhisten in Vietnam nach wie vor die am häufigsten gewählte Bestattungsart darstellt, weiht bzw. segnet nach der Ankunft des beschriebenen Trauerzugs an der Grabstelle mit dem ausgehobenen Erdloch der Zeremonienmeister diesen Ort im Rahmen der nun beginnenden Zeremonie der Sargbestattung (vietn.: Lễ Hạ Huyệt). Anschließend rezitiert die Trauergemeinde nacheinander das Mantra der Großen Barmherzigkeit (s. A07 (vietn.)), die Zehn Kleineren Mantras (s. A08 (vietn.)) und das HerzSutra (s. A09 (dt.) u. A10 (vietn.)). Dann nimmt der Zeremonienmeister eine rituelle Reinigung der Grabstelle vor, die sinngemäß besagt, dass diese nun das Haus für den Verstorbenen darstellt, von dem sich Andere fernhalten sollen. Nachdem der Sarg in das Grab hinabgelassen worden ist, erfolgt durch Angehörige und Trauergäste ein symbolischer Wurf von etwas Erde oder manchmal auch von Blumen auf den Sarg, bevor das Grab zugeschüttet wird. Anschließend erfolgt eine kurze Dankesrede an die Trauergäste, bei der man sich für während der Trauerfeier aufgetretene Fehler entschuldigt und dafür um Nachsicht bittet. Im Rahmen der Zeremonie der Sargbestattung werden gelegentlich imitiertes Papiergeld sowie ebenfalls aus Papier angefertigte Modelle von Autos, Häusern, Schuhen und Kleidung verbrannt, obwohl dieser Brauch nicht buddhistischen Ursprungs ist. Die Ordinierten weisen die Hinterbliebenen auf letzteren Sachverhalt hin, lassen sie jedoch aus Respekt ihnen gegenüber gewähren.

[78] Bei diesen Geldscheinen handelt es sich um anlässlich derartiger Rituale verwendetes Totengeld (vgl. Thich Nhu Dien, 1998, S. 288, Gerner, 2001, S.11, 132ff., und Kwon (2007)).

Im Anschluss an die Beisetzung findet entweder zu Hause oder in der Pagode noch eine so genannte *Zeremonie zur Etablierung des Verstorbenen* (vietn.: Lễ An Linh) statt. Mit ihr wird bestätigt, dass der Verstorbene nach wie vor einen festen Platz in seinem ehemaligen Zuhause hat. Sein Portraitbild und der Behälter für Räucherstäbchen, die beide Bestandteil des Trauerzuges waren (s. o.), werden nun wieder auf den Gedenkaltar platziert. Bevor die Hinterbliebenen und Trauergäste nach der Rückkehr von der Beisetzung in das Trauerhaus eintreten, waschen sie sich - einem alten Volksbrauch folgend - die Hände. Auf diese Weise soll symbolisch das Unglück vom Haus ferngehalten werden. Der Zeremonie zur Etablierung des Verstorbenen folgt entweder zu Hause oder aber in der Pagode ein gemeinsam eingenommenes Mahl.

Drei Tage nach dem Begräbnis wird an der Grabstätte die *Zeremonie der symbolischen Graböffnung* (vietn.: Lễ Mở Cửa Mả) abgehalten, nach welcher der Verstorbene sich erst mit den Ahnen vereinen kann. Die Wartezeit vor dieser Zeremonie wird eingehalten, weil man davon ausgeht, dass dem Verstorbenen nun erst richtig bewusst wird, dass er tatsächlich nicht mehr lebt. Es ist üblich, dass die hinterbliebenen Familienmitglieder die restlichen persönlichen Gegenstände des Verstorbenen, die nicht bereits als Grabbeigaben mitgegeben worden sind, zur Grabstelle bringen und dort nun im Rahmen der Zeremonie verbrennen.

Zur buddhistischen Trauerzeit gehören neben den eben einzeln angeführten Zeremonien noch je mehrere *Totenandachten* und *Gedenktage* (vietn.: Cúng Thất và Ngày Giỗ). Sieben[79] Wochen lang wird einmal wöchentlich (d. h. an jedem siebten Tag) eine Totenandacht zum Gedenken an den Verstorbenen (vietn.: Cúng Thất) abgehalten, und zwar entweder in seinem ehemaligen Zuhause unter Mitwirkung zuvor zu diesem Anlass dorthin eingeladener Mönche bzw. Nonnen oder aber ersatzweise in einer den Hinterbliebenen vertrauten Pagode. Unter den genannten sieben wöchentlichen Andachten gilt die letzte (d. h. diejenige am 49. Tag) als bedeutendste (vietn.: Chung Thất).[80] Erst nach dem

[79] Die Zahl 7 ist in den indischen Religionen heilig. Auch im vietnamesischen Buddhismus ist sie im Zusammenhang mit dem Sterben von Bedeutung - u. a. deshalb, weil man annimmt, dass der Geist eines Verstorbenen alle sieben Tage den Tod noch einmal erfährt.

[80] Man geht davon aus, dass spätestens bis zum 49. Tag nach dem Todesfall der Verstorbene in einem der sechs Daseinsbereiche oder aber im Reinen Land des Buddha Amitabha wiedergeboren worden ist. Sollte er jedoch nach 49 Tagen

49. Tag nach dem Todesfall darf das erwähnte Portraitbild des Verstorbenen von dem Altar genommen werden, den man zuvor zu seinem Gedenken errichtet hatte und nun wieder abbaut. Es wird zum Ahnenaltar gehängt, den es in jedem von Buddhisten bewohnten Haus Vietnams gibt, wo sich bereits entweder Portraitbilder zuvor verstorbener Verwandter befinden oder aber ersatzweise eine Tafel mit den Namen der Letzteren steht bzw. angebracht ist.[81] Weitere Totenandachten zum Gedenken an den Verstorbenen finden jeweils *am 100. Tag* nach seinem Tod (vietn.: Lễ Bách Nhật), *am 1. Todestag* (vietn.: Lễ Tiểu Tường) und *am 2. Todestag* (vietn.: Lễ Đại Tường) statt. Anlässlich dieser Gedenktage laden die Hinterbliebenen Mönche oder Nonnen zu sich nach Hause ein, um die Totenandachten gemeinsam mit ihnen zu halten, oder sie bitten die Ordinierten um die Abhaltung der Andachten in der Pagode.[82]

Früher hielten die Buddhisten Vietnams die eigentlich nur aufgrund konfuzianischer Einflüsse vorgeschriebene Trauerzeit von 27 Monaten[83] nach einem Todesfall ein, bevor sie die *Zeremonie zum Ende der Trauerzeit* (vietn.: Lễ Xả Tang) durchführen konnten. Heutzutage halten sie diese Zeremonie bereits am zweiten Todestag des Verstorbenen oder aber noch eher ab. Sie begründen diese Vorverlegung des Termins mit beruflich bedingten organisatorischen Problemen oder mit der bevorstehenden Abreise während der Trauerzeit aus dem Ausland angereister Verwandter, welche diese Zeremonie dem Verstorbenen zuliebe lieber in Vietnam durchführen möchten. Im Prinzip kann inzwischen jeder in Vietnam lebende Buddhist für sich selbst entschei-

---

noch nicht wiedergeboren sein, wird er zu einem der „Herumirrenden Geister" ohne Bleibe. Aus diesem Grund wird in jeder buddhistischen Pagode Vietnams nachmittags für diese verstorbenen Geister gebetet, um ihnen zu helfen, je nach Karma wiedergeboren zu werden (vgl. Thich Nhu Dien, 1986, S. 335, und Shih, 2000, S. 60). – Sinn und Zweck der sieben Wochen lang einmal wöchentlich gehaltenen Totenandachten (und hierbei besonders der abschließenden am 49. Tag nach den Todesfall) ist es, den Verstorbenen daran zu erinnern, seinen Geist in Richtung des Reinen Landes Sukhavati zu lenken.

81 Vgl. Pham Con Son, 2002, S. 111.

82 Buddhistischen Vorstellungen entsprechend sind Totenandachten eigentlich nur bis zum 49. Tag erforderlich, doch einer von Konfuzianismus und Daoismus übernommenen Vorstellung zufolge muss der Verstorbene nach seinem Tod insgesamt zehn Höllentore durchschreiten. Deshalb symbolisieren die sieben im wöchentlichen Abstand abgehaltenen Totenandachten nur seinen Gang durch die ersten sieben Tore, während diejenigen am 100. Tag nach dem Sterbedatum sowie am ersten und am zweiten Todestag für seinen Weg durch die drei restlichen Höllentore stehen (vgl. Thich Nhu Dien, 1998, S. 293).

83 S. Anm. 77.

den, wann er seine ganz persönliche Trauerzeit beenden möchte. Nicht alle Hinterbliebenen eines Verstorbenen müssen diesen Schritt gemeinsam tun. Während der Zeremonie zum Ende der Trauerzeit wird die Trauerkleidung der Angehörigen symbolisch verbrannt. Hierbei halten Mönche die nunmehr abgelegte Trauerkleidung samt Stirnbändern an ein Feuer. Nach Abschluss der Zeremonie besuchen die Hinterbliebenen die Grabstätte des Verstorbenen und verbrennen dort tatsächlich ihre Trauerkleidung.

Abbildung 9: Umbettung der sterblichen Überreste eines vor längerer Zeit verstorbenen Laienbuddhisten

Vor allem im Norden Vietnams nimmt man alle drei Jahre eine Ausgrabung (vietn.: Cải Mộ) der noch vorhandenen sterblichen Überreste des Verstorbenen aus dem Erdgrab vor, um sie zu reinigen, neu zu ordnen und wieder zu begraben.[84] Hierbei handelt es sich aber nicht um eine im buddhistischen Glauben begründete Zeremonie, sondern um einen Brauch, der einem alten Volksglauben entstammt. Dieser Brauch wird zwar auch von Buddhisten der übrigen Landesteile angewandt, dort allerdings nicht regelmäßig, sondern lediglich anlässlich besonderer Umstände am bisherigen Standort (z. B. Fortzug der Hinterbliebenen, Wegfall einer Möglichkeit der Grabpflege, Überschwemmung des Friedhofs oder Auflösung des Letzteren).

2.3.3 Besonderheiten bei Trauerfeiern für verstorbene Mönche und Nonnen

Obwohl Ordinierte eigentlich gut auf alle mit den Trauerzeremonien auch für verstorbene Ordensbrüder bzw. -schwestern zusammenhängenden Verhaltensweisen vorbereitet sein müssten, ist man innerhalb der Ordensgemeinschaften bemüht, auch auf plötzliche Todesfälle in den eigenen Reihen in gebotener Ordnung und Würde mit der Organisation und Leitung bzw. Durchführung aller erforderlichen Abläufe reagieren zu können. Anders als bei den Trauerzeremonien für Laien

84 Vgl. Phan Ke Binh, 1999, S. 41-44, und Pham Con Son, 2002, S. 151-155.

Abbildung 10: Trauerprozession auf dem Weg zur Erdbestattung eines verstorbenen hohen buddhistischen Würdenträgers

ist bei denen für Ordinierte die Trauerfarbe gelb. Die ordinierten Schüler eines verstorbenen Mönches bzw. die ordinierten Schülerinnen einer Nonne sowie die Laien tragen hier nur gelbe Stirnbänder als Zeichen der Trauer; ansonsten wird keine Trauerkleidung angelegt. Die einzelnen Zeremonien haben zwar etwas gehobene Bezeichnungen, verlaufen jedoch weitgehend wie diejenigen in Fällen verstorbener Laienbuddhisten, wenn auch festlicher und in einem größeren Rahmen. Zusätzlich wird jeweils während der Einsargungszeremonie und vor Beginn der Bestattungszeremonie (vgl. 2.3.2) der Sarg des bzw. der verstorbenen Ordinierten dreimal umrundet. Es nehmen auch weit mehr Mönche und Nonnen - darunter aus dem Ausland nach Vietnam gekommene ordinierte Schüler und Schülerinnen - und andere Trauergäste an den einem Ordinierten gewidmeten Trauerfeierlichkeiten teil, bei welchen oftmals buddhistische Fahnen (s. Abb. 10 u. 14) gehisst werden und Mitglieder der Vereine Buddhistischer Jugend u. a. als Ordnungshelfer (z. B. als Teil eines „lebenden Sicherheitszaunes" wegen des großen Andrangs der Trauergäste) oder als Sargträger zum Einsatz kommen (s. Abb. 10). Im Falle des Todes eines hohen buddhistischen Würdenträgers unter den Ordinierten wird ein Kondolenzbuch ausgelegt und später ein Stupa über dem Erd-

Abbildung 11: Detailansicht einer Trauerprozession auf dem Weg zur Erdbestattung eines verstorbenen hohen buddhistischen Würdenträgers

Abbildung 12: Für einen verstorbenen hohen buddhistischen Würdenträger über seinem Erdgrab errichteter Stupa

grab zum Gedenken an den hochrangigen und verdienstvollen Verstorbenen errichtet. Dieses Bauwerk beherbergt in der Regel Reliquien des betreffenden verehrten Toten.

2.3.4 Landesspezifische Eigenheiten buddhistischer Bestattungen und Grabgestaltung

Während in Deutschland immer häufiger nach Todesfällen Hinterbliebene verlautbaren lassen, dass die Beisetzung in aller Stille stattgefunden hat bzw. stattfinden wird, wäre so ein Vorgehen für die Buddhisten Vietnams nicht denkbar. An jeder Bestattung eines ihrer Gläubigen nimmt zumindest in den nicht großstädtischen Regionen regelmäßig das gesamte soziale Umfeld - also neben der vom jeweiligen Todesfall betroffenen Großfamilie auch die gesamte örtliche Bevölkerung - regen Anteil. Schließlich kennt man sich in den Dörfern und Kleinstädten seit Generationen gut. Daher ist es selbstverständlich, dass man bei Trauerfällen zusammenhält und sich gegenseitig hilft. Zwar kennt man in Vietnams Großstädten nicht alle Menschen der näheren Umgebung, und auch das nachbarschaftliche Verhältnis unter den Bewohnern - und damit auch meist unter den dort lebenden Buddhisten - ist nicht so ausgeprägt wie auf dem Land, doch sind Beisetzungen auch hier nicht allein eine Angelegenheit der betroffenen Familien. Sie finden daher keineswegs nur im kleinsten Kreise statt, sondern stehen prinzipiell jedem Interessierten zur Teilnahme offen. Daher finden sich unter den Besuchern solcher Feiern in Vietnam nicht selten Leute, die mit den jeweiligen Verstorbenen, welchen die Aufmerksamkeit gilt, in keinerlei verwandtschaftlicher oder freundschaftlicher Beziehung gestanden haben. In erster Linie jedoch gehören zu den Trauernden neben der jeweils betroffenen Familie und deren weiterer Verwandtschaft auch all jene Personen, welche den Verstorbenen kannten oder dessen Familie kennen und sich ihm bzw. ihr verbunden fühlen. Da in Vietnam persönliche Beziehungen zu vielen Mitmenschen für den Einzelnen sehr wichtig sind, ist auch die Zahl der Teilnehmer an dort stattfindenden buddhistischen Bestattungen im Vergleich zu derartigen Veranstaltungen unter Christen in Deutschland wesentlich größer. Eine Ursache für die beachtliche Anteilnahme liegt aber auch im vietnamesischen Buddhismus begründet. Dieser lehrt, dass jeder Mensch zum Wohl aller anderen Lebewesen - und damit auch zu einer Wiedergeburt Verstorbener im Reinen Land des Buddha Amitabha - beitragen kann. Weil er die Gemeinschaft betonende Elemente aus Konfuzianismus und Daoismus sowie die Bedeutung der Vorfahren hervorhebende Sichtweisen

Abbildung 13: Detailansicht eines alten dörflichen buddhistischen Gräberfeldes

aus Animismus und Ahnenkult übernommen hat, besitzt er auch während der Durchführung von Bestattungszeremonien einen integrativen Charakter und bindet daher sogar auch interessierte Fremde mit in das Geschehen ein. Letztere kümmern sich um die Verstorbenen in Form ihrer Anteilnahme während der Bestattung, weil sie - entsprechend dem Gesetz von Ursache und Wirkung - glauben, dass ihnen ihrerseits später von Anderen beim Übertritt in eine andere Welt geholfen wird, wenn es einmal bei ihnen selbst soweit ist. Aus diesem Grund nehmen sie an mit einer Bestattung zusammenhängenden Zeremonien teil, wann immer es ihnen möglich ist. - Es ist anzunehmen, dass die beschriebene Öffentlichkeit der Beisetzungsfeierlichkeiten auch den vom Sterbefall betroffenen Hinterbliebenen hilft, sich mit ihrem Schmerz über den Verlust eines geliebten Menschen nicht allein gelassen zu fühlen.

Die weitaus meisten Buddhisten in Vietnam wählen nach wie vor eine Erdbestattung. Dies hängt mit einer aus dem alten Ahnenkult übernommenen Vorstellung zusammen, der zufolge Verstorbene auch nach dem bereits erfolgten Tod fortexistieren und daher ihren Körper weiterhin benötigen.[85] Die Angst, im Falle einer Feuerbestattung im heißen Feuer verbrannt zu werden, ist noch weit verbreitet. In den ländlichen Regionen Vietnams gibt es zudem meist keine Krematorien, so dass dort die Möglichkeit einer Feuerbestattung entfällt. Allerdings findet sich in jeder Ansiedlung ein Gräberfeld, auf welchem alle vor Ort Verstorbenen beigesetzt werden (s. Abb. 13). - In den Großstädten wächst hingegen der Anteil von Feuerbestattungen an den vorgenommenen Beisetzungen, weil hier (auch) auf den Friedhöfen Platzmangel herrscht. Einige buddhistische Mönche empfehlen übrigens sogar die Feuerbestattung aus Glaubensgründen. Dem Verstorbenen bleibt nämlich im Fall einer erfolgten Einäscherung der Anblick seines allmählich verwesenden und zunehmend von Tieren verzehrten Körpers erspart; und er könnte nach der Verbrennung nicht mehr an Letzterem anhaften und sich daher leichter von seiner bishe-

[85] Vgl. Thich Nhu Dien, 1998, S. 281f.

rigen Existenz lösen. Bis auf die genannte, in den Städten immer häufiger gewählte Bestattungsform gibt es kaum Unterschiede im Vergleich zu den Beisetzungsfeierlichkeiten auf dem Land. So werden Prozessionen zum Friedhof trotz des starken Großstadtverkehrs durchgeführt. Während auf dem Land noch alles, was mit der Bestattung zusammenhängt, von den Hinterbliebenen selbst organisiert wird, gibt es in den Großstädten immer mehr von Trauernden in Anspruch genommene Bestattungsunternehmen mit stets umfangreicher werdenden Dienstleistungsangeboten zur Entlastung der Angehörigen von Verstorbenen z. B. durch Bereitstellung von Dekorationsartikeln für die Beisetzungsfeier.

Regionale Unterschiede in der Durchführung buddhistischer Bestattungen in Vietnam spielen aufgrund der glaubensbedingt im Laufe der Zeit überall gleichermaßen etablierten Trauerzeremonien und der diesbezüglichen Richtlinien und Empfehlungen für Ordinierte wie Laien eine eher untergeordnete Rolle, auch wenn sie durchaus existieren. So kommen je nach Region verschiedene rituelle Elemente zum Einsatz, z. B. die traurige Stimmung unterstreichende - weil melancholisch klingende - traditionelle Musikinstrumente während der Prozession zur Grabstelle und/oder besondere Ritualinstrumente wie Trommeln, hölzerne Gongs oder Gongs aus Metall während der Rezitation buddhistischer Texte am Grab. Zwar ist der Inhalt der während der Bestattungsfeiern vorgetragenen Sätze in der Regel identisch, doch besteht durchaus etwas Gestaltungsspielraum hinsichtlich der Art des Vortrags sowie der Interpretation der währenddessen durchgeführten Rituale, der regional unterschiedlich stark genutzt wird. Hieraus resultierende Variationen sind aber eher unbedeutend.

Unterschiede in der Durchführung buddhistischer Bestattungsfeiern in Vietnam sind eher auf den sozialen Status der Verstorbenen und/oder der Hinterbliebenen zurückzuführen. Genossen die Verstorbenen zu Lebzeiten einen hohen Bekanntheitsgrad, fühlen sich ihre hinterbliebenen Familien oder - im Falle verstorbener hochrangiger Ordinierter - Ordensgemeinschaften verpflichtet, eine

Abbildung 14: Trauergestecke und -fahnen am Ort der Erdbestattung eines verstorbenen hohen buddhistischen Würdenträgers

entsprechend aufwändige Beisetzungsfeier zu organisieren und durchzuführen. Hierbei ist natürlich die Frage von Belang, zu welchen finanziellen Leistungen hinterbliebene Familien in der Lage sind. Wegen der großen Zahl von Teilnehmern an der öffentlich zugänglichen Bestattung möchten sie keineswegs in den Ruf geraten, arm zu sein und sich deshalb keinen würdevollen Abschied von ihren Verstorbenen leisten zu können. Die Ausstattung und der äußere Rahmen der Beisetzungen können daher mitunter teuer werden. Trauerfeierlichkeiten in Vietnam sind überhaupt in der Regel sehr kostenaufwändig und dauern insgesamt über mehrere Tage an (s. 2.3.2). Aus diesem Grund kommt es nicht selten vor, dass sich ärmere Familien nach einem Todesfall stark verschulden. So müssen u. a. Blumenschmuck, Räucherstäbchen, Kerzen und Dekorationsartikel in nicht unerheblichem Umfang auch für die eigentliche Bestattungsfeier bezahlt und bereitgestellt werden. Aus Gründen der Pietät ist jedoch für die vietnamesischen Buddhisten ein würdevoller öffentlich sichtbarer Abschied von ihren verstorbenen Verwandten unverzichtbar. Sowohl in Dörfern als auch in Städten Vietnams werden pompöse und besonders festliche Bestattungsfeiern aber auch veranstaltet, um der Nachbarschaft bzw. der Öffentlichkeit die finanzielle Leistungsfähigkeit der jeweiligen hinterbliebenen Familien zu demonstrieren. Dies ist selbstverständlich kein auf dem Buddhismus zurückzuführender Beweggrund. Daher raten heutzutage viele Ordinierten den Hinterbliebenen von einer aufwändigen Beisetzung zugunsten einer einfacher gestalteten, trotzdem aber dem Anlass angemessenen und gleichzeitig würdevollen Bestattung ab. Von Trauergästen den hinterbliebenen Familien zusätzlich zu den üblichen Trauergaben wie Obst und Räucherstäbchen überreichtes Geld sollte - so die Ordinierten - besser für wohltätige Zwecke gespendet werden. Mit einem solchen Vorgehen erworbene Verdienste können durch Widmung auf den Verstorbenen übertragen werden.

Unterschiede in der äußeren Gestaltung und der Durchführung (nicht nur) der Bestattungsfeiern für Laienbuddhisten hängen auch mit dem Grad des Traditionsbewusstseins und der Religiosität der betroffenen Hinterbliebenen zusammen. Sie können bei der Einhaltung der Regeln zur traditionell zu tragenden Trauerkleidung (s. 2.3.2) und bei der Form des Umgangs mit den Trauergästen auftreten.

Obwohl in Vietnam buddhistische Beisetzungen die Regel sind, gibt es nicht nur Ausnahmen, wenn beide Partner einer Ehegemeinschaft zu Lebzeiten nicht diesem Glauben angehörten. Stirbt ein nichtbuddhistischer Ehepartner eines Buddhisten, so bekommt er ein seiner eigenen Religion entsprechendes Begräbnis, wenn er es zuvor so festgelegt hat oder die Hinterbliebenen seiner Herkunftsfamilie mit demselben Glauben es wünschen. Ein nichtbuddhistischer Ehepartner eines verstorbenen Buddhisten hingegen wird selbstverständlich in sämtliche buddhistische Trauerrituale einschließlich der Bestattung einbezogen und nicht etwa aufgrund seiner eigenen Religion vom Geschehen ausgegrenzt.

Während bei Trauerfeiern und Bestattungen von Deutschen meist eher dezent und zurückhaltend fotografiert oder gefilmt wird, weil man die Atmosphäre der Trauer nicht stören will, ist während der Beisetzungsfeierlichkeiten in Vietnam heutzutage der Einsatz von Fotoapparaten und Filmkameras zur Normalität geworden. Gelassen wird von den - teilweise selbst die genannten neuen Medien nutzenden - Hinterbliebenen hingenommen, dass viele Leute (auch gänzlich Fremde) ihre familiäre Trauer auf diese Weise dokumentieren, ohne dafür um Erlaubnis zu bitten. Die Fotografierenden und Filmenden halten sich nicht im Hintergrund, wie es etwa in Deutschland bei solchen Anlässen üblich ist, sondern versuchen, möglichst eindrucksvolle Aufnahmen von der Bestattung zur Weiterleitung an nicht anwesende Verwandte zu machen.

Abbildung 15: Fertiggestellte buddhistische Grabstätte mit nahen Angehörigen des Verstorbenen

In Vietnam gibt es sowohl kommunal geleitete als auch zu einzelnen Pagoden gehörende Friedhöfe, auf denen verstorbene Buddhisten bestattet werden. Auf dem Land ist es darüber hinaus gestattet, Erdbestattungen nicht nur auf dem Dorffriedhof, sondern auch im eigenen Garten bzw. Vorgarten vorzunehmen. Weil es kaum Vorgaben hinsichtlich der Gestaltung von Grabstellen gibt, sind diese auf den Friedhöfen Vietnams oftmals prachtvoll gestaltet, wenn die jeweiligen Hinterbliebenen finanziell dazu in der Lage gewesen sind. Mit richtigen Dächern und vielen Schmuckelementen versehene Grabstellen, die kleinen Wohnhäusern ähneln, sind keine Seltenheit. Begründet werden diese aufwändigen Aufbauten über Erdgräbern mit dem in Vietnam gängigen Satz: „Wenn man lebt, braucht man ein Haus; wenn man stirbt, braucht man eine Grabstätte." (vietn.: „Sống cái nhà, già cái mồ").[86] Auch glauben nicht nur die Buddhisten Vietnams, dass es der eigenen Familie gesundheitlich und wirtschaftlich gut geht, wenn die Vorfahren gut bestattet sind. Aus diesem Grund bemüht man sich, die teilweise recht großen und damit die Bedeutung der Verstorbenen für die Familien hervorhebenden Grabstellen so gut wie möglich zu pflegen. Man geht davon aus, dass die Toten nach wie vor einen festen Platz im Familienverband haben. Die Hinterbliebenen suchen Schutz und Hilfe bei den Verstorbenen und müssen sich ihrer würdig erweisen. Die aufwändige und damit auch teure Gestaltung der für jedermann sichtbaren Grabmäler mag zusätzlich einen ganz profanen Grund haben. Da die öffentliche Meinung eine nicht unbedeutende Rolle im Leben der Vietnamesen spielt, könnte das Ansehen einer Familie leiden, wenn eine Grabstelle zu einfach, ärmlich oder ungepflegt wirken sollte, weil in einem solchen Fall die Mitmenschen von einem finanziellen Unvermögen ausgehen würden. Unter den Buddhisten in Vietnam finden sich oft Personen, die bereits zu Lebzeiten einen Sarg für sich aussuchen, kaufen und anschließend zu Hause aufbewahren und/oder eine Grabstätte auf dem Friedhof ihrer Wahl erwerben.[87]

Abbildung 16: Fertiggestellte buddhistische Grabstätte mit einem nahen Angehörigen der Verstorbenen

[86] Vgl. Thich Nhu Dien, 1998, S. 287f.

[87] Vgl. ebd., S. 280.

Kapitel 3
Vietnamesisch-buddhistische Trauerrituale in Deutschland

Die Migration von Vietnamesen nach Deutschland und ihre Sesshaftwerdung in der neuen Heimat wurde bereits von L. Ho (1999) ausführlich thematisiert. In diesem Abschnitt der vorliegenden Studie wird der Umgang dieser fern der Heimat lebenden Bevölkerungsgruppe mit Sterben, Tod und Trauer erörtert. Dabei geht es um Verhaltensweisen und äußere Erscheinungsformen, die im Zusammenhang mit dem genannten Themenbereich stehen. Von besonderem Interesse ist dabei, wie Sterben und Tod im vietnamesischen Buddhismus in der neuen Heimat Deutschland aussehen, wie die hinterbliebenen Gläubigen trauern und in welcher Form vietnamesisch-buddhistische Trauerfeiern und Bestattungen durchgeführt werden.

3.1 Rituale vor und unmittelbar nach dem Eintritt des Todes

Im Folgenden wird das Vorgehen in Deutschland lebender vietnamesischer Buddhisten beschrieben, die mit dem nahenden oder bereits erfolgten Tod eines Familienangehörigen konfrontiert werden und angemessen reagieren müssen. Besondere Berücksichtigung finden der Grad der Vereinbarkeit von aus Vietnam bekannten Verhaltensweisen mit den ganz speziellen Lebensbedingungen der ehemaligen Flüchtlinge in ihrer neuen Heimat und Wege erforderlicher Anpassung der Migranten an die veränderten Gegebenheiten.

3.1.1 Sterbebegleitung

Auch in Deutschland bemühen sich vietnamesisch-buddhistische Familien, wenn jemand im Sterben liegt, Ordinierte oder in der Sterbebegleitung ausgebildete Laien aufzusuchen, um sie um Gebete für die Genesung des Sterbenskranken oder aber für einen leichten Tod des Betroffenen zu bitten. Dabei sehen sie sich in der Regel mit dem Problem konfrontiert, dass es in Deutschland nur wenige Mönche und Nonnen ihres Glaubens gibt und diese oftmals weit entfernt vom Wohnort des Sterbenden leben.[88] Nur in wenigen deutschen Städten bzw. Orten finden sich vietnamesisch-buddhistische Pagoden oder zumindest Ortsvereine vietnamesischer Laienbuddhisten, welche ersatzweise die Sterbebegleitung übernehmen können.[89] Wenn keine Unterstützung seitens der Ordinierten oder geschulten Laienbuddhisten möglich ist, müssen die Familien der Sterbenden auf die Hilfe von Verwandten, Bekannten oder Freunden zurückgreifen. Wenn wegen der Entfernung eine telefonisch übermittelte Einladung an die Ordinierten erfolglos bleibt, so bittet man doch in jedem Fall darum, den Namen des sterbenskranken Familienangehörigen auf eine Personenliste für erbetene Friedensandachten (s. A14) zu setzen und während der täglich in der Pagode praktizierten Rezitation auch für den Sterbenden zu beten. Sollten die Ordinierten nicht in der Lage sein, den Sterbenden selbst zwecks Sterbebegleitung aufzusuchen, empfehlen sie in der Regel seinen Angehörigen die Rezitation des Medizin-Sutras (vietn.: Kinh Dược Sư)[90], um ihn zu unter-

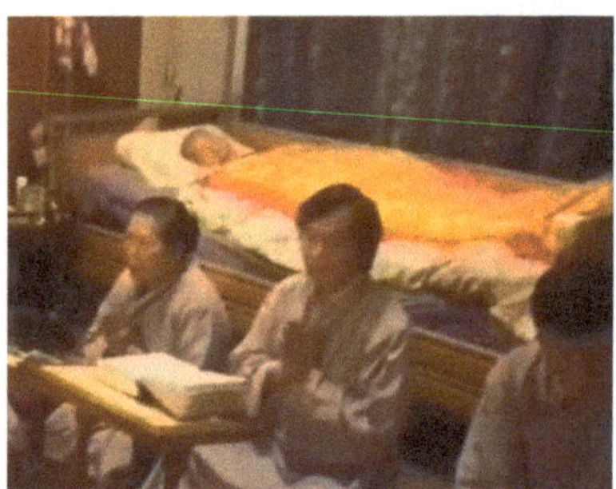

Abbildung 17: Fortsetzung der Rezitation des Namens des Buddha Amitabha durch Familienangehörige vor dem Buddha-Altar (außerhalb des Bildes) auch nach dem Eintritt des Todes eines Laienbuddhisten

88 In ganz Deutschland leben ca. 50 vietnamesisch-buddhistische Ordinierte, von denen zudem etwa die Hälfte über 60 Jahre alt ist (Thich Nhu Dien, pers. comm., 6/2011).

89 Derzeit (2011) gibt es deutschlandweit 15 buddhistische Pagoden, und zwar in Hannover (Vien Giac), Hamburg (Bao Quang), Berlin (Linh Thuu), Leipzig (Lien Tri), Schmiedeberg bei Dresden (Vo Luong Tho), Nürnberg (Vien Am), Reutlingen (Tam Bao), Ravensburg (Vien Duc), München (Tam Giac und Pho Bao), Barntrup (Phat Bao), Aachen (Quan The Am), Mönchengladbach (Thien Hoa), Frankfurt am Main (Phat Hue) und Wald-Michelbach/Odenwald (Phat Dao). 20 vietnamesisch-buddhistische Ortsvereine finden sich in Hamburg, Norden, Bremen, Hannover, Berlin, Koblenz, Nürnberg, Aschaffenburg, Wiesbaden, Mannheim, Karlsruhe, Stuttgart, Tuttlingen, Reutlingen, München, Bad Kreuznach, Friedrichshafen und Wilhelmshaven sowie im Saarland und im Odenwald. Ferner existieren sieben Vereine Buddhistischer Jugend in Hannover, Norden, Nürnberg, Berlin, Hamburg, Bremen und München (Thich Nhu Dien, pers. comm., 6/2011).

90 Dieses Sutra wird zitiert in Pagode Vien Giac (Hrsg.), 2010, S. 207-245. Eine deutsche Übersetzung des Medizin-Sutras ist wiedergegeben bei Birnbaum,

stützen. Allerdings sehen sich die betreffenden in Deutschland lebenden Familien oftmals zeitlich nicht in der Lage, eine den Sterbenden gerecht werdende Sterbebegleitung durchzuführen. Die Erwachsenen sind meist berufstätig; und oftmals müssen schulpflichtige bzw. bereits in der beruflichen oder universitären Ausbildung stehende Nachkommen von ihnen versorgt werden. Der Alltag beansprucht sie also sehr.

Wenn der Tod eines sterbenskranken Familienangehörigen absehbar bzw. trotz medizinischer Behandlung nicht mehr zu verhindern ist, wendet man - soweit möglich - die auch in Vietnam gängigen Methoden buddhistischer Sterbebegleitung an (s. 2.3.1), selbst wenn keine Ordinierten anwesend sind. Man rezitiert meist den Namen des Buddha Amitabha und das Kleine Sukhavativyuha-Sutra (s. 1.2.1, A11 (dt.) u. A12 (vietn.)).

Nach dem Eintritt des Todes bemüht man sich wie in ähnlichen Situationen in Vietnam, ohne äußere Zeichen des Schmerzes über den Verlust wie z. B. Tränen weiterzurezitieren. Anders als in der alten Heimat, wo normalerweise Großfamilien gemeinsam mit Ordinierten die Rezitationen übernehmen, können die wenigen Mitglieder der Kleinfamilien in Deutschland aber nicht durchgehend rezitieren, da sie irgendwann erschöpft sind und sich aus diesem Grund auch nicht mehr bei der Sterbebegleitung abwechseln können. In einem solchen Fall kommt ein Rezitiergerät zum Einsatz, das in einer Endlosschleife ein Tonband abspielt, auf welchem eine Aufnahme mit dem ständig wiederholten Namen des Buddha Amitabha zu hören ist. Dieses Gerät stellen die Hinterbliebenen in der Nähe des gerade Verstorbenen auf

Abbildung 18: Zuvor eingekleideter Leichnam eines verstorbenen Laienbuddhisten auf dem Totenbett unter einer Schutz gewährenden, da mit Mantras bedruckten Decke (am Kopfende ein Bildnis des Buddha Amitabha, neben dem Kissen ein Sutra-Buch und ein Rezitiergerät)

1990, S. 231-286. Bhaisajyaguru (dt.: Lehrer der Heilmittel) oder auch Medizin-Buddha ist jener Buddha, der in den Ländern des Mahayana-Buddhismus - China, Vietnam, Korea, Japan und Tibet - besondere Verehrung genießt. Vor seiner Erleuchtung legte er zwölf Gelübde ab, in denen er gelobte, alle Lebewesen von physischen und geistigen Krankheiten zu befreien, indem er sie segnet.

und lassen es durchgehend laufen. Die aus dem Gerät ertönenden Rezitationen sollen sowohl den Geist des Toten als auch die noch lebenden Familienangehörigen ständig daran erinnern, für die Wiedergeburt im Reinen Land des Buddha Amitabha zu beten.

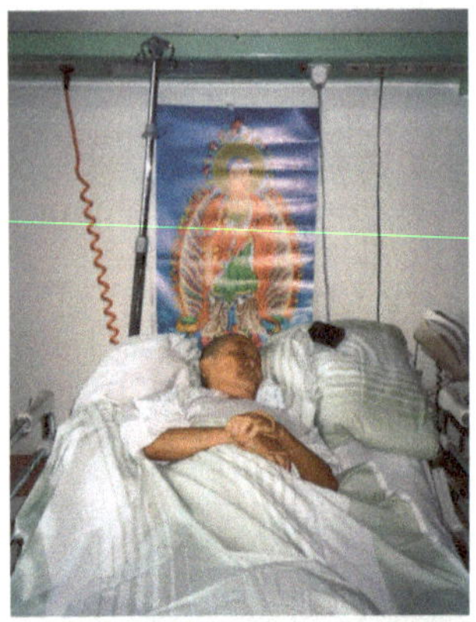

Abbildung 19: Sterbende Laienbuddhistin in einem deutschen Krankenhaus (man beachte das am Kopfende des Bettes aufgehängte Bild des Buddha Amitabha)

Eine vietnamesisch-buddhistische Sterbebegleitung alter oder todkranker Vietnamesen in deutschen Krankenhäusern oder Altenheimen, wo mittlerweile vergleichsweise weit mehr dieser Menschen bis zum Tod gepflegt werden als in ihrem Heimatland, ist schwierig bis unmöglich. Die zu betreuenden Personen liegen in der Regel gemeinsam mit anderen Kranken in einem Zimmer. Wenn Ordinierte, in der Sterbebegleitung geschulte Laien oder aber Familienangehörige dort im Sinne eines guten Übertritts in die andere Welt rezitieren wollen, stören oder ängstigen sie nicht nur die geschwächten Zimmergenossen. Sie müssen auch Besuchszeiten sowie Regelungen zur Schaffung einer gesundheitsfördernden Ruhe einhalten und sehen sich überdies mit Platzproblemen konfrontiert, da die Krankenzimmer nicht auf mehrere gemeinsam länger bei einem einzigen Patienten bleibende Besucher ausgerichtet sind. Also ist in solchen Einrichtungen eine durchgehende Sterbebegleitung mit andauernden Rezitationen, wie sie traditionell angestrebt wird, nicht möglich. Würden außerdem im Krankenhauszimmer Rezitationen der Ordinierten oder Laien zur Vermeidung einer Ruhestörung zu leise ertönen, bekäme der geschwächte Patient das Gesprochene mitunter gar nicht mit; aber eine bewusste Aufnahme des Gehörten wird angestrebt. Ein absehbarer Tod muss jedoch nicht unbedingt im Krankenhaus abgewartet werden. Viele Vietnamesen wissen nicht, dass es in Deutschland aus humanitären Gründen die Möglichkeit gibt, Sterbende rechtzeitig vor Eintritt des Todes auf eigene Verantwortung nach Hause zu bringen, um sie in vertrauter Atmosphäre sterben zu lassen. Auch können Hinterbliebene den Leichnam eines gerade im Krankenhaus Verstorbenen zur Verabschiedung im privaten Kreis nach Hause bringen lassen, sofern keine Infektionskrankheiten vorlagen. Mit einer solchen Maßnahme muss allerdings unmittelbar nach Eintritt des Todes ein Bestatter beauftragt werden, da Leichname in Deutschland nur in speziellen Särgen und Fahrzeugen transportiert werden dürfen. Die Einhaltung der bei eingetretenen Todesfällen in Vietnam üblichen Frist einer Unterlassung jeglicher Berührung des Leichnams (s. 2.3.1), die man auch in der neuen Heimat bei zu Hause erfolgten Sterbefällen umsetzt, ist in deutschen Krankenhäusern und Pflegeeinrichtungen nicht immer möglich, da das dort arbeitende, stets unter Termindruck stehende Personal die durch Todesfälle frei werdenden Betten bzw. Räumlichkeiten umgehend für neue Patienten vorbereiten muss und überdies wenig Verständnis für ihm fremde fernöstliche Berührungsverbote hat.

3.1.2 Vorbereitung des Leichnams für Trauerfeier und/oder Bestattung

Falls der Tod eines in Deutschland lebenden vietnamesischen Buddhisten zu Hause eingetreten ist, beginnen die Angehörigen nach Ablauf des achtstündigen Berührungsverbots mit der Vorbereitung des Leichnams für die Trauerfeierlichkeiten. Ihre Vorgehensweise unterscheidet sich nicht wesentlich von derjenigen von Familien in Vietnam in ähnlicher Situation (s. 2.3.2). Auch hier wird der Tote gewaschen und mit spezieller Totenkleidung ausgestattet. Man errichtet einen Altar zum Gedenken an den Verstorbenen direkt vor dem Ahnenaltar und somit schräg vor dem Buddha-Altar im Wohnbereich der Familie, welcher vorübergehend zur Aufbettung des Toten genutzt wird. Der Gedenkaltar bleibt - wie auch in Vietnam üblich - bis zum 49. Tag nach dem Eintritt des Todes aufgebaut, bevor er wieder verschwindet und man das bis dahin dort aufgestellte Portraitbild des Verstorbenen auf dem dauerhaft errichteten Ahnenaltar platziert. Die nach Todesfällen übliche Anordnung der genannten Objekte in einer Privatwohnung ist aus Abb. 20 ersichtlich. Im Anschluss an die aufgezählten Verrichtungen im Zusammenhang mit dem Verstorbenen unmittelbar nach dem Eintritt dessen Todes kontaktieren die Angehörigen - ähnlich wie in solchen Fällen auch in ihrer alten Heimat - in Deutschland lebende Mönche oder Nonnen, um sich bei ihnen nach für die verschiedenen Trauerzeremonien geeigneten Tagen zu erkundgen. In diesem Land geschieht dies wegen der meist großen räumlichen Entfernung zu den Ordinierten in der Regel auf telefonischem Wege. Da in Deutschland ein Leichnam im Normalfall aufgrund hygienegesetzlicher Vorschriften nur bis maximal 36 Stunden nach Eintritt des Todes in der Wohnung verbleiben darf, muss er für die danach noch verbleibende Zeit bis zur späteren Verabschiedungsfeier (s. 3.2.1) in den Kühlraum eines Bestattungsinstitutes gebracht werden.[91] Die Familienangehörigen können jedoch im Zeitraum bis zur genannten Feier mit dem Bestattungsunternehmen, welches - anders als in Vietnam üblich - die Einsargung übernimmt, einen Termin für eine Verabschiedung vorab im privaten Rahmen vereinbaren. Nur anlässlich eines solchen Termins wird der Leichnam kurz aus dem Kühlraum geholt; sonst verbleibt der Sarg dort.

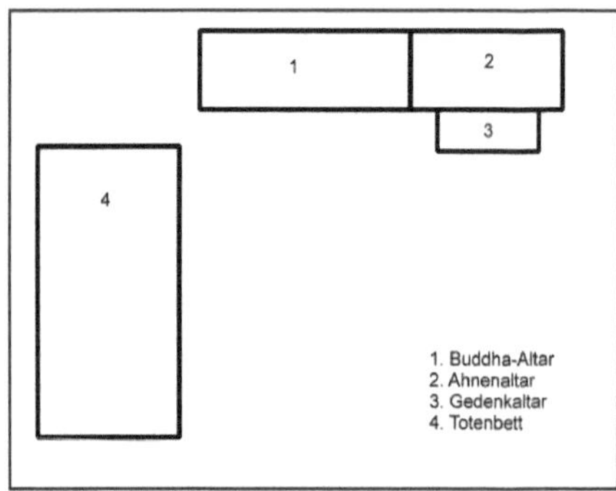

Abbildung 20: Mögliche Anordnung aufgestellter Objekte in einem zur Aufbettung eines verstorbenen vietnamesischen Buddhisten genutzten Raum in einer Privatwohnung

3.2 Trauerfeierlichkeiten

Zwar gibt es in Deutschland prinzipiell die gleichen buddhistischen Trauerzeremonien wie in Vietnam (s. 2.3.2), doch aufgrund der hier vorgefundenen äußeren Umstände müssen die einzelnen Zeremonien teilweise im Rahmen einer hier üblichen Verabschiedungsfeier in einer Trauerhalle zusammengefasst, vereinfacht oder sogar unterlassen werden. So ist z. B. eine Durchführung der aus der alten Heimat bekannten Einsargungszeremonie nicht möglich. Da aufgrund der Entfernung Ordinierte in der Regel nicht rechtzeitig vor Ort sein können und überdies ein Bestattungsunternehmen die Einsargung in den eigenen Räumlichkeiten vornimmt, entfällt die rituelle Sargreinigung vor der Aufbettung des Leichnams. Sie wird allerdings später im Verlauf der Verabschiedungsfeier in der Trauerhalle symbolisch nachgeholt.

91 Es besteht in Deutschland trotz der erwähnten gesetzlichen Regelung die Möglichkeit, den Leichnam eines gerade verstorbenen Familienangehörigen länger als 36 Stunden zu Hause zu behalten, sofern von ihm keine Ansteckungsgefahr ausgeht und vor Ort die entsprechenden hygienischen Bedingungen gegeben sind. Hierfür ist ein Antrag auf Genehmigung der Verlängerung der gesetzlichen Aufbahrungsfrist (s. A21) bei der jeweiligen zuständigen kommunalen Behörde erforderlich (vgl. Grimkowski, 2004, S. 28f.).

3.2.1 Verabschiedungsfeier in der Trauerhalle

Wegen der geringen Zahl in Deutschland lebender vietnamesisch-buddhistischer Mönche und Nonnen können Ordinierte in der Regel bei Sterbefällen unter Laienbuddhisten weder die Sterbebegleitung, die zeitlich nicht kalkulierbar ist, noch im häuslichen Rahmen stattfindende Trauerzeremonien nach dem Eintritt des Todes durchführen bzw. leiten. Sie kommen jedoch nach Möglichkeit zu einer der unter den buddhistischen Laien in Deutschland aus Termingründen bevorzugten Verabschiedungsfeiern, welche in Trauerhallen[92] stattfinden. Falls ein Transport eines Sarges zur Trauerhalle erforderlich ist, übernimmt ihn das Bestattungsunternehmen. Normalerweise erscheinen die Hinterbliebenen einige Zeit vor Beginn der Feier in der Halle und errichten dort vor dem vom Bestattungsunternehmen aufgestellten Sarg den zuvor zu Hause abgebauten Gedenkaltar sowie seitlich neben diesem einen provisorischen Buddha-Altar.

Abbildung 21: Buddhistische Trauerfeier in einer christlichen Friedhofskapelle

Die Feier beginnt mit einer Begrüßung und Ansprache durch die anwesenden Ordinierten. Die Ansprache ist gleichzusetzen mit der bei Deutschen üblichen Trauerrede. Der Zeremonienmeister wendet sich mit ihr im Namen der Pagode, die er vertritt, an die Trauergesellschaft, kündigt dabei zunächst den Ablauf der verschiedenen Teilzeremonien an und erläutert außerdem den Anwesenden dem Anlass angemessene Verhaltensweisen (s. A06). An die Rede schließt sich eine Zeremonie vor dem Buddha-Altar an, welche sich aus den folgenden Elementen zusammensetzt: Verehrung des Buddha Amitabha (u. a. durch Niederwerfungen), Lobgesang, Rezitation des Mantras der Großen Barmherzigkeit (s. A07 (vietn.)), Rezitation der Zehn Kleineren Mantras (s. A08 (vietn.)), Rezitation des Herz-Sutras (s. A09 (dt.) u. A10 (vietn.)), (optional) Wiederholung der Rezitation des Mantras der Geburt im Reinen Land des Buddha Amitabha, dem neunten der Zehn Kleineren Mantras (s. A08 (vietn.)), Rezitation der Namen der

92 Genutzt werden entweder Friedhofskapellen oder aber Verabschiedungsräume von Bestattungsinstituten.

Buddhas und Bodhisattvas, an den Verstorbenen gerichtete Widmung sowie Zufluchtnahme zu den Drei Juwelen. Es folgen nacheinander eine gesonderte Totenandacht vor dem Altar zum Gedenken an den Verstorbenen (s. A04 (dt.) u. A05 (vietn.)), eine an den Geist des Verstorbenen wie auch an die Trauergesellschaft gerichtete buddhistische Lehrunterweisung[93] und eine Danksagung der hinterbliebenen Familienangehörigen an die Ordinierten und Trauergäste. Zum Abschluss der Feier geht jeder der Trauergäste nach vorn zum Gedenkaltar, entzündet ein Räucherstäbchen und verneigt sich vor dem Verstorbenen.

Eine Verabschiedungsfeier in der eben beschriebenen Form dauert in der Regel 30–60 Minuten. Je nachdem, wie viel Zeit zur Verfügung steht, kann sie beliebig durch zusätzliche Rezitationen verlängert werden. Im ungünstigsten Fall haben die Ordinierten jedoch wegen anschließend vorgesehener anderer Trauerveranstaltungen in der Halle eine zur Durchführung der gesamten Feier vorgegebene Zeit von lediglich 30 Minuten, was den Gestaltungsspielraum erheblich einschränkt. Außerdem könnten mehr Rezitationen dem vietnamesisch-buddhistischen Glauben zufolge auch mehr Verdienste bewirken, welche ihrerseits auf den Verstorbenen übertragen werden könnten, um seine Wiedergeburt im Reinen Land zu unterstützen. Die buddhistischen Vietnamesen in Deutschland haben inzwischen eine Lösung für dieses Problem gefunden: Sie fragen bei den für die Nutzung der Hallen zuständigen Stellen nach Terminen, nach denen keine anderen Trauerfeiern mehr folgen. Ein weiteres Problem, das hinsichtlich der Durchführung buddhistischer Verabschiedungsfeiern in deutschen Trauerhallen auftreten kann, liegt im Ausmaß der beschriebenen Geste des Anzündens von Räucherstäbchen. Bei größeren Trauerfeiern in engen Räumen äußern einige Bestatter mitunter Angst vor der Entstehung von Brandgefahr durch zu viele verwendete Räucherstäbchen. In solch einem Fall müssen entzündete Räucherstäbchen nach und nach aus dem für sie aufgestellten Behälter entnommen und nach draußen gebracht werden, damit ihre Zahl nicht zu groß wird.

[93] Dieses Element ist ein Kennzeichen in Deutschland stattfindender Verabschiedungsfeiern. In Vietnam gibt es kaum derartige Lehrunterweisungen während dortiger Trauerfeierlichkeiten. Mithilfe solcher buddhistischer Belehrungen über die buddhistische Sicht des Todes möchten die Ordinierten die Trauernden trösten.

3.2.2 Beisetzungszeremonien

Im vietnamesischen Buddhismus - wie auch im Buddhismus allgemein - gibt es keine Regelungen bezüglich des Zeitpunktes und der äußeren Form von Bestattungen. In der Regel werden allerdings verstorbene Gläubige in Deutschland innerhalb einer Woche nach dem Eintritt des Todes beigesetzt. Lediglich in Ausnahmefällen wie Selbstmord, Mord oder Tod als Folge eines Unfalls, in denen eine Obduktion erforderlich ist, dauert es selbstverständlich länger, bis die Untersuchungen abgeschlossen sind und der Tote beigesetzt werden kann.

3.2.2.1 Erdbestattung

Für in Deutschland lebende vietnamesische Buddhisten, die sich zu Lebzeiten für eine spätere Erdbestattung im Sarg entschieden haben, besteht die Möglichkeit einer Beisetzung entweder auf einem deutschen Friedhof in der Nähe ihres Wohnortes oder aber auf einem der inzwischen eingerichteten, aber noch sehr selten in diesem Land zu findenden buddhistischen Gräberfelder, z. B. auf dem Stadtfriedhof Seelhorst in Hannover (s. 4.3).

Die Erdbestattung schließt sich an die in Deutschland unter vietnamesischen Buddhisten übliche Verabschiedungsfeier (s. 3.2.1) in einer Trauerhalle an. Die Trauergesellschaft geht mit dem Sarg zum offenen Grab auf dem Friedhof. Der Weg zum Grab wird in ähnlicher Weise zurückgelegt wie in vergleichbaren Fällen in Vietnam (s. 2.3.2), in der Regel allerdings mit weniger Teilnehmern und Dekoration. Auch die eigentliche Bestattungszeremonie am Grab ist mit derjenigen anlässlich einer Erdbestattung im Heimatland der Migranten (s. 2.3.2) vergleichbar, fällt jedoch etwas schlichter aus.

Es ist dem Verfasser bislang noch kein Fall bekannt geworden, in welchem in Deutschland lebende vietnamesische Buddhisten den Leichnam eines verstorbenen Verwandten auf dessen zu Lebzeiten geäußerten Wunsch hin im Sarg nach Vietnam überführt hätten, um in der alten Heimat eine Erdbestattung vornehmen zu lassen. Ein derartiges Vorhaben würde nicht nur Probleme mit den deutschen Behörden wegen einzuhaltender gesetzlicher Hygiene- und Ausfuhrbestimmungen verursachen, sondern auch einen beträchtlichen technischen Aufwand beim Transport im Flugzeug erfordern. Zudem könnten die Kosten eines solchen Transports je nach Fluggesellschaft bei ca. € 1200,- oder mehr liegen, was ungefähr dem Preis eines regulären Einzel-Flugtickets von Deutschland nach Saigon entspricht. Es besteht prinzipiell aber die Möglichkeit, den Leichnam samt Sarg nach Vietnam zu überführen. Dazu muss der Leichnam zunächst einbalsamiert werden (d. h. jegliche Körperflüssigkeit muss durch Abpumpen entfernt und dann durch flüssiges Formalin ersetzt werden). Anschließend wird er in einen Zinksarg und mit diesem in einen normalen Sarg gelegt. Für die Durchführung einer solchen Sargüberführung nach Vietnam sind eine Sterbeurkunde (s. A20), ein beim örtlichen Gesundheitsamt zu beantragender Leichenpass (s. A27) und ein Sargaufnahmeschein mit der genauen Zielanschrift erforderlich (Kretzschmar, pers. comm., 6/2011).

Abbildung 22: Andacht vor einer buddhistischen Erdbestattung auf einem deutschen Friedhof (hier: in Mönchengladbach)

3.2.2.2 Feuerbestattung

Wie der Verfasser im Rahmen seiner langjährigen Tätigkeit als buddhistischer Geistlicher feststellen konnte, bevorzugen (anders als in Vietnam) in Deutschland die weitaus meisten - in der Regel buddhistischen - Vietnamesen die Feuerbestattung. Vor allem viele Jüngere würden ihren im Laufe der Zeit dem Verfasser gegenüber gemachten Angaben zufolge diese Art der Beisetzung für sich wählen, während die Älteren in der Regel eher Angst vor der bei der Verbrennung entstehenden Hitze haben, weil sie davon ausgehen, dass sie Letztere auch nach dem körperlichen Tod noch spüren würden. Die Hinterbliebenen einer großen Mehrheit in Deutschland verstorbener vietnamesischer Buddhisten möchten ungern ihre Toten auf einem Friedhof in einem Erdgrab inmitten vieler Grabstätten mit christlichen Kreuzen beerdigt wissen und bevorzugen daher die Einäscherung des Leichnams mit späterer Urnenbestattung. Letzte-

Abbildung 23: Sarg auf dem Weg in den Verbrennungsofen

re erfolgt dann auf einem dem Wohnort der Hinterbliebenen nahen Friedhof, auf einem der mittlerweile auf einigen deutschen Friedhöfen eingerichteten buddhistischen Gräberfelder, auf hoher See oder in einem der in jüngerer Zeit gegründeten und unter Deutschen als Bestattungsort immer beliebter werdenden Friedwälder. Mitunter veranlasst eine vietnamesisch-buddhistische Familie aber auch ersatzweise eine Überführung der Urne nach Vietnam oder Indien, weil der Verstorbene zu Lebzeiten die eigene Asche entweder in die alte Heimat oder an einen den Buddhisten heiligen Ort gebracht haben wollte. Alle eben genannten Bestattungsformen im Anschluss an eine Einäscherung werden noch im Rahmen dieses Abschnitts näher vorgestellt.

Abbildung 24: Reste des Leichnams nach der Einäscherung (links); mit der Asche eines Verstorbenen gefüllte Urne (rechts)

Im Falle einer Feuerbestattung wird der Sarg nach Abschluss der Verabschiedungsfeier (s. 3.2.1) in einer Trauerhalle vom Bestattungsunternehmen abgeholt und in ein Krematorium überführt. Einige Krematorien bieten den Hinterbliebenen die Möglichkeit, der Einäscherung beizuwohnen. Im Anschluss an die Verbrennung lassen die Angehörigen die Urne in der Regel in der ihrem Wohnort am nächsten gelegenen Pagode aufbewahren, bis 49 Tage nach dem Eintritt des Todes vergangen sind.[94] Erst danach erfolgt die Beisetzung der Urne bzw. der Asche.

[94] S. Anm. 80.

3.2.2.2.1 *Urnenbestattung auf dem Friedhof*

Abbildung 25: Trauerprozession auf dem Weg zu einer buddhistischen Urnenbestattung auf einem deutschen Friedhof (hier: auf dem buddhistischen Urnengräberfeld des Stadtfriedhofs Seelhorst in Hannover)

Abbildung 26: Symbolische Beteiligung von Angehörigen und Trauergästen an einer buddhistischen Urnenbestattung auf einem deutschen Friedhof

Die Beisetzung der Urne eines vietnamesisch-buddhistischen Verstorbenen entweder auf einem deutschen Friedhof in der Nähe des Wohnortes der Hinterbliebenen oder auf einem der meist weiter entfernt gelegenen buddhistischen Urnengräberfelder - z. B. auf dem Stadtfriedhof Seelhorst in Hannover (s. 4.3) - verläuft ähnlich einer Erdbestattung (s. 3.2.2.1). Sie zeichnet sich durch einen eher schlichten Charakter aus, auch wenn es kaum Vergleichsmöglichkeiten mit ähnlichen Veranstaltungen in der alten Heimat gibt. Im Wesentlichen kommen die aus Vietnam von allen Bestattungsfeiern bekannten zeremoniellen Elemente (s. 2.3.2) auch hier zum Tragen, obwohl auf den Friedhöfen insbesondere der dortigen ländlichen Regionen eine Urnenbestattung nach wie vor eher selten ist.

3.2.2.2.2 *Überführung der Urne nach Vietnam oder Indien zwecks dortiger Bestattung*

Besonders unter den älteren der in Deutschland lebenden vietnamesischen Buddhisten ist der Wunsch verbreitet, nach dem Tod im Falle einer Feuerbestattung entweder in der alten Heimat oder aber in Indien, der „Wiege" des Buddhismus, bestattet zu werden. Dieser Wunsch ist bei weitem leichter zu erfüllen als eine Sargüberführung nach Vietnam zur dortigen Erdbestattung, auch wenn verschiedene Formalitäten einzuhalten sind.

Abbildung 27: Bereich zur Aufbewahrung von Urnen in der Pagode Ky Vien in Khanh Hoa (Vietnam)

Die Überführung einer Urne nach Vietnam mit ihrer anschließenden Beisetzung auf einem örtlichen Friedhof oder aber ihrer dauerhaften Aufbewahrung in einer Pagode ist möglich, wenn eine Sterbeurkunde (s. A20) und ein - auch für eine Urne erforderlicher - Leichenpass (s. A27) der zuständigen deutschen kommunalen Behörden vorliegen. Anders als in Deutschland - wo es aufgrund entsprechender hygienischer Vorschriften einen gesetzlich festgelegten Friedhofszwang[95] gibt - verfügen die buddhistischen Pagoden Vietnams über speziell zur Aufbewahrung von Urnen vorgesehene Räumlichkeiten, wo oftmals auch die Überreste fern der Heimat verstorbener Landsleute ihre letzte Ruhestätte finden.

Abbildung 28: Totenandacht vor der Übergabe der Asche einer in Deutschland verstorbenen vietnamesischen Laienbuddhistin an den Fluss Neranjara im nordindischen Bihar

[95] Vgl. Grimkowski, 2004, S. 27, und Jones, 2000, S. 373.

Abbildung 29: Übergabe der Asche von in Deutschland verstorbenen vietnamesischen Laienbuddhisten an den Geierberg bei Rajgir im nordindischen Bihar

Nicht selten werden Urnen in Deutschland verstorbener buddhistischer Vietnamesen nach Indien, dem Heimatland ihres Glaubens[96], überführt, wo sie dann aber nicht alle in Pagoden oder anderen buddhistischen Zentren aufbewahrt werden. Hier besteht alternativ die Möglichkeit, die Asche der Verstorbenen an einem der dem Buddhismus heiligen Orte, welche oftmals Pilgerstätten sind, direkt der Natur zu übergeben. Zwei bei Vietnamesen aus Deutschland für derartige Beisetzungen beliebte - und alle im geographischen Wirkungsbereich des historischen Buddha Shakyamuni gelegene - Stellen in Nordindien sind der Fluss Neranjara sowie der Geierberg bei Rajagaha (heute: Rajgir) in Bihar. In der Regel bitten Hinterbliebene einzelne in Deutschland lebende Ordinierte darum, die Urne eines verstorbenen Verwandten bei einer ihrer gelegentlichen Reisen nach Indien mitzunehmen, um die Asche dort an einem der heiligen Orte der Natur zu übergeben. Dabei bleibt es zwar den Angehörigen überlassen, ob sie mitreisen und an der Bestattung vor Ort teilnehmen; doch empfehlen die Ordinierten in der Regel, dass wenigstens jeweils ein Familienmitglied sie zur Beisetzung begleitet. Gelegentlich reisen die beauftragten Ordinierten speziell wegen einer vorzunehmenden Bestattung nach Indien an eine der heiligen Stellen, aber solche Feierlichkeiten finden auch während von Deutschland aus durchgeführter Pilgerreisen statt. Meist übernehmen die Hinterbliebenen die den Ordinierten dabei entstehenden Reisekosten. Selbstverständlich müssen wie in den Fällen einer Urnenüberführung nach Vietnam auch hier die entsprechenden Papiere (s. A20 u. A27) der zuständigen deutschen Behörden vorliegen bzw. mitgeführt werden. Unmittelbar vor der Übergabe der Asche (ohne Urne) an den genannten Fluss oder am erwähnten Berg halten Ordinierte und Begleiter eine Totenandacht ähnlich derjenigen während einer Verabschiedungsfeier in einer Trauerhalle in Deutschland vor dem dortigen Gedenkaltar (s. 3.2.1) ab.

[96] Die vietnamesischen Buddhisten verehren alle im Zusammenhang mit dem historischen Buddha Shakyamuni bedeutsamen Orte Indiens (s. auch Anm. 69).

3.2.2.2.3 *Seebestattung*

Etwa seit dem Jahr 2005 verzeichnen die Ordinierten ein unter den in Deutschland lebenden buddhistischen Vietnamesen zunehmendes Interesse an der Seebestattung. Diese hatte bei ihnen zuvor als mögliche Beisetzungsart kaum Beachtung gefunden. Ein wesentlicher Grund dafür, sich zu Lebzeiten für sie zu entscheiden, ist der Wunsch einer zunehmenden Zahl gläubiger Buddhisten, der Familie nach dem eigenen Tod eine langfristig durchzuführende Grabpflege zu ersparen. Sowohl Hinterbliebene als auch die Bestattung zeremoniell begleitende Ordiniertehaben sich mittlerweile diesem letzten Wunsch angepasst. So wird auf dem Schiff eines Seebestattungen durchführenden Schifffahrtsunternehmens (s. A33), das die Trauergesellschaft auf hohe See bringt, ein provisorischer Gedenkaltar (ähnlich demjenigen in der Wohnung der Familie) errichtet, auf dem allerdings außer dem Portraitbild des Verstorbenen auch dessen Urne steht und vor dem die Ordinierten während der Fahrt eine Totenandacht wie bei einer Verabschiedungsfeier in einer Trauerhalle vor dem dortigen Gedenkaltar (s. 3.2.1) leiten bzw. durchführen. Als Orte für Seebestattungen sind bestimmte Zonen ausgewiesen, in welchen nicht gefischt oder Wassersport getrieben wird. Sowohl in der Ostsee als auch in der Nordsee gibt es eine große Auswahl solcher Gebiete. Ist das Schiff mit der Trauergesellschaft an Bord an der von den Hinterbliebenen ausgewählten Beisetzungsstelle angekommen, wird die Urne, die aus wasserlöslichen Materialien besteht und sich daher je nach Material nach einer gewissen Zeit im Wasser vollständig auflöst, feierlich zu Wasser gelassen, bevor das Schiff wen-

Abbildung 30: Gedenkaltar eines verstorbenen Kindes einer buddhistischen Familie auf einem Schiff unterwegs zu einer Seebestattung in der Ostsee

Abbildung 31: Bestattung der Urne eines verstorbenen Kindes einer buddhistischen Familie in der Ostsee durch den deutschen Schiffskapitän

det und die Hinterbliebenen und Ordinierten zur Küste zurückbringt. Während der Rückfahrt vom Bestattungsgebiet erhalten die Angehörigen einen Auszug aus dem Schiffstagebuch. Dieser Auszug beinhaltet außer Name, Geburts- und Todesdatum des Verstorbenen auch die genauen Koordinaten der Beisetzungsstelle sowie Datum und Uhrzeit der Bestattung und den Namen des Schiffes, von welchem aus die Zeremonie erfolgt ist.

3.2.2.2.4 *Urnenbestattung im Friedwald*

Abbildung 32: Symbolische Beteiligung von Angehörigen an der Bestattung der Urne eines verstorbenen Laienbuddhisten in einem deutschen Friedwald im Anschluss an eine gerade erfolgte Totenandacht

Ungewöhnlich auch für buddhistische Gläubige aus Vietnam, die in Deutschland leben, ist die hierzulande recht neue Variante einer Urnenbestattung in freier Natur. Sie ist seit 2001 möglich. Bei dieser Art der Beisetzung, die man mitunter auch als Baumbestattung bezeichnet, wird die Asche des Verstorbenen in einer biologisch abbaubaren Urne in einem der noch nicht sehr häufigen Friedwälder an den Wurzeln eines Baumes in einem Erdloch versenkt. Es besteht die Möglichkeit, zwischen Urnengrabplätzen unter einem „Gemeinschaftsbaum", einem „Familienbaum" oder einem separaten Baum zu wählen. Unter einem „Gemeinschaftsbaum" können die Urnen mehrerer nicht miteinander verwandter Personen beigesetzt werden. Jegliche Grabpflege entfällt, zumal sowohl Urnen als auch sterbliche Überreste der Toten irgendwann zur Gänze in den Naturkreislauf aufgehen. Auf Wunsch erinnert jedoch eine Namenstafel am jeweils als letzte Ruhestätte gewählten Baum an den betreffenden Verstorbenen. Standorte von Friedwäldern verteilen sich mittlerweile auf fast ganz Deutschland.[97] Nach Informationen des sie verwaltenden Unternehmens gab es Mitte 2011 deutschlandweit 41 von ihnen - bei kontinuierlicher Zunahme ihrer Zahl aufgrund wachsenden Interesses an einer Friedwaldbestattung.[98] Die genannte alternative Form der Beisetzung wurde erstmals im Jahr 2011 von einer

---

97 Vgl. Frevert, 2010, S. 87.

98 Vgl. http://www.friedwald.de (Stand: 18.8.2011).

vietnamesisch-buddhistischen Familie gewählt und am 10. Juni desselben Jahres im Friedwald am Elm in Südostniedersachsen unter zeremonieller Leitung des Gründerabts der Pagode Vien Giac aus Hannover durchgeführt.

3.2.3 Feierlichkeiten unmittelbar nach der Verabschiedungsfeier oder Beisetzung

Entweder direkt im Anschluss an die Verabschiedungsfeier (im Falle einer erst später erfolgenden Urnenbestattung) oder aber nach einer unmittelbar nach der Feier erfolgten Erdbestattung (s. 3.2.2.1) führen die Ordinierten im Haus der Hinterbliebenen oder im Totenraum der Pagode die auch in Vietnam übliche *Zeremonie zur Etablierung des Verstorbenen* (s. 2.3.2) durch. An die schon genannte spezielle Trauerzeremonie wiederum schließt sich ein von der Trauergesellschaft gemeinsam eingenommenes Mahl an, welches die in Deutschland unter vietnamesischen Buddhisten üblichen Trauerfeierlichkeiten beschließt. Die Beisetzung der Urne bzw. der Asche im Falle einer Feuerbestattung (s. 3.2.2.2) erfolgt zu einem späteren Zeitpunkt. Während der eigentlichen Bestattung von Urne bzw. Asche aufgenommene Fotos oder Videofilme informieren vorzeitig nach Hause zurückgekehrte, weit entfernt lebende Verwandte und andere Trauergäste über den Verlauf dieses Ereignisses auf dem örtlichen Friedhof oder einem der wenigen in Deutschland vorhandenen buddhistischen Gräberfelder (s. 3.2.2.2.1), in Vietnam oder Indien (s. 3.2.2.2.2), auf hoher See (s. 3.2.2.2.3) oder in einem Friedwald (s. 3.2.2.2.4).

Abbildung 33: Rituelle Handwaschung vor Betreten des Hauses nach der Rückkehr von einer auswärts begangenen buddhistischen Trauerfeier

Abbildung 34: Zeremonie zur Etablierung des Verstorbenen vor dem in der Wohnung für einen verstorbenen Laienbuddhisten errichteten Gedenkaltar nach der Rückkehr von einer auswärts begangenen Trauerfeier

3.3 Totenandachten und Gedenktage in der Folgezeit

Während der Trauerzeit, die mit dem Eintritt des Todes einsetzt und Verabschiedungsfeier (s. 3.2.1) und Beisetzung (s. 3.2.2) beinhaltet, werden in Deutschland ähnlich wie in Vietnam Totenandachten gehalten und Gedenktage begangen. Hierzu gehören in der Regel die während der ersten sieben Wochen regelmäßig stattfindenden Totenandachten sowie jeweils am 49. Tag und am 100. Tag nach Eintritt des Todes eine zelebrierte Trauer- und Gedenkfeier (s. 2.3.2). Aufgrund der Rahmenbedingungen in der neuen Heimat, die meist häufige Besuche in der Pagode verhindern, raten die Ordinierten den Hinterbliebenen, wenigstens die besonders bedeutsame Totenandacht am 49. Tag in der Pagode zu halten, weil dem Mahayana-Buddhismus zufolge, zu welchem auch der vietnamesische Buddhismus zählt, der Verstorbene spätestens nach diesem Tag wiedergeboren sein sollte. Es ist den Mönchen und Nonnen durchaus bewusst, dass die Familienangehörigen in der Regel wegen der großen Entfernung und ihres oftmals stressigen Arbeitsalltags in der Regel nicht genau am 49. Tag zur Pagode kommen können; daher schlagen sie ihnen vor, die bedeutsame Totenandacht entweder am Wochenende vor dem besagten Termin oder aber am Wochenende darauf in der Pagode zu halten. Normalerweise halten sich die Hinterbliebenen an diese Empfehlung. Festgestellt wird von den Ordinierten, dass in zunehmendem Maß Angehörige von Verstorbenen die Beendigung der Trauerzeit bereits anlässlich der am 49. Tag zu haltenden Andacht wünschen (und dies mit der auf diesen Tag vorgezogenen, als Dank gedachten Speisezeremonie zugunsten der Ordinierten verbinden wollen), obwohl diese in der Heimat frühestens zwei Jahre, gelegentlich auch erst 27 Monate nach Eintritt des Todes durchgeführt wird (s. 2.3.2). In der Regel geben die Ordinierten diesem von den Hinterbliebenen geäußerten Wunsch nach und verbrennen bereits während der genannten bedeutsamen Totenandacht am 49. Tag bzw. während der vorgezogenen Zeremonie zum Ende der Trau-

Abbildung 35: Symbolische Verbrennung der zur Trauerkleidung zählenden Stirnbänder in der Pagode Vien Giac in Hannover am (in Deutschland oftmals vorgezogenen) Ende der Trauerzeit

erzeit am gleichen Tag symbolisch die zuvor von den Familienangehörigen des Verstorbenen getragene Trauerkleidung samt Stirnbändern. Dabei halten sie diese Kleidung kurz an ein Feuer. Außer im Fall der besonders wichtigen Totenandacht am 49. Tag und der Zeremonie zum Ende der Trauerzeit bleibt es den in Deutschland lebenden Angehörigen verstorbener buddhistischer Vietnamesen freigestellt, ob sie die aus Vietnam bekannten, während der weiteren Trauerzeit zu haltenden Totenandachten und zu berücksichtigenden Gedenktage zu Hause oder in der Pagode begehen.

3.4 Kennzeichen des Umgangs mit dem Tod von Ordinierten

In Deutschland lebende vietnamesische Laienbuddhisten haben wegen der geringen Zahl in diesem Land lebender Mönche und Nonnen und der räumlichen Distanz zu diesen kaum eine Möglichkeit, von einem Ordinierten Sterbebegleitung vor und Unterstützung für die Hinterbliebenen nach dem Eintritt des Todes im häuslichen Rahmen zu erhalten (s. 3.1). Die Ordinierten ihrerseits können sich aufgrund ihres Wohnsitzes in einer Pagode darauf verlassen, dass sie im Falle ihres bevorstehenden Lebensendes von Mitbrüdern bzw. -schwestern betreut werden, welche ebenso wie der Abt bzw. die Äbtissin und angereiste Ordinierte anderer Pagoden die Funktion von Angehörigen übernehmen. Wie die Verwandten sterbender Laienbuddhisten kümmern sie sich zunächst um die Sterbebegleitung für das dem Tode nahe Ordensmitglied und später um die Vorbereitung des Leichnams für die anstehenden Zeremonien wie auch um die Organisation und Durchführung aller Trauerfeierlichkeiten einschließlich der Beisetzung sowie der Totenandachten und Gedenktage während der Trauerzeit.[99]

Abbildung 36: Nonnen und Angehörige während einer Andacht vor dem Gedenkaltar einer verstorbenen buddhistischen Nonne in der Pagode Vien Giac in Hannover

Wenn in Deutschland eine vietnamesisch-buddhistische ordinierte Person im Sterben liegt, werden neben den leiblichen Angehörigen auch die Ordinierten anderer Pagoden verständigt, und zwar je

[99] Vgl. Thich Nhu Dien, 1998, S. 327.

nach Rang und Bekanntheitsgrad der betreffenden Person deutschland- oder europaweit oder aber - wenn es sich um einen hohen buddhistischen Würdenträger handelt - auch welweit. Da die Zahl vietnamesisch-buddhistischer Ordinierter außerhalb Vietnams überschaubar ist und man sich meist trotz der großen Entfernungen untereinander kennt, ist mit der genannten Benachrichtigung kein immenser Aufwand verbunden. Die auf diese Weise über den absehbaren Todesfall informierten Mönche und Nonnen anderer Pagoden versuchen, dem Sterbenden nach Möglichkeit einen letzten Besuch abzustatten. Sollte ihnen jedoch aufgrund anderweitiger Verpflichtungen eine kurzfristige Anreise nicht möglich sein, schicken sie vorab Vertreter und versuchen, später zumindest der in Deutschland auch für verstorbene Mönche und Nonnen üblich gewordenen Verabschiedungsfeier persönlich beizuwohnen. Mit der beschriebenen Form der Anteilnahme stärken die Ordinierten ihren Zusammenhalt untereinander in der gesamten, nicht sehr viele Mitglieder zählenden Ordensgemeinschaft außerhalb Vietnams. In der Art ihrer Durchführung unterscheidet sich die Sterbebegleitung für Ordinierte nicht von derjenigen für Laienbuddhisten (s. 2.3.1).

Nach Ablauf der Ruhezeit von acht bis zwölf Stunden nach Eintritt des Todes wird der Leichnam der verstorbenen ordinierten Person gewaschen und mit dem Ordensgewand, einer Mütze und Handschuhen bekleidet. Ein Totengewand wie in Fällen verstorbener Laienbuddhisten legt man ihm hingegen nicht an. Nach der in der Pagode erfolgten Einsargung bedeckt man den toten Körper zwar auch wie denjenigen eines toten Laien schulterabwärts mit einer mit buddhistischen Mantras bedruckten Decke, aber zusätzlich legt man die drei Roben, die jede ordinierte Person anlässlich ihrer Vollordination überreicht bekommen hatte, zusammengefaltet auf den Bauch des Leichnams. Ein Gedenkaltar für den Verstorbenen wird in einem Raum der Pagode errichtet, in welchem genug Platz für die große Zahl erwarteter Trauergäste vorhanden ist.

Abbildung 37: Abholung des Sargs eines verstorbenen buddhistischen Würdenträgers nach der Verabschiedungsfeier aus der Pagode Vien Giac in Hannover durch die deutschen Bestatter

Die Verabschiedungsfeier für verstorbene Ordinierte mit den entsprechenden Zeremonien findet im Gegensatz zu derjenigen für Laien (s. 3.2.1) nicht in einer Trauerhalle, sondern in aller Regel in der Pagode statt. Zu diesem Zweck bringt das beauftragte deutsche Bestattungsunternehmen zur angegebenen Zeit den bis dahin in seinem Kühlraum gelagerten Leichnam im Sarg zur Pagode und holt ihn nach dem Ende der Feier wieder ab, um ihn bis zur eigentlichen Beisetzung aufzubewahren.

Wie in Vietnam verlaufen die einzelnen Zeremonien der Trauerfeierlichkeiten für in Deutschland verstorbene vietnamesisch-buddhistische Mönche und Nonnen ähnlich wie diejenigen für verstorbene Laienbuddhisten (s. 3.2). Sie tragen jedoch etwas gehobene Bezeichnungen, wirken festlicher und finden in einem größeren Rahmen statt, da in der Regel viele Trauergäste - sowohl Ordinierte als auch Laien - erwartet werden, denen die Hochachtung der noch lebenden Mönche und Nonnen vor dem oder der Toten demonstriert werden soll. Wie auch in Vietnam tragen die Trauergäste gelbe Stirnbänder als Zeichen der Trauer um den verstorbenen Ordinierten.

Anders als in Vietnam entscheiden sich die meisten vietnamesisch-buddhistischen Mönche und Nonnen in Deutschland bereits zu Lebzeiten für die Feuerbestattung, weil sie der Meinung sind, dass diese Bestattungsart praktischer und hygienischer ist. Aufgrund des in ihrer neuen Heimat geltenden Friedhofszwangs ist es allerdings nicht möglich, die Urne mit ihrer Asche in der Pagode oder sogar in einem Stupa beizusetzen. Somit gibt es in Deutschland hinsichtlich der wählbaren Grabart keinen Unterschied zwischen Ordinierten und Laien. Die Urnen in der Pagode Vien Giac in Hannover verstorbener Ordinierter wurden bzw. werden - je nach zu Lebzeiten festgelegter Regelung - entweder vor Ort auf dem buddhistischen Gräberfeld des Stadtfriedhofs Seelhorst (s. 4.3) in einem Urnenwahlgrab beigesetzt oder aber zur dauerhaften Aufbewahrung der Urne in einer Pagode nach Vietnam bzw. zur Übergabe der Asche an einem dem Buddhismus heiligen Ort nach Indien überführt (s. 3.2.2.2.2).

Kapitel 4
Kontinuität und Wandel vietnamesisch-buddhistischer Trauerrituale im Ausland am Beispiel Deutschlands

In diesem Abschnitt wird zunächst auf der Basis der zuvor vorgestellten Handlungsweisen vietnamesischer Buddhisten bezüglich des Themenbereichs „Sterben, Tod und Trauer" und ihrer Hintergründe sowohl in der alten Heimat (s. Kap. 2) als auch in Deutschland (s. Kap. 3) analysiert, in welchem Umfang aus Vietnam bekannte Trauerrituale von der betreffenden Bevölkerungsgruppe auch im Exil beibehalten oder aber durch neue Verhaltensformen ersetzt werden. So wird ermittelt, ob eher Traditionsbewusstsein oder aber Anpassung an neue Gegebenheiten kennzeichnend für den Umgang mit allen das Ende des Lebens betreffenden Phasen ist. Anschließend wird ein erfolgreiches Projekt einer deutschen Friedhofsverwaltung zur Unterstützung der vietnamesisch-buddhistischen Neu- bzw. Mitbürger bei der Durchführung den Letzteren wichtiger Trauerrituale vorgestellt. Es folgen ein Konzept einer Trauerfeier speziell für sich dem vietnamesisch-buddhistischen Glauben zugehörig fühlende Deutsche nach deren Tod und eine Aufstellung erforderlicher bzw. empfehlenswerter Schritte bei bevorstehenden und eingetretenen Trauerfällen innerhalb von Familien in Deutschland lebender vietnamesischer Buddhisten. Die beiden letztgenannten Anleitungen wurden vom Verfasser selbst konzipiert und ermöglichen eine religiös korrekte Durchführung der vietnamesisch-buddhistischen Trauerrituale unter Berücksichtigung der von den Migranten in Deutschland vorgefundenen Gegebenheiten.

4.1 Bedeutung der Wahrung aus der Heimat vertrauter Trauerrituale im Ausland

Trauerfeierlichkeiten haben für Vietnamesen sowohl in ihrer Heimat als auch im Ausland eine besonders große soziale Bedeutung. Während der Trauerzeit versammeln sich alle Familienangehörigen, um vom Verstorbenen würdig Abschied zu nehmen. Ursprünglich für diesen Zeitraum geplante Feiern aus freudigem Anlass - Hochzeiten, Jubiläen oder Geburtstage - werden auf später gelegene Termine verlegt. Während der in der Regel sehr festlich und würdevoll begangenen

Trauerfeiern bezeugen die Verwandten dem Verstorbenen gegenüber Liebe, Pietät, Dank und Respekt, ergreifen ggf. die Möglichkeit, sich mit ihm zu versöhnen, und stärken gemeinsam den Zusammenhalt innerhalb der Familie.

Auch die Ausübung aus der alten Heimat vertrauter Trauerrituale bietet den in Deutschland lebenden buddhistischen Vietnamesen trotz des mit ihnen verbundenen Abschieds von ihren geliebten Familienangehörigen Halt und Trost und schaffen ein Gefühl der Verbundenheit mit ihrem Herkunftsland und dessen Kultur. Obwohl sie die mit ihrem Glauben zusammenhängenden Trauerfeierlichkeiten in Deutschland nicht gänzlich wie in Vietnam begehen können, versuchen die Angehörigen Sterbender bzw. Verstorbener trotzdem, ihre kulturelle und religiöse Identität auch im Umgang mit dem Tod so weit wie möglich zu bewahren. In Vietnam unterstützt in einem Trauerfall die gesamte Umgebung die Hinterbliebenen eines Verstorbenen. In Deutschland lebende vietnamesisch-buddhistische Familien hingegen, die von einem solchen - bevorstehenden oder eingetretenen - einschneidenden Ereignis betroffen sind, fühlen sich oftmals mit einer solchen Ausnahmesituation überfordert. Sowohl Verwandte und Bekannte als auch Ordinierte leben in den meisten Fällen nicht in der Nähe und sind somit nur schwer erreichbar. Erschwerend kommt hinzu, dass die betroffenen Familien einer religiösen Minderheit in einer Umgebung mit andersgläubigen Menschen angehören, welche ihnen nicht angemessen helfen können. So entstehen leicht Verwirrung, Verunsicherung und ein Gefühl der Hilflosigkeit - zumal man den zu Lebzeiten geäußerten Wünschen des Sterbenden bzw. Verstorbenen nach aus der alten Heimat vertrauten buddhistischen Trauerzeremonien gerecht werden möchte, aber nicht weiß, was zu tun ist. Per Telefon oder Email informierte Verwandte, die noch in Vietnam leben, geben darüber hinaus Ratschläge oder sogar Anweisungen bezüglich nun zu unternehmender Schritte, gehen aber von ihren heimatlichen Lebensumständen aus, welche mit denjenigen ihrer in Deutschland lebenden Angehörigen nur begrenzt vergleichbar sind. Sie können die örtliche Situation der vom Trauerfall betroffenen Familie nicht nachvollziehen und bringen diese in Gewissensnot. Die überforderten Hinterbliebenen rufen daher in der Regel in der ihrem Wohnort nächstgelegenen Pagode an, fragen die Ordinierten, was sie im Sinne einer vietnamesisch-buddhistischen Sterbebegleitung bzw. Trauerarbeit zu tun und zu beachten haben, und erhalten von den Mönchen bzw. Nonnen auch alle benötigten Informationen (s. 4.5). Die telefonisch befragten Ordinierten tragen auf diese Weise aus der Ferne wesentlich dazu bei, dass die Familienangehörigen ihre Unsicherheit und ihr schlechtes Gewissen verlieren und sich nicht mehr dem Sterbenden bzw. Verstorbenen wie auch den Verwandten im fernen Vietnam gegenüber schuldig fühlen.

Die buddhistischen Trauerzeremonien und -rituale helfen den Hinterbliebenen, in Zeiten des Schmerzes und der Verzweiflung aufgrund des erlittenen Verlustes ihre Trauer zu verarbeiten, und zeigen zudem Möglichkeiten auf, für den Sterbenden bzw. Verstorbenen Positives zu bewirken, nämlich auf dem Weg der Rezitation und der Übertragung eigener Verdienste. Außerdem regen sie die Trauernden an, sich mit der Vergänglichkeit des irdischen Lebens und somit auch mit dem eigenen Tod zu beschäftigen. Frau Huynh, die vom Verfasser im Rahmen seiner Recherchen für die vorliegende Studie interviewte vietnamesische Laienbuddhistin[100], stellte fest, dass „der Tod jedes Einzelnen besondere Kennzeichen hat. Kein Tod ist wie der andere. Ich habe die Erfahrung machen müssen, dass der Tod eigener Familienmitglieder aufgrund der gemeinsam mit ihnen verbrachten Lebenszeit und der räumlichen Nähe zu ihnen emotional sehr bewegt und besonders intensiv erlebt wird. Die beiden Todesfälle der letzten Jahre in meiner Familie haben meinen Glauben an den Buddha Amitabha gestärkt. Der Buddha Amitabha gab mir die Kraft, während der Trauerzeiten für meinen Vater und meine Großmutter zu beten; aber er half mir auch gleichzeitig, mich schon jetzt auf meinen eigenen Tod vorzubereiten." (Huynh, pers. comm., 12/2010). Diese Aussage bestätigt, dass aus der Sicht vietnamesischer Buddhisten Trauerfeierlichkeiten sowohl den Verstorbenen als auch den Hinterbliebenen zugute kommen. Obwohl es Laienbuddhisten gibt, die die zu Ehren ihrer Sterbenden oder Verstorbenen durchgeführten Trauerrituale bzw. deren Bedeutung nicht zur Gänze kennen und verstehen, sind auch diese Personen letztlich der Auffassung, mit ihrer Durchführung das Bestmögliche für ihre verstorbenen Verwandten getan zu haben. Die Verarbeitung von Trauer mithilfe buddhistischer Trauerfeierlichkeiten trägt auch wesentlich dazu bei, dass die Hinterbliebenen trotz des von ihnen erlittenen Verlustes möglichst unbelastet weiterleben können.

Die Wahrung vertrauter Trauerrituale in der neuen Heimat hat nicht nur für die unmittelbaren Beteiligten eine große Bedeutung; sie dient auch der Aufrechterhaltung der vietnamesischen Kultur insgesamt im Hinblick auf die nachfolgenden, ebenfalls im Exil lebenden Ge-

[100] Eine kurze Vorstellung der Interviewpartnerin des Verfassers findet sich in der Einleitung der vorliegenden Arbeit (vgl. dort).

nerationen. Zwar streben die vietnamesischen Buddhisten eine erfolgreiche Integration ihrer Kinder und Enkel in die deutsche Gesellschaft an, aber sie möchten auch nicht, dass die Nachkommen ihre kulturellen - und damit auch religiösen - Wurzeln vergessen oder aber prinzipiell ablehnen. Um den Jüngeren zu ermöglichen, an den für die ältere Generation immens wichtigen Trauerritualen aus der alten Heimat teilzunehmen, wird die Beherrschung der vietnamesischen Sprache als Voraussetzung besonders betont, da nur sie einen Zugang zu den einzelnen traditionellen Zeremonien und Riten ermöglicht. Die ältere Generation fühlt sich darüber hinaus ihren eigenen - entweder noch in Vietnam oder aber bereits in Deutschland gestorbenen - Ahnen gegenüber verpflichtet, die vietnamesische Kultur einschließlich der überlieferten Trauerrituale aufrechtzuerhalten und den Nachkommen zu vermitteln. Den Kindern und Enkeln bringt man das Leben und die Verdienste der Vorfahren nahe, damit Letztere nicht in Vergessenheit geraten, sondern dauerhaft als Vorbild fungieren. Aus diesem Grund finden sich in jedem vietnamesisch-buddhistischen Haushalt auch in Deutschland je ein Buddha-Altar und ein Ahnenaltar. Die Weitergabe der mit dem Themenbereich „Sterben, Tod und Trauer" zusammenhängenden buddhistischen Traditionen hat allerdings für die Älteren noch einen weiteren, ganz praktischen Grund. Wenn die Jüngeren in die Trauerrituale eingeweiht sind, sind sie später auch in der Lage, ihren Eltern und ggf. anderen unmittelbaren Verwandten, wenn diese sterben, eine zu deren Lebzeiten angeordnete oder gewünschte vietnamesisch-buddhistische Sterbebegleitung sowie Durchführung nach dem Eintritt des Todes erforderlicher Zeremonien und Rituale zu gewährleisten.

In jeder der vietnamesisch-buddhistischen Pagoden Deutschlands befindet sich wie auch in denjenigen Vietnams und anderer Länder ein Totenraum, an dessen Wänden kleine Portraitbilder vieler verstorbener Buddhisten hängen (s. Abb. 35). Dieser Raum bietet den Hinterbliebenen auch nach Ablauf eingehaltener Trauerzeiten bei jedem Besuch in der Pagode anhand der entsprechenden Bilder die Möglichkeit, der verstorbenen Familienmitglieder unabhängig vom Bestattungsort (s. 3.2.2) zu gedenken, sie zu ehren und für sie zu beten. So zeigen sie Pietät und erweisen ihren Vorfahren Respekt. Nicht alle in den Totenräumen der in Deutschland stehenden Pagoden hängenden Bilder zeigen in diesem Land verstorbene Personen. Oft wünschen Hinterbliebene auch das Aufhängen von Portraitbildern in Vietnam oder in anderen Ländern verstorbener Verwandter im Totenraum, um auf diese Weise auch diesen abgebildeten Menschen bei Besuchen in der Pagode nahe zu sein und ihnen mit dem Gedenken an sie etwas Gutes zu tun. Die in der Pagode lebenden Ordinierten ihrerseits beten täglich für alle dort mit den vielen kleinen Portraitfotos geehrten Verstorbenen.

Wenn ein vietnamesischer Buddhist in Deutschland stirbt, werden auch die in Vietnam verbliebenen Verwandten seiner Familie in die Trauerfeierlichkeiten mit einbezogen. Sie werden ihrerseits aktiv, indem sie zur ihnen vertrauten Pagode vor Ort gehen und dort um die Durchführung einer Zeremonie für den in der Ferne Verstorbenen bitten. Sie führen dabei ein Portraitbild der betreffenden Person mit sich und bitten die Mönche bzw. Nonnen, es im Totenraum der Pagode aufhängen zu dürfen. Eine solche Zeremonie, die Unterstützung aus der alten Heimat bringen soll, kann einen einfachen Charakter haben oder aber umfangreich - z. B. einschließlich einer Speisezeremonie zugunsten der Ordinierten - ausfallen. Ihre Gestaltung richtet sich nach den Wünschen der in Vietnam lebenden Verwandten, teilweise aber auch nach deren finanziellen Möglichkeiten. Während dieser Feierlichkeit wird fotografiert und gefilmt, und zwar nicht nur, um sich später an diesen Tag erinnern zu können, sondern auch um anhand des erstellten Bild- und Filmmaterials den in Deutschland lebenden Hinterbliebenen des dort Verstorbenen gegenüber nachweisen zu können, dass man sich nach bestem Gewissen für ihren verstorbenen Verwandten eingesetzt hat. Übrigens werden in Deutschland lebende vietnamesisch-buddhistische Familien in der eben beschriebenen Weise aktiv, wenn in Vietnam verbliebene Angehörige verstorben sind.

In Anlehnung an L. Ho (1999, S. 45ff.) und Baumann (2000, S. 30f.) unterscheidet der Verfasser fünf Gruppen heute in Deutschland lebender - überwiegend buddhistischer - Vietnamesen, die den in der Heimat durchgeführten Trauerritualen unterschiedlich gegenüberstehen. Ihre jeweilige Haltung sollen an dieser Stelle kurz vorgestellt werden. Es sei darauf hingewiesen, dass diese Kategorien nur eine grobe Einteilung darstellen und daher nicht immer strikt voneinander getrennt werden können.

1) Die der älteren Generation zuzurechnenden Menschen, die bereits vor dem Fall Saigons am 30.4.1975 (dem Endpunkt des Vietnamkriegs - s. 2.1) zwecks Studiums nach Deutschland gekommen sind, haben ein besonders stark ausgeprägtes Bedürfnis, alle Trauerfeierlichkeiten möglichst genau wie in Vietnam durchzuführen.

2) Die älteren der ab 1978 nach Deutschland gelangten Bootsflüchtlinge (der so genannten „Boat People“) und der ab 1980 im Rahmen humanitärer Hilfsmaßnahmen in der damaligen Bundesrepublik aufgenommenen Kontingentflüchtlinge versuchen ebenfalls, aus der alten Heimat vertraute Trauerzeremonien und -rituale beizubehalten, während die jüngeren von ihnen, die zwar noch in Vietnam geboren wurden, jedoch in Deutschland aufwuchsen, ein geringeres Interesse an einer Wahrung traditioneller Verhaltensmuster zeigen. Aber dennoch sind sie vom Glauben ihrer Eltern geprägt und tragen daher die Einhaltung der entsprechenden Zeremonien und anderen Rituale mit bzw. heißen sie gut.

3) In die ehemalige DDR gelangten früher Studenten und Vertragsarbeiter, die nach der politischen Wende im Jahr 1989 in Deutschland erfolgreich einen Asylantrag stellten. Sie halten bis heute an den aus Vietnam vertrauten Trauerritualen fest.

4) Die in Deutschland geborene, aufgewachsene und ausgebildete Generation junger Menschen, welche sich eher als Deutsche denn als Vietnamesen betrachten, hat in der Regel im Trauerfall kaum oder gar kein Interesse an einer Durchführung traditioneller vietnamesisch-buddhistischer Trauerfeierlichkeiten. Diese Personen verfügen nicht über die dafür erforderlichen Kenntnisse der Muttersprache ihrer Eltern und können außerdem die Hintergründe der einzelnen Rituale nicht erfassen. Es gibt allerdings Ausnahmen. Manche Jugendliche zeigen Interesse, wenn ein naher Angehöriger verstirbt bzw. verstorben ist, und fragen in solch einem Fall ihre Eltern bzw. die Ordinierten nach Sinn und Bedeutung der Trauerfeierlichkeiten.

5) Die erst in der jüngeren Vergangenheit allein aus Vietnam nach Deutschland gelangten Studenten, die voraussichtlich nach dem Abschluss ihrer hier absolvierten akademischen Ausbildung Deutschland wieder verlassen werden, zeigen kein Interesse an den Trauerritualen, solange nicht jemand aus ihrer Familie oder ihrem Bekanntenkreis stirbt. Ihnen fehlen daher Erfahrungen mit dem Themenbereich „Sterben, Tod und Trauer“ und den diesbezüglichen traditionellen Handlungsweisen.

Die Angehörigen der verschiedenen Gruppen lassen sich nach Meinung des Verfassers jeweils in drei Kategorien unterteilen, nämlich in diejenigen der Traditionalisten, der Modernisten und der praktizierenden Buddhisten. Die Traditionalisten vertreten die Auffassung, dass allenfalls das Leben selbst in Deutschland besser ist als in der alten

Heimat. Wegen der besonderen Aufmerksamkeit, die dort den Trauerfeierlichkeiten geschenkt wird, würden sie lieber gern in Vietnam sterben und bestattet werden. Die Modernisten sind hingegen der Ansicht, dass die Bedingungen in der neuen Heimat ihnen Möglichkeiten zur Hinterfragung der traditionellen Bestattungskultur ihrer Bevölkerungsgruppe eröffnen. Für sie ist der Ort ihrer eigenen späteren Beisetzung weniger bedeutsam, nicht aber die von ihnen selbst auszuwählende Art der Bestattung, mit welcher sie durchaus mit der Tradition ihrer Vorfahren brechen können. Für die praktizierenden Buddhisten schließlich ist es nicht von Belang, wo und wie man bestattet wird, sondern wie man zuvor gelebt hat und in welcher geistigen Verfassung man stirbt. Letztendlich geht es ihrer Ansicht nach darum, gut zu sterben - d. h. ruhig, ohne Bedauern und bei vollem Bewusstsein -, weil man dann beste Chancen hat, im Reinen Land des Buddha Amitabha geboren werden zu können.[101]

Die Erfahrung der Ordinierten - und somit auch die des Verfassers - zeigt, dass unabhängig davon, zu welcher der eben angeführten Gruppen sie gehören, alle in Deutschland lebenden buddhistischen Vietnamesen eine der in diesem Land befindlichen Pagoden kontaktieren, wenn ein Todesfall eines oder einer Familienangehörigen zu erwarten oder bereits eingetreten ist, um Hilfe und Trost zu suchen. Ihre jeweilige Reaktion auf das einschneidende Ereignis hängt von ihrer persönlichen Einstellung zum Buddhismus und von möglicherweise bereits früher von ihnen im Umgang mit Sterben und Tod in der eigenen Verwandtschaft gesammelten Erfahrungen ab.

4.2 Herausforderungen bei der Durchführung vietnamesisch-buddhistischer Trauerrituale und erforderliche Anpassungen an Rahmenbedingungen in der neuen Heimat

Meist versuchen in Deutschland lebende vietnamesische Buddhisten, traditionelle Trauerrituale wie in der alten Heimat durchzuführen. Dies ist jedoch aufgrund der anderen kulturellen und rechtlichen Bedingungen in diesem Land schwer oder nur teilweise möglich. Reihenfolge und Ablauf der wichtigsten Trauerrituale (s. A03) sind mit denen in Vietnam vergleichbar; und hier wie dort werden die Trauerfeierlichkeiten nach wie vor sehr feierlich und würdevoll begangen. Trotzdem

---

[101] Vgl. Heller, 2003, S. 51f.

gibt es eine Reihe von den buddhistischen Vietnamesen in der neuen Heimat vorgefundener Umstände, welche als Herausforderungen zu verstehen sind und gewisse Anpassungen erfordern. So sind Trauerrituale in Vietnam recht aufwändig und umfangreich und umfassen zudem zahlreiche Teilzeremonien. Dies wirkt sich auch auf die Länge der jeweiligen Zeremonien aus, die dort tagelang oder sogar eine Woche lang andauern können. Die diversen Rituale können in ihrer ursprünglich von der vietnamesisch-buddhistischen Tradition festgelegten ausführlichen und damit auch zeitaufwändigen Form zelebriert werden, weil viele Verwandte der Familienangehörigen des Sterbenden bzw. Verstorbenen in der Regel nicht weit entfernt wohnen und daher die unmittelbar Betroffenen unterstützen bzw. bei Bedarf ablösen können. Auch mangelt es in Vietnam nicht an Ordinierten, die die Durchführung der mitunter lange währenden Trauerrituale begleiten oder sogar leiten können. In Deutschland hingegen führt man wegen Zeitnot und fehlender oder weit entfernter Ordinierter bzw. mit der Leitung von Zeremonien vertrauter Laienbuddhisten insgesamt weit weniger mit dem bevorstehenden oder eingetretenen Tod zusammenhängende Rituale durch. Einige werden mitunter vereinfacht, zusammengefasst oder aber komplett ausgelassen. Das bedeutet aber nicht, dass die Trauerfeierlichkeiten insgesamt einen weniger würdevollen Charakter haben.

Während in Vietnam selbst die bei den Trauerritualen verwendeten Texte bis heute auf Sino-Vietnamesisch - also auf Chinesisch in vietnamesischer Aussprache - rezitiert werden, strebt man im Ausland vielerorts eine Umstellung auf die alleinige Verwendung des „modernen" Vietnamesisch während der Rezitationen an. Insbesondere den dort lebenden, über keine sino-vietnamesischen Sprachkenntnisse verfügenden Laien zweiter und dritter Generation unter den Hinterbliebenen und Trauergästen will man so die Ritualtexte zugänglich machen. Dies trifft auch auf die in Deutschland lebenden buddhistischen Vietnamesen zu. Es hängt jedoch von den einzelnen die Trauerrituale leitenden Ordinierten ab, ob sie dem Wunsch der Laienbuddhisten nachkommen. Nicht wenige der im Exil lebenden Mönche und Nonnen bevorzugen nach wie vor Rezitationen auf Sino-Vietnamesisch, weil diese ihrer Meinung nach erhabener klingen.

Nicht nur in Deutschland wurden die Regelungen zur während vietnamesisch-buddhistischer Feierlichkeiten zu Ehren eines Verstorbenen getragenen Trauerkleidung vereinfacht. Außerhalb Vietnams tragen die Gläubigen inzwischen bei Trauerfeiern meist nur noch Trauerbänder ohne besondere Kennzeichnung des Verwandtschaftsgrades. Viele vietnamesische Buddhisten passen sich den Gepflogenheiten der neuen Heimat an. In Deutschland tragen sie wie die Christen bei ähnlichen Anlässen dunkle Kleidung. Nur ein weißes Trauerstirnband macht sie als trauernde Buddhisten kenntlich. Es gibt jedoch auch vietnamesisch-buddhistische Familien, die in der neuen Heimat bei Trauerfeiern nach wie vor die in Vietnam übliche Trauerkleidung bevorzugen. Vor allem Vietnamesen chinesischer Abstammung behalten diese Tradition bei.

Während in Vietnam dem Verstorbenen auf dem heimischen Gedenkaltar nun dreimal täglich Opfergaben dargebracht werden (s. 2.3.2), geschieht dies bei vietnamesisch-buddhistischen Familen in Deutschland meist nur einmal am Tag. Die Familienangehörigen sind in der Regel berufstätig und können daher aus Zeitgründen den aus der alten Heimat bekannten Ritus nur in einer reduzierten Form durchführen. Nur wenn ältere Mitglieder der Familie ganztägig zu Hause bleiben und Zeit haben, kann er wie in Vietnam ausgeführt werden.

In Deutschland ist oftmals Flexibilität bei der Durchführung besonders der vietnamesisch-buddhistischen Trauerzeremonien mit eher öffentlichem Charakter - z. B. in einer Trauerhalle oder einer Pagode - erforderlich. Daher werden solche Feierlichkeiten in der Regel auf die Wochenenden verlegt, um auch Angehörigen, Verwandten und Traugästen, die berufstätig sind oder weit entfernt leben, eine Teilnahme zu ermöglichen. Anders als in Vietnam spielt der Aspekt der Bestimmung zur Durchführung der einzelnen Zeremonien geeigneter Tage und Tageszeiten durch Ordinierte (s. 2.3.2) kaum eine Rolle, da Termine für Verabschiedungsfeier und Beisetzung in der Regel abhängig sind von Vorgaben des beauftragten Bestattungsinstituts bzw. der Friedhofsverwaltung. So werden z. B. sonntags in Deutschland keine Beisetzungen durchgeführt.

Nach Kenntnis des Verfassers ziehen Buddhisten lediglich in den Großstädten Vietnams vermehrt die Feuerbestattung der im übrigen Land üblichen Beerdigung im Sarg vor. Das liegt vermutlich u. a. am Platzmangel auf den städtischen Friedhöfen. In Deutschland hingegen entscheidet sich die Mehrheit aller hier lebenden vietnamesischen Buddhisten für diese Bestattungsart. Nach Meinung des Hochehrwürdigen Thich Nhu Dien[102], dem vom Verfasser interviewten Grün-

[102] Eine kurze Vorstellung des Interviewpartners des Verfassers findet sich in der Einleitung der vorliegenden Arbeit (vgl. dort).

derabt der Pagode Vien Giac in Hannover, liegt der Hauptgrund für die in der neuen Heimat von Familien der genannten Bevölkerungsgruppe bevorzugte Bestattungsart darin, dass man sich dauerhaft die Möglichkeit offen halten will, die Urne mit den sterblichen Überresten des jeweiligen Verstorbenen später bei Bedarf an einen anderen Ort bringen zu können, z. B. im Falle eines Wohnortwechsels innerhalb Deutschlands oder aber möglicherweise ins Ausland. Im Fall eines solchen gewünschten Standortwechsels müssen die betreffenden Angehörigen bei der für das bisher bestehende Urnengrab zuständigen Friedhofsverwaltung einen Antrag auf Umbettung der Urne stellen (s. A32). Dabei müssen die Gründe der gewünschten Umbettung ebenso angegeben werden wie das - möglichst geradlinige - Verwandtschaftsverhältnis der Antragssteller zur verstorbenen Person. Außerdem muss je eine Erklärung über den Ort der beabsichtigten erneuten Bestattung der sterblichen Überreste (mitsamt Bescheinigung der zuständigen offiziellen Stelle) und zur Übernahme der entstehenden Gebühren vorliegen.

Eine wachsende Zahl in Deutschland lebender vietnamesischer Buddhisten entscheidet sich für eine Urnenbeisetzung auf einem der inzwischen an einigen Orten des Landes eingerichteten buddhistischen Gräberfelder und lässt die Urne während der in der Trauerzeit besonders wichtigen ersten 49 Tage nach Eintritt des Todes (bzw. nach der Einäscherung) in der jeweils nächstgelegenen Pagode aufbewahren.[103] Weil die erwähnten Gräberfelder in Deutschland noch recht selten sind, ist für die Hinterbliebenen der Weg zu den dort gelegenen Grabstätten ihrer Verstorbenen oftmals recht weit. Da sich die Gräberfelder jedoch in der Regel gerade deshalb nicht weit entfernt von vietnamesisch-buddhistischen Pagoden befinden, weil von diesen meist die Initiative zu ihrer Einrichtung ausging, besteht für die Hinterbliebenen die Möglichkeit, einen gemeinsam mit aus verschiedenen Orten

[103] In Deutschland lebende vietnamesische Buddhisten möchten zwecks Durchführung der Trauerrituale ihres Glaubens - wie auch in ihrer alten Heimat üblich - die Urnen ihrer Verstorbenen für diesen Zeitraum in der Pagode aufbewahrt haben, um den Geistern der Toten eine Teilhabe an den ihnen gewidmeten Gebeten und Rezitationen zu ermöglichen und sie an die Lehre des Buddha zu erinnern. Während der im Rahmen der Trauerzeit wichtigen ersten 49 Tage nach dem Eintritt des Todes (s. 2.3.2, 3.2.3, Anm. 80) sollen die Geister der Verstorbenen in der Pagode eine Bleibe haben und Opfergaben in Empfang nehmen können. Mit dieser Geste der Aufbewahrung der Urnen in der Pagode drücken die Exilvietnamesen ihre Liebe zu den verstorbenen Verwandten aus und tragen gleichzeitig zur Verarbeitung der eigenen Trauer bei.

angereisten Verwandten unternommenen Grabbesuch mit einer Teilnahme an einem der drei jährlich in der jeweiligen Pagode im größeren Rahmenbegangenen buddhistischen Feste[104] zu verbinden. Anlässlich dieser großen Feste werden auch gesonderte Totenandachten in der Pagode gehalten. Die Angehörigen können die weltlichen Namen der Verstorbenen mitsamt deren Dharma-Namen - falls vorhanden - sowie Geburtstagen und Todesdaten in Personenlisten für erbetene Totenandachten (s. A34) eintragen. Zusammen mit Geldspenden geben sie die ausgefüllten Listen in Umschlägen in der Pagode ab. Die auf den Personenlisten stehenden Namen werden dann von den Ordinierten während der erwähnten Andachten vorgelesen.

Auf den Friedhöfen in Vietnam finden sich sowohl einfach als auch prachtvoll gestaltete Grabstätten. Wenn die Hinterbliebenen es sich finanziell leisten können, werden sogar einem Haus ähnliche Konstruktionen mit Dächern errichtet (s. 2.3.4). Es gibt hier keine besonderen Grabgestaltungsvorschriften. In Deutschland hingegen wirken die Grabstätten auch der verstorbenen vietnamesischen Buddhisten aufgrund der überall in diesem Land geltenden Friedhofsordnungen und örtlichen Gestaltungsvorschriften stets recht schlicht und einfach. Man sollte allerdings bedenken, dass die großen und teuren Grabbauten auf vietnamesischen Friedhöfen in der Regel über Erdgräbern mit dort bestatteten Särgen stehen. Sowohl hier als auch in Deutschland werden die ohnehin viel kleineren Urnengrabstätten einfacher gestaltet. Die gewählte Bestattungsart bedingt also auch die Auswahl der Grabaufbauten.

Auf den Friedhöfen in Vietnam findet man auf den meisten Grabstätten das Swastika-Zeichen, ein ursprünglich aus dem Sanskrit stammendes altes Kreuzsymbol mit abgewinkelten Armen, das im Mahayana-Buddhismus oft zur Anwendung kommt und daher auch in China, Japan und Vietnam meist auf Brust, Füßen oder Händen von Buddha-Statuen zu sehen ist. Als chinesisches Schriftzeichen steht das Swastika-Symbol für die Myriade - also für die große Zahl 10.000 - bzw. für das Unendliche bzw. Ewige. Im 20. Jahrhundert verwandten deutsche Nationalsozialisten ein - anders als das Original - auf der Spitze stehendes, nach rechts gewinkeltes Hakenkreuz als Symbol der

---

[104] Tet-Fest (Neujahrsfest - im Zeitraum Januar/Februar), Vesakh-Fest (Geburtstag des Buddha - im Zeitraum Mai/Juni) und Ullambana-Fest (Gedenkfeier zu Ehren der Eltern (insbesondere der Mutter) - im Zeitraum Juli/August). Wie vietnamesische Buddhisten in Deutschland diese jährlichen großen Feste begehen, wird bei L. Ho (1999, S. 99-111) ausführlich geschildert.

angeblich von ihnen vertretenen „arischen Rasse" und als Parteizeichen ihrer Nationalsozialistischen Deutschen Arbeiterpartei (NSDAP). Während sich das dem auch von der deutschen nationalsozialistischen Diktatur insgesamt verwendeten Symbol ähnliche Swastika-Zeichen in buddhistischen Pagoden und in Privathaushalten vietnamesischer Buddhisten in Deutschland in verkleinerter Form noch findet, z. B. auf über aufgebahrte Leichname ausgebreiteten Decken (s. Abb. 18), wird es von in diesem Land lebenden Buddhisten in der Öffentlichkeit nicht abgebildet. Mit Rücksicht auf die deutsche Geschichte und zur Vermeidung möglicher Grabschändungen wird es auf Grabmalen vietnamesisch-buddhistischer Gräber auf deutschen Friedhöfen durch eine Lotusblüte ersetzt, welche als Symbol für die Reinheit des Buddhismus steht. Die Lotusblüte erblüht zwar im nicht reinen Sumpf, ist jedoch wohlriechend und gilt im Buddhismus als edel. Sie steht für die edle Lehre (sanskr.: Dharma), die - als Lösungsmöglichkeit - aus dem Wiedergeburtenkreislauf (sanskr: Samsara) herausragt.

Alle in Vietnam üblichen Phasen und mit ihnen verbundenen, teilweise zeitintensiven Rituale während der dort sehr langen Trauerzeit können in weiten Teilen des Landes nur deshalb durchgeführt werden, weil einerseits die Großfamilie vor Ort und andererseits die häufig zu Hause bei freier Zeiteinteilung erledigte Arbeit dies ermöglichen. Die Einbindung für den Unterhalt vietnamesisch-buddhistischer Familien zuständiger Erwachsener in die komplexere deutsche Arbeitswelt und die teilweise große räumliche Entfernung zu Verwandten verhindern ein solches Vorgehen in diesem Land. So verkürzt man die in Vietnam üblicherweise eingehaltene Trauerzeit von 27 Monaten in Deutschland notgedrungen auf ein Jahr oder gar auf nur 49 Tage, um den Zeitaufwand für durchzuführende Trauerrituale entsprechend zu reduzieren. Ähnliches gilt für im Herkunftsland auf mehrere Tage verteilte wichtige Trauerzeremonien (s. 2.3.2), welche in der neuen Heimat lediglich in Kurzform im Rahmen einer einzigen Verabschiedungsfeier (s. 3.2.1) in einer Trauerhalle durchgeführt werden.

Es gibt in Deutschland verschiedene die Durchführung vietnamesisch-buddhistischer Trauerrituale und -feierlichkeiten beeinflussende Faktoren. So sind die Gläubigen zur Konformität gezwungen, d. h. zur Anpassung ihrer Handlungen an deutsche mit dem Tod und mit Bestattungen zusammenhängende Gesetze[105], Regelungen und Gegebenheiten.

---

[105] Bestattungsregelungen sind in Deutschland Sache der einzelnen Bundesländer und nicht einheitlich geregelt, so dass jedes Bundesland sein eigenes Bestat-

Sollte bei einer Leichenschau von offizieller Seite eine Obduktion angeordnet werden, sehen Mahayana-Buddhisten in letzterer Maßnahme eine Verletzung eines ihrer Glaubensprinzipien, demzufolge der Leichnam eines gerade erst Verstorbenen so lange wie möglich - mindestens jedoch für die Dauer von acht Stunden nach dem Eintritt des Todes - unberührt bleiben soll, damit sich der Geist des Verstorbenen in Ruhe vom Körper trennen kann (s. 2.3.1). In Vietnam ist die Einhaltung des genannten Berührungsverbots aus Glaubensgründen eine Selbstverständlichkeit. Es existiert im vietnamesischen Buddhismus keine Vorschrift darüber, in welchem Zeitraum der Leichnam eines Verstorbenen beigesetzt werden muss, so dass in der alten Heimat der vietnamesischen Migranten während der Abhaltung der vor der Beisetzung üblichen Trauerzeremonien keine Eile geboten ist und z. B. die Dauer der dem Verstorbenen durch Übertragung erworbener Verdienste an ihn zugute kommenden Rezitationen prinzipiell beliebig verlängert werden kann. Weil dies im Ausland so nicht möglich ist, müssen sich die buddhistischen Exil-Vietnamesen an die in ihren neuen Heimatländern vorgefundenen Bedingungen anpassen. In Deutschland gibt es beispielsweise den Friedhofszwang. Er besagt, dass in diesem Land die physischen Reste eines verstorbenen Menschen (als Leichnam in einem Sarg oder als Asche in einer Urne) ordnungsgemäß beigesetzt werden müssen, z. B. auf einem Friedhof oder auf offener See. In Vietnam, wo eine solche Regelung unbekannt ist, können Urnen verstorbener Familienmitglieder auf Wunsch ohne Genehmigung sogar zu Hause aufbewahrt werden. Allerdings erfolgt eine solche Aufbewahrung außerhalb von Friedhöfen meist in dafür vorgesehenen Räumlichkeiten einer der vielen buddhistischen Pagoden Vietnams. Bis auf die eben genannten Beeinträchtigungen hat sich gezeigt, dass die von den vietnamesischen Buddhisten in der neuen Heimat vorgefundenen, von offizieller Seite geregelten Gegebenheiten die Ausübung ihrer Trauerrituale nicht wesentlich stören, zumal sich die Neubürger ihrerseits als anpassungsfähig erwiesen und nicht etwa aus Glaubensgründen auf Konfrontationskurs gingen. In Einzelfällen gingen sogar die zuständigen deutschen Offiziellen auf die Gläubigen zu und kamen ihnen in einigen ihren Umgang mit dem Tod betreffenden Punkten entgegen, wie das Beispiel des in Hannover eingerichteten buddhistischen Gräberfeldes auf einem deutschen Friedhof eindrucksvoll zeigt (s. 4.3).

---

tungsgesetz hat (vgl. Schilder, 2004, S. 25). Diese Gesetze legen insbesondere Bestattungs- und Kostentragungspflichten fest. Der Anhang dieser Arbeit beinhaltet als Beispiel das Niedersächsische Bestattungsgesetz (s. A35).

Andere die aus der alten Heimat gewohnte Durchführung der verschiedenen Trauerrituale in Deutschland beeinflussende Faktoren liegen in den hiesigen Lebensumständen der vietnamesischen Buddhisten begründet. Sie sind sehr unterschiedlicher Natur. Im Folgenden werden sie im Einzelnen erörtert.

In Vietnam als Standort vieler Pagoden werden alle buddhistischen Trauerzeremonien stets von Ordinierten durchgeführt oder geleitet, während in Deutschland wegen der geringen Zahl hier lebender Mönche und Nonnen oftmals Laien diese Aufgaben übernehmen müssen, z. B. die Sterbebegleitung (s. 2.3.1, 3.1.1). Bei den die Trauerrituale durchführenden Laien handelt es sich in der Regel um Angehörige, Bekannte oder Freunde der jeweiligen vom Sterbefall betroffenen Familie, die in der Nähe leben und als praktizierende Buddhisten mit der Lehre des Buddha vertraut sind. Sie geben den Trauernden Trost, rezitieren gemeinsam mit ihnen und stehen mit Rat und Tat zur Verfügung. Trotz dieses Hilfsangebots bevorzugen die in Deutschland lebenden vietnamesischen Buddhisten nach wie vor Ordinierte als Helfer im Trauerfall, weil Mönche und Nonnen als bessere Kenner der durchzuführenden Trauerrituale und im Vergleich zu den helfenden Laien als „heiliger" gelten. Aufgrund ihrer in Deutschland geringen Zahl und der meist großen Entfernung ihrer Pagoden von den Wohnorten der Hinterbliebenen kommen die Ordinierten dennoch weit weniger oft bei der Durchführung von Trauerritualen zum Einsatz als Laien. In der Regel können sie nur zur Teilnahme an den Verabschiedungsfeiern (s. 3.2.1) erscheinen. Dies bedeutet auch, dass sie während dieser Veranstaltungen verschiedene - in Vietnam an unterschiedlichen Tagen stattfindende - Trauerzeremonien in komprimierter Form leiten bzw. durchführen müssen. Weitere Unterstützung im Trauerfall durch Ordinierte bekommen die Hinterbliebenen meist aufgrund der räumlichen Entfernung auf telefonischem Wege.

Obwohl seit der erstmaligen Aufnahme einer größeren Zahl von Vietnamesen in Deutschland bereits Jahrzehnte vergangen sind, existiert oftmals noch eine Sprachbarriere, die sich auch auf die Durchführung vietnamesisch-buddhistischer Verabschiedungsfeiern mit den in ihnen zusammengefassten einzelnen Zeremonien auswirken können. Im Falle der Teilnahme deutscher Familienangehöriger und Trauergäste an einer Feier für einen verstorbenen Vietnamesen können diese Personen in der Regel wegen nicht vorhandener Vietnamesisch-Kenntnisse den Ablauf der Feier und die Bedeutung der in der Muttersprache des Verstorbenen abgehaltenen Zeremonien nicht nachvollziehen.

Andererseits verfügt nicht jeder Ordinierte über ausreichende Sprachkenntnisse, um erforderliche Erläuterungen zu den einzelnen Zeremonien der Feierlichkeit auf Deutsch geben zu können. Dasselbe Problem tritt auf, wenn der Verstorbene ein Deutscher war und zur für ihn gewünschten vietnamesisch-buddhistischen Verabschiedungsfeier überwiegend oder gar ausschließlich deutsche Hinterbliebene und Trauergäste erscheinen, der die Feier leitende Ordinierte aber die deutsche Sprache nicht gut beherrscht und somit der Trauergesellschaft die Bedeutung der einzelnen Zeremonien nicht erklären kann. So entsteht eine für beide Seiten unbefriedigende Situation. In beiden genannten Fällen wäre eine deutsche Übersetzung der gesprochenen bzw. rezitierten Texte höchst sinnvoll (s. 4.5), um Missverständnisse zu vermeiden. Anderenfalls sind dem Ordinierten bestimmte Reaktionen der Trauergesellschaft auf das Geschehen unverständlich, während die Trauergäste ihrerseits während der Feier oftmals nicht wissen, wie sie sich zu verhalten haben. Teilweise empfinden sie z. B. bei fehlender Vorabinformation die Verwendung buddhistischer Ritualinstrumente während einzelner Zeremonien als Störung der Totenruhe, weil sie einen eher leisen, von der christlichen Kultur geprägten Umgang mit dem Tod bei Trauerfeiern gewohnt sind.

In Vietnam tritt der Tod meist zu Hause im Kreis der Familie ein. Generell sorgen dort Angehörige und Ärzte dafür, dass Sterbende in vertrauter Umgebung den Tod erwarten können. In Deutschland hingegen sterben die meisten Menschen in Krankenhäusern oder in Altenheimen. Dies trifft auch auf die hier lebenden buddhistischen Vietnamesen zu. Daraus ergeben sich Probleme hinsichtlich der traditionellen Sterbebegleitung für die Betroffenen, die nur bedingt durch hier geltende Regelungen aus humanitären Gründen kompensiert werden können (s. 3.1.1).

In deutschen Privatwohnungen lassen sich zeitaufwändige vietnamesisch-buddhistische Trauerrituale einschließlich der Sterbebegleitung, wie sie in Vietnam üblich sind, wegen der hierzulande allgemein geltenden nächtlichen, mittäglichen und sonntäglichen Ruhezeiten nicht durchgehend durchführen. Wenn ein Familienangehöriger in seiner Wohnung verstirbt, müsste daher eigentlich aus Rücksicht auf die Nachbarn leise rezitiert werden, was aber für die vietnamesischen Buddhisten unbefriedigend wäre. In der Regel lässt sich hier jedoch Abhilfe schaffen, indem man die Nachbarn um Verständnis für die zeitweilige, durch die Rezitationen verursachte Störung bittet. Letztere müssen aber tatsächlich in einer reduzierten Lautstärke erfolgen, wenn die Nachbarn kein Verständnis zeigen.

Der in Vietnam weitverbreitete Brauch der Freilassung von Tieren (vietn.: Phóng Sanh) zwecks Anhäufung und Übertragung von Verdiensten zugunsten einer Wiedergeburt des Sterbenden oder Verstorbenen im Reinen Land des Buddha Amitabha ist in Deutschland schwer umsetzbar. In der alten Heimat kauft man hierfür bei Händlern zuvor für den Verkauf gefangene Tiere (z. B. Tauben, Fische oder Wasserschildkröten) und lässt sie aus Mitgefühl umgehend frei. Viele von deutschen Zoofachhandlungen angebotene exotische Tiere würden bei einem solchen Vorgehen entweder im hiesigen gemäßigten Klima den Winter nicht überstehen oder aber im Falle ihrer Anpassungsfähigkeit vielleicht heimische Arten gefährden. Angehörige in Deutschland sterbender oder gerade verstorbener vietnamesischer Buddhisten beauftragen in der Regel in der alten Heimat verbliebene Verwandte oder Freunde, dort diesen Brauch im eben genannten Sinne stellvertretend für sie auszuführen.

Festzustellen bleibt, dass in Deutschland lebende vietnamesische Buddhisten trotz der hier von ihnen vorgefundenen rechtlichen und kulturellen Hemmnisse versuchen, die aus ihrer Heimat vertrauten Trauerrituale so weit wie möglich wie in Vietnam durchzuführen. In der Regel stellen sie keine besonderen Ansprüche. Sie nehmen dankend an, was man ihnen an Möglichkeiten bietet, und passen sich den Gepflogenheiten ihrer neuen Heimat an.[106] Dies zeigt sich auch deutlich am Beispiel des buddhistischen Gräberfelds auf dem Seelhorster Stadtfriedhof in Hannover (s. 4.3).

[106] In einer seiner Veröffentlichungen bedankte sich der Hochehrwürdige Thich Nhu Dien bei der früheren Regierung Deutschlands und beim deutschen Volk für die Aufnahme und Unterstützung der Vietnamesen in diesem Land (vgl. Thich Nhu Dien, 2002, S. 291, 295f.).

4.3 Das buddhistische Gräberfeld auf dem Stadtfriedhof Seelhorst in Hannover - ein gelungenes Beispiel der Integration von Lebenden und Toten

Während seiner Recherchen zur vorliegenden Studie stieß der Verfasser auf eine bemerkenswerte Form der Kooperation von Einheimischen und Migranten im Zusammenhang mit einer bei vietnamesischen Buddhisten aus deren Heimat bekannten Form des Umgangs mit Toten, die in Deutschland gesetzlich untersagt ist. Das Problem und seine Lösung schilderten der Gründerabt der Pagode Vien Giac in Hannover, der Hochehrwürdige Thich Nhu Dien, sowie Mitarbeiter des Stadtfriedhofs Seelhorst in Hannover dem Verfasser in persönlichen Gesprächen. Auf den in diesen Gesprächen gewonnenen Informationen beruht die folgende Beschreibung der Entstehung und Durchführung eines sehr erfolgreichen Projekts.

In Hannover-Mittelfeld befindet sich die älteste und größte vietnamesisch-buddhistische Pagode in Deutschland. Sie wurde 1991 fertig gestellt und bildet mittlerweile den Mittelpunkt des religiösen Lebens vieler - nicht nur vietnamesischer - Buddhisten.[107] Neben dem Hauptgebäude mit der großen Andachtshalle entstand ein sieben Stockwerke hoher Turm. In ihm sollten ursprünglich laut Planung wie in ähnlichen Bereichen der Pagoden in Vietnam Urnen mit den sterblichen Überresten von verstorbenen Gläubigen dauerhaft aufbewahrt werden. Schon vor dem Beginn des Aufbaus der Pagode im Jahr 1989 hatten sich viele vietnamesische Buddhisten in der näheren Umgebung der damals in Hannover-Mittelfeld gelegenen, in einer kleinen ehemaligen Fabrikhalle untergebrachten Pagode angesiedelt. Sie baten auf dem nächsten Friedhof, dem Stadtfriedhof Seelhorst, nach der dort im damals noch in Betrieb befindlichen Krematorium erfolgten Einäscherung ihrer Verstorbenen die Zuständigen erfolgreich darum, die Urnen ihrer Toten für durchzuführende buddhistische Rituale mitnehmen zu dürfen. Der Friedhofsverwaltung, die von einer nur vorübergehenden Abgabe der Urnen ausging, fiel auf, dass diese nicht zu ihrer späteren Beisetzung auf dem Friedhof zurückgebracht wurden. Bei einer Nachfrage bei der Pagode stellte sie daraufhin fest, dass dort niemand Kenntnis vom im Deutschland gesetzlich vorgeschriebenen Friedhofszwang hatte. Ein daraufhin vom Abt bei der Behörde gestell-

[107] Nähere Informationen zur Pagode Vien Giac findet man bei Thich Nhu Dien (1995), L. Ho, 1999, S. 77-85, und Baumann, 2000, S, 77-86, sowie auf der Internetseite der Pagode selbst (http://www.viengiac.de/deutsch).

ter Antrag, die von den Gläubigen zur dauerhaften Aufbewahrung in die Pagode gebrachten Urnen mit einer Ausnahmegenehmigung dort belassen zu dürfen, wurde abgelehnt. Kurz darauf legte die Friedhofsverwaltung im Einverständnis mit dem Abt unter Hinweis auf die geltenden Grabgestaltungsvorschriften auf dem Stadtfriedhof Seelhorst ein Gräberfeld für verstorbene Buddhisten an, um auf diese Weise das Problem zu lösen. Bei einer buddhistischen Zeremonie überführte man die bis dahin in der Pagode gelagerten Urnen am 8.4.1991 zum besagten Gräberfeld und setzte sie dort bei. Statt der Urnen Verstorbener stehen im erwähnten Turm der Pagode nun insgesamt 10.000 kleine Buddha-Statuen, ferner befindet sich auf jeder der sieben Etagen eine große Statue eines der historischen Buddhas. Wenn vietnamesische Buddhisten die wegen des Friedhofszwangs in Deutschland nicht mögliche Aufbewahrung ihrer Urne in einer Pagode wünschen, besteht für sie die Möglichkeit, zu Lebzeiten zu veranlassen, dass ihre sterblichen Überreste dafür nach Vietnam (s. 3.2.2.2.2) oder nach Indien (s. A26) überführt werden.

Abbildung 38: Übersichtsplan des Stadtfriedhofs Seelhorst in Hannover als Standort des ersten buddhistischen Gräberfelds in Deutschland (Hinweis: Das buddhistische Urnengräberfeld - „B" - befindet sich in Abteilung Nr. 58 im nordwestlichen Teil des Friedhofs und wird sogar in der Legende der Karte oben rechts angeführt.)

Quelle: Stadtfriedhof Hannover-Seelhorst
http://www.hannover.de/data/download/lhh/umw_bau/friedhoefe/kurzinfo_seelhorst.pdf

Das buddhistische Gräberfeld auf dem Stadtfriedhof Seelhorst in Hannover umfasst ein mit Rasen bedecktes Areal von fast 2400 m² in der Friedhofsabteilung Nr. 58 (s. Karte, Abb. 38 (dort mit „B" gekennzeichnet)) und ist unterteilt in je einen Bereich für Urnenwahlgräber und Urnenreihengräber. Seitens vietnamesischer Buddhisten, die dieses Gräberfeld bislang fast allein in Anspruch nehmen, ist laut Auskunft der Friedhofsverwaltung bislang noch kein Wunsch nach einem Erdgrab für einen Sarg geäußert worden. Anders als in Vietnam wird hier also die Feuerbestattung eindeutig bevorzugt. Die Bestattung von Särgen wäre zwar prinzipiell möglich, doch müsste die Friedhofsverwaltung in einem solchen Fall bzw. in mehreren Fällen dieser Art aus Platzgründen über eine Erweiterung des den Buddhisten zur Verfügung gestellten Areals insgesamt entscheiden (Wächtler, pers. comm., 6/2011). Urnenwahlgräber können auf der für sie vorgesehenen Fläche an einer Stelle freier Wahl angelegt werden, während Urnenreihengräber in der zeitlichen Reihenfolge der erfolgten Beisetzungen stets auf von der Friedhofsverwaltung festgelegten Plätzen direkt nebeneinander entstehen. Die Ruhezeit ist bei beiden genannten Grabarten auf 20 Jahre begrenzt. Sie kann bei Reihengräbern nicht verlängert werden, wohl aber bei Wahlgräbern. Dies ist ein Grund dafür, warum die letztere Grabart beliebter ist. Auch können hier auf einer Fläche von einem Quadratmeter bis zu fünf Urnen von Verstorbenen einer Familie begraben werden. Mit jeder neuen Beisetzung wird die Ruhezeit eines solchen mehrfach genutzten Wahlgrabes erneut auf 20 Jahre angesetzt, so dass damit auch die Ruhezeit der früher darin bestatteten Urnen „automatisch" von Neuem beginnt. Wenn die zuletzt beigesetzte der fünf Urnen 20 Jahre im besagten Mehrfachgrab gelegen hat, kann die Ruhezeit des Grabes insgesamt - anders als im Fall eines Urnenreihengrabes - ohne Weiteres noch einmal um dieselbe Zeit verlängert werden.

Abbildung 39: Urnenwahlgräber auf dem buddhistischen Gräberfeld des Stadtfriedhofs Seelhorst in Hannover

Generell kann jeder, der sich dem buddhistischen Glauben zugehörig fühlt, auf dem buddhistischen Gräberfeld in der Abteilung 58 des Stadtfriedhofs Seelhorst in Hannover beigesetzt werden. Die Friedhofsverwaltung vergibt die Grabplätze jedoch bislang in der Regel erst nach Rücksprache mit der Pagode Vien Giac vor Ort, da sich bisher überwiegend vietnamesische und nur sehr wenige deutsche Buddhisten hier bestatten lassen (Wächtler, pers. comm., 6/2011)). Wenn künftig vermehrt Buddhisten, die nicht der vietnamesischen Tradition zuzurechnen sind, ebenfalls hier beigesetzt werden wollen, müsste die Friedhofsverwaltung mit der Pagode besprechen, wie dann bei der Verteilung der Grabplätze zu verfahren ist. Auf dem besagten Gräberfeld werden übrigens nicht nur Urnen von Verstorbenen aus Hannover beigesetzt, sondern aus der ganzen Bundesrepublik, da es bislang deutschlandweit nur wenige solche Einrichtungen gibt. Auch wurden hier Personen bestattet, die gar nicht in Deutschland gestorben waren, weil die hier lebenden Hinterbliebenen sie nach ihrem Tod nicht in der Ferne lassen, sondern in der Nähe haben wollten. Vietnamesische Buddhisten aus ganz Deutschland kommen daher anlässlich der großen buddhistischen Feiertage nach Hannover, gehen bei dieser Gelegenheit auf den Friedhof zum beschriebenen Gräberfeld und bringen ihren toten Familienangehörigen Opfergaben dar. Oft zünden sie dabei nicht nur am Grab ihrer Verstorbenen Räucherstäbchen an, sondern auch an den angrenzenden Grabstellen, denn die dort Bestatteten gelten als „Nachbarn".

In einem Todesfall kontaktieren die Hinterbliebenen die Pagode Vien Giac und äußern den Wunsch, ihren verstorbenen Verwandten auf dem buddhistischen Gräberfeld beisetzen zu wollen. Daraufhin erbittet man seitens der Pagode von den Familienangehörigen die Sterbeurkunde sowie die Adresse des beauftragten Bestattungsinstituts bzw. des zuständigen Krematoriums und veranlasst bei der Friedhofsverwaltung die Anforderung der Urne (s. A24). Im Falle einer in Hannover erfolgten Einäscherung erhält der Stadtfriedhof Seelhorst die betreffende Urne ohnehin als zuständige Stelle; anderenfalls ordert man sie direkt vom Krematorium (Engelke, pers. comm., 8/2011). Nach der Ankunft der Urne auf dem Friedhof holen Ordinierte sie von dort ab, denn sie darf bis zum 49. Tag nach dem Eintritt des Todes in der Pagode aufbewahrt werden, bevor sie entweder auf dem buddhistischen Gräberfeld beigesetzt oder ersatzweise woandershin überführt wird.[108] Auf jeden Fall muss dem zuständigen Amt gegenüber eindeutig nachgewiesen werden, was mit der Urne geschieht - wo sie also letztendlich bestattet wird.

Abbildung 40: Grabstätte in der buddhistischen Urnengrababteilung des Stadtfriedhofs Seelhorst in Hannover

Den Angehörigen der auf dem buddhistischen Gräberfeld Beigesetzten kam die Friedhofsverwaltung dahingehend entgegen, dass sie im Laufe der Zeit einige der Gestaltungsvorschriften lockerte oder gar aufhob. Inzwischen handelt es sich bei dem Gräberfeld um einen kleinen Abschnitt des großen Seelhorster Stadtfriedhofs ohne besondere diesbezügliche Regelungen. Wegen der für Deutsche fremden Bräuche und Sitten der Vietnamesen bei der Dekoration der Gräber - etwa des Anzündens von Räucherstäbchen oder der Platzierung von Speise- und Trankopfergaben - war es für die Friedhofverwaltung ohnehin schwierig, auf dem buddhistischen Gräberfeld die Einhaltung sonst auf dem Friedhof geltender Vorschriften zu kontrollieren bzw. aufrechtzuerhalten, weil sie nicht wusste, ob eineEinschränkung oder gar ein Verbot die religiösen Gefühle der Trauernden verletzen wür-

---

108 S. Anm. 103.

de.[109] Inzwischen herrscht ein freundschaftliches Verhältnis zwischen den buddhistischen Vietnamesen und der Pagode Vien Giac auf der einen und der Friedhofsverwaltung auf der anderen Seite, so dass weder die Abwicklung von Bestattungen noch die für einen deutschen Friedhof ungewöhnlichen Formen der Grabgestaltung Probleme verursachen. Die Friedhofsverwaltung ist froh, die Pagode als verlässlichen Ansprechpartner und als Vermittler im Gespräch mit den vietnamesischen Laienbuddhisten zu haben. Ihre Mitarbeiter betrachten die bereits errichteten Grabstätten auf dem buddhistischen Gräberfeld mittlerweile als eine Bereicherung für die Friedhöfe Hannovers und finden ihre Gestaltung durch die vietnamesischen Buddhisten interessant, aber auch wegen der dabei verwendeten Räucherstäbchen sowie zeitweise aufgestellten Obst- und Gemüseschalen und Getränkedosen gewöhnungsbedürftig. Sie können jedoch damit umgehen und gehen davon aus, dass dies auch auf die anderen Friedhofsbesucher zutrifft (Fischer, pers. comm., 6/2010).

In Deutschland gibt es laut Kuhnen (2009, S. 133) außer in Hannover noch an anderen Orten buddhistische Gräberfelder, so etwa in Oldenburg, Mönchengladbach, Hamburg und Berlin. Die auf dem hannoverschen Gräberfeld anzutreffende Gestaltung der vietnamesisch-buddhistischen Grabstätten ist an allen diesen Standorten gleich. Stets findet sich ein Foto des Verstorbenen auf der Grabplatte (s. Abb. 40). Daneben sind der weltliche Name, der Dharma-Name, sowie das Geburts- und Todesdatum eingraviert. Während früher auf Urnengräbern nur liegende Grabsteine aus Sandstein erlaubt waren, dürfen heute auch Steine aus Granit oder Marmor verwendet und die Grabsteine überdies aufgerichtet werden. Oft findet man auf den Gräbern in Deutschland bestatteter vietnamesischer

Abbildung 41: Mönche und Laien während der Grabpflege auf dem buddhistischen Gräberfeld des Stadtfriedhofs Seelhorst in Hannover

[109] Vgl. Leffers, S. 2010, S. 87, 96. Die Autorin berichtet von der Möglichkeit buddhistischer, muslimischer und yezidischer Bestattungen in Hannover. Sie weist darauf hin, dass derartige Beisetzungen in ihrer Gestaltung eine Verbindung traditioneller und westlicher Elemente zu einer neuen Form von Grabkultur darstellen, und bezeichnet sie daher als „transkulturelle Bestattungen".

Buddhisten eine Lotusblume als Zeichen der Reinheit und Symbol für den Buddhismus, während in Vietnam eher das Swastika-Zeichen[110] bei der Grabgestaltung Verwendung findet.

Wenn die Hinterbliebenen z. B. aufgrund der großen Entfernung ihres Wohnortes nicht in der Lage sind, das auf dem buddhistischen Gräberfeld des Stadtfriedhofs Seelhorst in Hannover befindliche Grab ihres Verstorbenen zu pflegen, kann diese Arbeit entweder gegen Bezahlung von der Friedhofsgärtnerei oder aber ersatzweise von Helfern der Pagode Vien Giac übernommen werden. Werden Letztere mit dieser Aufgabe beauftragt, pflegen sie die betreffende Grabstätte dreimal jährlich anlässlich der großen buddhistischen Feste, reinigen sie und bepflanzen sie mit neuen Blumen.

4.4 Gestaltung einer vietnamesisch-buddhistischen Trauerfeier für deutsche Gläubige

Während in den vorangegangenen Abschnitten der vorliegenden Arbeit die Durchführung traditioneller Trauerrituale durch vietnamesisch-buddhistische Familien und Ordinierte in Vietnam und Deutschland beschrieben und erläutert worden ist, sollen hier Möglichkeiten entsprechender Feierlichkeiten für deutsche Verstorbene erörtert werden, welche sich zu Lebzeiten dem Buddhismus vietnamesischer Ausprägung verbunden oder gar - durch Zufluchtnahme zu den Drei Juwelen - zugehörig fühlten. In Kontakt mit dem genannten Glauben kommen Deutsche am ehesten als Gatte eines vietnamesischen Ehepartners. Wenn der deutsche Gläubige einer solchen Verbindung verstirbt, ist der überlebende vietnamesische Partner in der Regel mit den vietnamesisch-buddhistischen Trauerritualen vertraut und kann die entsprechenden Feierlichkeiten in die Wege leiten, während die deutschen, in der Regel christlich geprägten Hinterbliebenen des Verstorbenen über keine diesbezüglichen Kenntnisse verfügen. Würde die in Deutschland auch von rein vietnamesischen Familien bevorzugte vietnamesisch-buddhistische Verabschiedungsfeier (s. 3.2.1) ganz traditionell durchgeführt, verstünden die deutschen Trauernden nicht viel vom Gesagten und vom Geschehen, was bei ihnen Unbehagen in einer für sie gänzlich fremden Atmosphäre hervorrufen könnte. Außer für deutsche Ehepartner vietnamesischstämmiger Buddhisten werden gelegentlich buddhistische Trauerfeiern in den Pagoden

[110] Zum Gebrauch dieses in Deutschland umstrittenen Zeichens s. 4.2.

Abbildung 42: Zeichen des Gedenkens während der Trauerfeier für einen verstorbenen deutschen Laienbuddhisten in der Pagode Vien Giac in Hannover

auch für nicht mit Vietnamesen zusammenlebende deutsche Buddhisten zelebriert. Im Folgenden widmet sich der Verfasser Möglichkeiten der Gestaltung und Durchführung einer Trauerfeier, welche sowohl dem vietnamesisch-buddhistischen Glauben als auch den der westlichen Kultur verbundenen Verstorbenen und deren deutschen Hinterbliebenen gerecht werden. Im erstgenannten Fall deutscher Partner vietnamesischer Buddhisten sollte die Trauer- bzw. Verabschiedungsfeier gänzlich in der vietnamesischen Sprache erfolgen, um die vietnamesisch-buddhistische Tradition zu würdigen; jedoch ist zu Beginn der Veranstaltung eine Erläuterung auf Deutsch für die nichtvietnamesischen Mitglieder der Trauergesellschaft zum Ablauf und zur Bedeutung der einzelnen Zeremonien und rezitierten Texte empfehlenswert. Im letztgenannten Fall nicht mit Vietnamesen verbundener deutscher Buddhisten und Nichtbuddhisten hingegen sollte die Trauerfeier komplett auf Deutsch abgehalten werden. Hier müssen aber außerdem im Rahmen eines Vorgesprächs mit den die Feier leitenden Ordinierten Möglichkeiten einer Berücksichtigung individueller Wünsche der Angehörigen ebenso erörtert werden wie die Frage danach, welcher buddhistischen Schule der Verstorbene zu Lebzeiten angehörte, welche Praxismethoden er anwandte und ob er einer bestimmten buddhistischen Gemeinschaft angehörte. Die Berücksichtigung dieser Aspekte ist für die Planung der Feier von großer Bedeutung, da Sterben, Tod und Wiedergeburt in den einzelnen buddhistischen Traditionen teilweise verschie-

Abbildung 43: Mönche auf dem Weg zu einer Zeremonie im Totenraum der Pagode Vien Giac in Hannover während der Trauerfeier für einen verstorbenen deutschen Laienbuddhisten

den interpretiert werden.[111] Daraus ergeben sich in der Praxis Abweichungen etwa hinsichtlich der Durchführung der Sterbebegleitung, des Umgangs mit dem Leichnam des Verstorbenen und auch der in diesem Zusammenhang bedeutsamen Gewichtung einzelner während der Trauerfeier zum Tragen kommender Rituale. Daher ist es sehr schwierig oder vielleicht gar nichtmöglich, eine einheitliche, von allen buddhistischen Traditionen akzeptierte Form einer Trauerfeier zu gestalten. Im Folgenden wird ein vom Verfasser entwickeltes Konzept einer vietnamesisch-buddhistisch orientierten Verabschiedungsfeier für deutsche Verstorbene vorgestellt, die - ähnlich wie Trauerfeierlichkeiten in Vietnam - außer der Lehre vom Reinen Land des Buddha Amitabha auch einzelne Elemente des Zen-Buddhismus berücksichtigt. Dieses Konzept ist das Resultat von Überlegungen aufgrund von Erfahrungen, welche der Verfasser in der Vergangenheit in seiner Eigenschaft als vietnamesisch-buddhistischer Mönch in der Pagode Vien Giac in Hannover während seiner Teilnahme (zeitweise als Leiter) an Feiern für verstorbene deutsche Buddhisten sammeln konnte.

Abbildung 44: Zeremonie im Totenraum der Pagode Vien Giac in Hannover während der Trauerfeier für einen verstorbenen deutschen Laienbuddhisten

Eine Trauerfeier für deutsche Buddhisten sollte nicht genauso ablaufen wie eine solche für vietnamesische Gläubige, weil dies unpassend wäre und zu Verständnisproblemen oder gar Missverständnissen seitens der deutschen Trauergesellschaft aufgrund deren westlich bzw. christlich geprägter Vorstellungen vom Umgang mit dem Tod führen könnte.

Abbildung 45: Deutsche Kondolenten während der Trauerfeier für einen verstorbenen deutschen Laienbuddhisten in der Pagode Vien Giac in Hannover

111 Veröffentlichungen mit näheren Informationen zu den einzelnen Sichtweisen der verschiedenen buddhistischen Schulen bezüglich des Themenbereichs „Sterben, Tod und Wiedergeburt" sind innerhalb der Literaturhinweise im Anhang (s. A36) aufgelistet.

Es ist nach Auffassung des Verfassers stattdessen angebracht, nur bestimmte Elemente vietnamesisch-buddhistischer Trauerfeierlichkeiten zu übernehmen, die der deutschen Kultur angepasst werden können. Zu berücksichtigen ist, dass sich die Trauergesellschaft bei Feiern für verstorbene deutsche Buddhisten größtenteils aus Nichtbuddhisten bzw. Nichtvietnamesen zusammensetzt. Daher ist es erforderlich, dass ein Redner den Anwesenden vorab auf Deutsch den Tod aus buddhistischer Sicht erläutert und somit nicht nur die einzelnen, den Trauergästen sonst fremd anmutenden Zeremonien verständlich macht, sondern auch der Veranstaltung einen würdigen Rahmen verleiht und gleichzeitig Verständnis für die Hinterbliebenen zeigt und ihnen Trost spendet. Im Idealfall beherrscht der Zeremonienmeister die deutsche Sprache und leitet auch die gesamte Verabschiedungsfeier auf Deutsch. Falls der betreffende Ordinierte nicht über ausreichende Deutschkenntnisse verfügt, kann ersatzweise ein Dolmetscher vorab das Geschehen und dessen Hintergründe erläutern. Eine Trauerfeier für einen verstorbenen deutschen Buddhisten kann sowohl in einer Pagode als auch in einer Trauerhalle eines Bestattungsunternehmens oder in einer christlichen Kapelle stattfinden. Für buddhistische Mönche und Nonnen stellt der Ort der Trauerveranstaltung kein Problem dar. Es stört sie z. B. nicht, wenn in einer für eine solche Feier genutzten nichtbuddhistischen Räumlichkeit Kreuze oder andere christliche Symbole zu finden sind, weil äußerliche Zeichen nach buddhistischem Glauben keinen Anhaftungsgrund darstellen, sondern es vielmehr auf den Inhalt der gesprochenen Texte und die eigene Einstellung zum Geschehen ankommt. Buddhistische Ordinierte sind so flexibel und offen, dass sie während einer von ihnen durchgeführten Trauerfeier sogar auf Wunsch sonst bei vietnamesisch-buddhistischen Veranstaltungen völlig unübliche Gestaltungselemente aus der westlichen Kultur wie beispielsweise das Einspielen von Musik zulassen.

Auf eine von Außenstehenden oftmals gestellte Frage antwortete der Hochehrwürdige Thich Nhu Dien[112], der Gründerabt der Pagode Vien Giac in Hannover, im persönlichen Gespräch mit dem Verfasser: „Jeder Verstorbene bzw. dessen Geist kann die vorgetragenen Texte in der ihm gewidmeten Verabschiedungsfeier unabhängig von der Sprache verstehen, welche zur Durchführung der einzelnen Zeremonien verwendet wird. Sie sind ihm somit in jedem Fall von Nutzen, weil er die Gedanken der an der Feier Beteiligten lesen kann und sogar Raum

112 Eine kurze Vorstellung des Interviewpartners des Verfassers findet sich in der Einleitung der vorliegenden Arbeit (vgl. dort).

und Zeit für ihn keine Hindernisse darstellen." (Thich Nhu Dien, pers. comm., 6/2011). Das bedeutet, dass auch ein deutscher Verstorbener auf Vietnamesisch vorgetragene Rezitationen verstehen kann, dass die bei der Feier für ihn verwendete Sprache also für ihn selbst keine Rolle spielt. Auf die deutsche Trauergesellschaft ohne Vietnamesischkenntnisse trifft dies allerdings verständlicherweise nicht zu.

Generell gilt, dass Trauerrituale einschließlich Bestattungs- und Verabschiedungsfeiern im Buddhismus sowohl für den Verstorbenen als auch für die Hinterbliebenen und Trauergäste von spirituellem Nutzen sind. Der erwähnte Gründerabt ist der Auffassung, dass nicht der vietnamesische Buddhismus als solcher, sondern der Buddhismus im Westen - und somit auch derjenige in Deutschland - an die jeweiligen Gegebenheiten angepasst werden sollte, um den Bedürfnissen der an ihm interessierten unter den dort lebenden Menschen gerecht zu werden (Thich Nhu Dien, pers. comm., 6/2011). Letztlich geht es für die deutschen Gäste einer vietnamesisch-buddhistischen Verabschiedungsfeier darum, die Essenz der buddhistischen Lehre zu ergründen und nicht etwa die Kultur oder die Sprache ihres Herkunftslandes.

In Anwendung dieser Erkenntnisse schlägt der Verfasser vor, vietnamesisch-buddhistische Verabschiedungs- bzw. Trauerfeiern für deutsche Verstorbene prinzipiell in deutscher Sprache durchzuführen und dabei zu Anfang den Trauergästen den Ablauf des Geschehens zu erläutern. In Anpassung an die Bedürfnisse der Trauergesellschaft sollten derartige Feiern weniger Zeremonien bzw. Rituale beinhalten, dafür jedoch eine grundsätzliche buddhistische Lehrunterweisung, vielleicht in Kombination mit einer kurzen Meditation. Ritualinstrumente sollten nur bedingt eingesetzt werden, da Deutsche bei Trauerfeiern eher Ruhe zwecks stiller Reflektion bevorzugen. Im Gegenzug sollte man bei der Gestaltung des Ablaufs der Feier so flexibel sein, dass Freiraum für Wünsche der Hinterbliebenen bleibt und damit z. B. wie bei christlichen Trauerfeiern das Spielen der Lieblingsmusik des jeweiligen Verstorbenen berücksichtigt werden kann. Eine ganz praktische Anpassung an hiesige Gewohnheiten stellt die ebenfalls zu empfehlende Bereitstellung von Stühlen für die deutsche Trauergemeinde während der Veranstaltung dar, da Deutsche - anders als Vietnamesen - auch Trauerfeierlichkeiten prinzipiell unter Nutzung derartiger Sitzgelegenheiten verfolgen.

Der Verfasser schlägt folgenden Ablauf einer Verabschiedungsfeier für deutsche Buddhisten vor, der sich an den Verlauf einer für in

Deutschland verstorbene vietnamesische Buddhisten durchgeführten Feier (s. 3.2.1) anlehnt:

1) Begrüßung der Trauergäste und Ankündigung des Programms

2) Trauerrede (kurze Schilderung des Lebenslaufs des Verstorbenen unter Berücksichtigung der Hinwendung des Letzteren zum Buddhismus zu Lebzeiten (s. A06))

3) Ankündigung der Reihenfolge der einzelnen Zeremonien (einschließlich Erläuterungen) durch den Zeremonienmeister

4) Zeremonie vor dem Buddha-Altar (s. 3.2.1 - Erweiterung um je nach Wunsch angepasste Gebete und Ritualtexte möglich)

5) Zeremonie mit Totenandacht vor dem Altar zum Gedenken an den Verstorbenen (s. A04 - auf Wunsch entweder Kürzung oder aber Erweiterung um zusätzliche Elemente möglich)

6) An den Verstorbenen und an die Trauergesellschaft gerichtete buddhistische Lehrunterweisung

7) An die beteiligten Ordinierten und an die Trauergäste gerichtete Danksagung der Hinterbliebenen

Im Anschluss an den eben beschriebenen offiziellen Teil der vorgeschlagenen Form einer Verabschiedungsfeier, der nach Auffassung des Verfassers 30 bis maximal 60 Minuten in Anspruch nehmen sollte, erhält jeder Trauergast die Möglichkeit, zum Gedenkaltar zu gehen, um dort entweder ein Räucherstäbchen oder eine Kerze zu entzünden oder aber eine Blume niederzulegen und sich anschließend vor dem Verstorbenen zu verneigen. Danach erfolgt die Zeremonie zur Etablierung des Verstorbenen (s. 2.3.2). Ein von der gesamten Trauergesellschaft gemeinsam eingenommenes Mahl in einer gesonderten Räumlichkeit beschließt dann die Veranstaltung.[113]

113 Weitere Informationen und Anregungen zum Thema gibt Lyon (2004).

4.5 Vietnamesisch-buddhistischer Leitfaden für Trauerfälle in Deutschland

Das Leben buddhistischer Vietnamesen in Deutschland ließ diese Menschen sich über Jahrzehnte hinweg an die von ihnen in diesem Land vorgefundenen Bedingungen und Lebensgewohnheiten anpassen. Mit dieser Anpassung schwanden aber insbesondere bei den jüngeren, nicht mehr in Vietnam aufgewachsenen Menschen dieser Bevölkerungsgruppe Interesse und Wissen um Trauerrituale, welche auch für ihre unmittelbaren - in der neuen Heimat meist mit ihnen gemeinsam unter einem Dach lebenden - Vorfahren von immenser Bedeutung geblieben sind. Insbesondere hier alt gewordene Angehörige der ersten Generation in Deutschland lebender Vietnamesen wollen am Ende ihres Lebens den vertrauten Ritualen ihres vietnamesisch-buddhistischen Glaubens gemäß betreut, bestattet und betrauert werden. Wie die meisten Deutschen befassen sich aber viele der jüngeren in diesem Land lebenden Vietnamesen bzw. eingebürgerten Vietnamesischstämmigen nur ungern mit dem Thema „Sterben und Tod" und verdrängen es oft. Wenn nun aber doch ein Trauerfall in ihrer Familie bevorsteht bzw. eingetreten ist und sie den Wünschen des Sterbenden bzw. Verstorbenen nach Befolgung vietnamesisch-buddhistischer Trauerrituale gerecht werden wollen, fehlen ihnen die erforderlichen Kenntnisse. Es gibt in Deutschland aber nur wenige Ordinierte und entsprechend geschulte Laien, die hier helfen können. So ist auch der Verfasser in seiner Funktion als vietnamesisch-buddhistischer Geistlicher immer wieder von hilflosen Hinterbliebenen gefragt worden, was sie zu tun hätten. Daraus erwuchs in ihm die Idee, für Angehörige vietnamesischer wie auch deutscher Sterbender und Verstorbener einen Leitfaden zu entwickeln, welcher eine Aufstellung der zu unternehmenden Schritte für eine dem traditionellen vietnamesischen Buddhismus entsprechende, jedoch den hiesigen Umständen angepasste Durchführung aller Trauerrituale von der Sterbebegleitung bis zu den Gedenktagen beinhaltet. Im Folgenden wird dieser Leitfaden vorgestellt, zu dessen Entstehung neben den während der genannten praktischen Tätigkeit des Verfassers als geistlicher Betreuer von Laienbuddhisten gesammelten Erfahrungen auch von ihm aus buddhistischen Schriften angeeignetes Fachwissen und in vielen persönlichen Gesprächen zusammengetragene Informationen mit dem Thema vertrauter deutscher Bestatter sowie vietnamesischer (anderer) Ordinierter und Laien wesentlich beigetragen haben.[114]

A) Vorsorge

Bereits zu Lebzeiten kann man als Anhänger des vietnamesischen Buddhismus Vorbereitungen treffen, um alle mit dem eigenen Tod in Deutschland zusammenhängenden Vorgänge einschließlich gewünschter Trauerfeierlichkeiten und Bestattungsform selbst vorab zu regeln und die im späteren Trauerfall oftmals emotional überforderten Angehörigen damit im Vorhinein zu entlasten. Empfehlenswert sind die Hinterlegung einer buddhistischen Patientenverfügung (s. A15) und der Abschluss eines Bestattungs-Vorsorgevertrags für den Todesfall mit einem Bestattungsunternehmen (s. A17). Im genannten Vertrag können den vietnamesisch-buddhistischen Glauben berücksichtigende Vorkehrungen getroffen werden, etwa Regelungen im Hinblick auf Wahl von Totenkleidung und Grabbeigaben, Gestaltung der Trauer- bzw. Verabschiedungsfeier einschließlich der Trauerrede, Auswahl von Ort und Art der Bestattung (s. 3.2.2), Wahl der Grabform (z. B. Wahl- oder Reihengrab) und des Sarges bzw. der Urne sowie schließlich Auswahl und Gestaltung des Grabmals.

B) Sterbebegleitung

Vorab muss darauf hingewiesen werden, dass Auskünfte zu erforderlichen, medizinische Aspekte betreffenden Verhaltensweisen von Angehörigen im Rahmen der Betreuung in Privatwohnungen sterbender Personen beim jeweiligen Haus- bzw. Facharzt eingeholt werden müssen. Sie können nicht im Rahmen dieser Ausführungen berücksichtigt werden. Daher kommen im Folgenden nur zur Durchführung einer vietnamesisch-buddhistischen Sterbebegleitung erforderliche Maßnahmen zur Sprache.

Wenn ein vietnamesischer oder deutscher Buddhist alters- oder krankheitsbedingt zu Hause im Sterben liegt, muss versucht werden, ihm den Tod durch Schaffung einer angenehmen und ruhigen Atmosphäre zu erleichtern. Daher ist eine gründliche Vorbereitung und gewissenhafte Ausführung der buddhistischen Sterbebegleitung unabdingbar. Ein Bild des Buddha Amitabha sollte an einem für den Sterbenden gut sichtbaren Platz aufgestellt werden, so dass der Ster-

[114] Ergänzende Informationen zum Thema sind in den Arbeiten von Schilder (2004) und Schwikart (2008) enthalten.

bende an ihn denkt und den Wunsch verspürt und äußert, in sein Reines Land Sukhavati geboren zu werden. Für die Rezitation während der Sterbebegleitung, die unter Umständen Stunden oder gar Tage andauern kann, müssen den Angehörigen sowie Helfern Getränke wie z. B. Mineralwasser, aber auch Halspastillen zur Verfügung gestellt, und es können ihnen Obst und anderes leichtes Essen gereicht werden. Die Rezitation soll in normalem Sprechtempo und normaler Tonlage erfolgen, damit ohne auftretende Heiserkeit über längere Zeit hinweg gesprochen werden kann. Es ist ratsam, von der am leichtesten erreichbaren Pagode ein Rezitationsgerät zu besorgen, welches andauernd den Namen des Buddha Amitabha ertönen lassen kann, falls die beteiligten Personen irgendwann - vor allem zur nächtlichen Stunde - zu erschöpft für eine Fortsetzung der Rezitation sein sollten. Allenfalls Weihrauch mit geringer Rauchentwicklung ist zu verwenden, wenn man den Einsatz dieses Mittels nicht sicherheitshalber ganz vermeiden will, da der Rauch die Atmung des Sterbenden erschweren könnte. Letzterer sollte keine Gegenstände wie z. B. eine Gebetskette in den Händen halten, da seine Finger sonst später - nach Eintritt des Todes - aufgrund der dann beginnenden Leichenstarre in einer krampfähnlichen Position verbleiben könnten. Für sein Wohlbefinden als eine der Voraussetzungen für einen guten Tod ist eine tägliche umfassende Körperpflege und gänzliche Neueinkleidung des Sterbenden erforderlich (Dienemann, pers. comm., 6/2010).

Im Hinblick auf einen guten Tod bzw. Übertritt in eine andere Welt in vietnamesisch-buddhistischem Sinne sollten noch einige weitere Vorbereitungen getroffen werden, die nicht den Umgang mit dem Sterbenden selbst betreffen. So werden ein größerer Bilderrahmen (am besten im Format 13 x 18 cm) mit einem Portraitfoto der betreffenden Person zur Aufstellung zunächst auf dem provisorischen Gedenkaltar und später - nach Ablauf der ersten 49 Tage nach dem Eintritt des Todes - auf dem Ahnenaltar in der Wohnung der Angehörigen, ein gleichgroßer Bilderrahmen samt Portraitfoto zur Aufstellung auf dem Altar der nächstgelegenen Pagode sowie ein kleineres Portraitfoto (im Format 4 x 6 cm) zur späteren Anbringung an der Wand des Totenraumes der Pagode benötigt. Die erforderliche buddhistische Totenkleidung erhält man von der Pagode, welche zeitgleich vom nahenden Sterbefall unterrichtet wird. Das beauftragte Bestattungsunternehmen muss auf den bevorstehenden Tod der sterbenden Person und auf die im vietnamesischen Buddhismus begründeten Besonderheiten im späteren Umgang mit dem Verstorbenen hingewiesen werden. Übrigens sollte man selbst im Falle eines plötzlich eintretenden Todes vom Bestattungsunternehmen des besseren Überblicks über die zu zahlenden Beträge wegen einen detaillierten Kostenvoranschlag verlangen. Es sollte auch bedacht werden, dass im Todesfall außer den Kosten für den Bestatter (s. A17) auch solche für die Nutzung von Diensten des Friedhofs und seiner Verwaltung (s. A28, A29, A30), für das anzufertigende Grabmal (s. A31), für dem Verstorbenen darzubringende Opfergaben wie Blumenschmuck und Obst, für die Verpflegung der Trauergäste und für Spenden an die Pagode und an die Ordinierten anfallen.

C) Zu ergreifende Maßnahmen nach dem Eintritt des Todes

Ist der Tod eingetreten, kann der Leichnam ohne gesonderte Genehmigung der zuständigen Behörde bis zu 36 Stunden nach diesem Zeitpunkt am Sterbeort - also in der Wohnung des Verstorbenen - verbleiben, was der Durchführung der in diesem Zeitraum durchzuführenden vietnamesisch-buddhistischen Trauerrituale entgegenkommt. Auch wenn der Eintritt des Todes mitten in der Nacht erfolgt, sollten die Angehörigen versuchen, Ruhe zu bewahren, und fortfahren, den Namen des Buddha Amitabha zu rezitieren. Zwecks Verlangsamung des Verwesungsprozesses für den Zeitraum der Aufbahrung des Leichnams in der Wohnung sollte im betreffenden Zimmer für eine dauerhafte Raumtemperatur von unter 15°C gesorgt werden (z. B. mithilfe eines Klimageräts) und die zuvor über den Sterbenden zu seinem Schutz und Wohlbefinden ausgebreitete dicke Bettdecke durch eine dünne, mit buddhistischen Mantras bedruckte Decke (s. Abb. 18) ersetzt werden. Überdies sollte man im Raum die Heizung gänzlich abstellen, die Gardinen zur Vermeidung von Sonneneinstrahlung zuziehen und ggf. zusätzlich die Fenster zwecks Absenkung der Temperatur teilweise geöffnet lassen (Wockenfuß, pers. comm., 2/2011). Als Nächstes ist es sinnvoll, einen Aushang auf Deutsch zur Bekanntgabe des Todesfalls zu erstellen und im Hausflur oder an der Haustür des Mietshauses anzubringen, um die Nachbarn auf diese Weise um Verständnis für etwaige Störungen durch vermehrte Besuche und andauernde Rezitationen in der Wohnung des Verstorbenen zu bitten. Hier ein möglicher Entwurf eines solchen Aushangs:

BEKANNTGABE EINES TODESFALLS

Sehr geehrte Mitbewohnerinnen und Mitbewohner,

hiermit möchten wir Ihnen bekannt geben, dass wir leider einen Trauerfall in unserer Familie haben. Wir bitten Sie um Entschuldigung für etwaige, aufgrund unseres mit unserem buddhistischen Glauben zusammenhängenden Umgangs mit diesem einschneidenden Ereignis entstehende Unannehmlichkeiten.

Vielen Dank für Ihr Verständnis!
Familie ...

Auch Verwandte und Freunde sollten nun telefonisch über den eingetretenen Todesfall informiert und gleichzeitig um Hilfe und Beistand gebeten werden. Erforderlich ist jetzt, dass jemand den genauen Zeitpunkt des Eintritts des Todes notiert und anschließend auf einem Aushang in der Wohnung über diejenige Uhrzeit informiert, bis zu welcher die Rezitation fortgesetzt wird und der Leichnam nicht berührt werden soll, damit sich der Geist des Verstorbenen in Ruhe vom Körper lösen kann (s. 2.3.1). Nach Ablauf des achtstündigen Berührungsverbots wird der Hausarzt telefonisch über den eingetretenen Todesfall informiert, damit er den Tod bestätigt und einen Leichenschauschein erstellt (s. A19), welcher vom Standesamt für die Ausstellung einer Sterbeurkunde (s. A20) benötigt wird (Hoffmann, pers. comm., 6/2010). Bei der nun erfolgenden Waschung bzw. Reinigung des Leichnams des Verstorbenen ist aus hygienischen Gründen die Verwendung von Einweghandschuhen und eines Desinfektionsmittels ratsam. Der Einsatz eines Duftsprays kann helfen, möglicherweise bereits aufgetretenen Leichengeruch zu reduzieren. Mit Watte können Körperöffnungen verschlossen werden, um ein nachträgliches Austreten von Körperflüssigkeiten zu verhindern (Wockenfuß, pers. comm., 2/2011). Ist der Leichnam so weit vorbereitet, kann er mit der von der Pagode erhaltenen buddhistischen Totenkleidung versehen und bis zu seiner Abholung durch die Bestatter in der Wohnung aufgebahrt werden. Nach Ausführung dieser Arbeiten ist es Zeit, den Altar zum Gedenken an den Verstorbenen (kurz: Gedenkaltar) im Zimmer mit dem Totenbett zu errichten. Am Gedenkaltar muss ein Aushang befestigt werden, welcher die in der Wohnung erwarteten Trauergäste mit den für ihre Gebete wichtigen Angaben zur Person des Verstorbenen versorgt. Hier ein Vordruck eines solchen Aushangs im vietnamesischen Original und in der deutschen Übersetzung:

Hương Linh	
______________________________	(Họ và tên)
Pháp Danh ______________________	
Sanh ngày ______________________	
Âm Lịch ________________	tại ______________________ (Nơi sanh)
Mất ngày ________________	vào lúc __________________ (Giờ mất)
Âm Lịch ________________	tại ______________________ (Nơi mất)
Hưởng thọ ________________	tuổi.

Der/Die Verstorbene	
________________________	(weltlicher Name)
________________________	(Dharma-Name)
geboren am ______________	(Geburtsdatum)
im Jahr des ______________	(Tierkreiszeichen) in ____________ (Geburtsort)
verstorben am ____________	(Todesdatum) um ______________ (Todeszeit)
im Jahr des ______________	(Tierkreiszeichen) in ____________ (Todesort)
im Alter von _____________	Jahren.

D) Vorbereitungen für die Trauerfeierlichkeiten

Die Mönche bzw. Nonnen der nächstgelegenen Pagode werden nun von den Hinterbliebenen telefonisch kontaktiert, um sie nach dem am besten für die Verabschiedungsfeier geeigneten Tag zu befragen. Ebenfalls auf telefonischem Wege ist anschließend das beauftragte Bestattungsunternehmen über die gewünschte Uhrzeit der Abholung des Leichnams zu informieren. Es ist zu empfehlen, dass die Bestatter zur Abholung den zuvor bestellten Sarg mitbringen, damit der Leichnam noch in der Wohnung in diesen gebettet werden kann. Alle weiteren Formalitäten bezüglich Zeitpunkt, Ort und Gestaltung der Verabschiedungsfeier sowie der Bestattung sollten später im Bestattungsinstitut besprochen werden, wo der Leichnam bis zu den Trauerfeierlichkeiten gekühlt aufbewahrt wird. Beim dann zu führenden Gespräch sollte man die Bestatter darum bitten, dass sie bei der Vorbereitung des Leichnams für die Beisetzungsfeierlichkeiten die buddhistische Totenkleidung nicht beschädigen, den Mund und andere Körperöffnungen nicht zukleben oder -nähen sowie die Augen nicht mit Kappen versehen.

Falls die vietnamesisch-buddhistische Verabschiedungsfeier nicht in einer Pagode stattfindet, wo sie von den Ordinierten bzw. deren Helfern vorbereitet würde, müssen die Hinterbliebenen oder aber die von ihnen beauftragten Bestatter verschiedene während einer solchen Feier benötigte Gegenstände in die für die Veranstaltung vorgesehene Trauerhalle bringen. Es handelt sich dabei im Einzelnen um je zwei Kerzenständer samt Kerzen (ersatzweise auch Teelichthalter mit Teelichten), einen Behälter für Räucherstäbchen, einen Teller mit Obst und eine Vase mit Blumen für den Buddha-Altar und für den Gedenkaltar, ein Feuerzeug zum Entzünden von Räucherstäbchen, ein Glas Wasser mit einem Blütenzweig für die im Rahmen der Totenandacht erfolgende rituelle Reinigung des Sarges durch den Zeremonienmeister, eine große Decke mit Sitzkissen für die hinterbliebenen Familienangehörigen, welche während der einzelnen Zeremonien knien, Trauerbänder in für alle Hinterbliebenen ausreichender Zahl sowie zusätzlich für den Gedenkaltar ein aus einer Teekanne und drei Tassen bestehendes Teeset, eine mit Wasser gefüllte Thermoskanne, in welche kurz vor Beginn der Feier Tee gegeben wird, drei mit Reis gefüllte Schalen, drei Paar Essstäbchen und drei oder mehr Schalen mit Suppe und weiteren vegetarischen Gerichten.

Vor der Verabschiedungsfeier tragen die Hinterbliebenen in der Pagode den weltlichen und den Dharma-Namen sowie Geburtsdatum und Todestag des Verstorbenen in eine Personenliste für erbetene Totenandachten (s. A34) ein, damit Letzterer von den Ordinierten während ihrer Gebete ausdrücklich genannt und in seinem Bemühen unterstützt wird, in das Reine Land des Buddha Amitabha geboren zu werden.

Auswertung und Ausblick

Im Verlauf seiner Untersuchungen zum Thema der vorliegenden Arbeit befasste sich der Verfasser mit Fachliteratur ebenso wie mit ihm in vielen persönlichen Gesprächen gelieferten Informationen. Außerdem wertete er die von ihm während seiner Tätigkeit als geistlicher Betreuer vietnamesisch-buddhistischer Laien gewonnenen Kenntnisse aus. Dabei bot sich ihm ein bemerkenswerter Einblick in einen normalerweise in westlich orientierten Ländern, in denen der Tod oftmals tabuisiert wird, kaum thematisierten Bereich; und er gewann Erkenntnisse, die mangels Interesse vieler anderer Wissenschaftler ohne seine Erkundungen vermutlich noch längere Zeit unbeachtet bzw. unbekannt geblieben wären. Buddhistische Vietnamesen bzw. eingebürgerte Vietnamesischstämmige gehören mittlerweile zur multikulturellen Gesellschaft Deutschlands in einer globalisierten Welt. Trotzdem werden sie mitsamt ihrer mitgebrachten Kultur und Religion von vielen Einheimischen in der Regel noch immer als „Exoten" betrachtet, da sie trotz aller eigenen Bemühungen um Integration nach wie vor an der Ausübung ihres aus der alten Heimat vertrauten Glaubens samt der mit diesem verbundenen Rituale festzuhalten versuchen. An Letzteres werden die Deutschen eher selten erinnert. Dies geschieht allenfalls, wenn Mieter aus einer Wohnung eines Mehrfamilienhauses stunden- oder gar tagelang Rezitationen hören, Trauergäste im Anschluss an einen von ihnen besuchten christlichen Trauergottesdienst in einer Friedhofskapelle ganz und gar nicht trist anmutende Vorbereitungsarbeiten für eine buddhistische Verabschiedungsfeier am selben Ort beobachten oder Friedhofsbesucher einer von Mönchen und/oder Nonnen angeführten Prozession auf dem Weg zu einer buddhistischen Beisetzung begegnen. Dann werden die Einheimischen sich der Tatsache bewusst, dass sich auch die aus anderen Staaten stammenden Bürger dieses Landes mit dem Tod auseinandersetzen müssen und dies teilweise auf eine hierzulande fremd anmutende Weise tun, wenn sie einem in Deutschland nicht sehr bekannten Glauben angehören.

Im Folgenden werden die bedeutsamsten und auffälligsten Ergebnisse und Erkenntnisse der Forschungsarbeit des Verfassers am Thema der vorliegenden Studie vorgestellt:

1. Im Buddhismus gibt es keine Vorschriften darüber, welche Trauerrituale durchgeführt werden sollen bzw. wann und wie Tote

bestattet werden müssen. Doch im Laufe der Zeit entstanden länderspezifische Elemente, die von Fall zu Fall übernommen, modifiziert oder aber weggelassen wurden und werden. Solche Elemente kennzeichnen inzwischen auch die vietnamesische Ausformung des Buddhismus.

2. Im vietnamesischen Buddhismus sind beim Umgang mit dem Tod nicht nur die Trauerzeremonien im Anschluss an bereits eingetretene Todesfälle von großer Bedeutung, sondern auch die Sterbebegleitung spielt eine tragende Rolle. Nach Ansicht praktizierender vietnamesischer Buddhisten ist Letztere sogar wichtiger als die Trauerfeierlichkeiten zu Ehren eines Verstorbenen, da sie nach Auffassung der Reines-Land-Schule bei erfolgreicher Durchführung dem Sterbenden ermöglicht, nach Eintritt des Todes sofort im Reinen Land des Buddha Amitabha geboren bzw. aufgenommen zu werden. Ein würdevoller Abschied vom Toten ist aber trotzdem unerlässlich, da man nicht mit Sicherheit weiß, ob die durchgeführte Sterbebegleitung erfolgreich war oder nicht. Den Hinterbliebenen helfen die Feierlichkeiten jedenfalls, ihre Trauer zu verarbeiten. In Vietnam, wo es viele Pagoden und eine entsprechend große Zahl von Ordinierten gibt, übernehmen diese eine führende bzw. leitende Position bei der Durchführung aller buddhistischen Trauerrituale von der Sterbebegleitung bis zu den Gedenktagen während der Trauerzeit.

3. Trauerrituale, die im Rahmen des vietnamesischen Buddhismus durchgeführt werden, haben sowohl für den Verstorbenen als auch für die Hinterbliebenen einen spirituellen Nutzen. Der Verstorbene, der sich womöglich nicht vom bisherigen Leben trennen will, wird auf sein Ableben hingewiesen, welches er angstfrei akzeptieren soll, da er den Tod im Rahmen des Wiedergeburtenkreislaufs zuvor so schon unzählige Male erfahren hat. Ihm wird mithilfe der Trauerrituale verdeutlicht, dass er nicht mehr am bisherigen Leben festhalten oder nach einem neuen Körper suchen, sondern höhere spirituelle Ziele anstreben sollte. Eine Möglichkeit, eine einfache Wiedergeburt zu verhindern, stellt das Streben nach einer Geburt im Reinen Land des Buddha Amitabha dar, das durch die Rezitation des Namens dieses Erleuchteten unterstützt wird. Der Verstorbene soll an die drei Vorbedingungen einer Wiedergeburt im Reinen Land erinnert werden: Vertrauen in den Buddha Amitabha, Äußerung des Wunsches, in seinem Reinen Land geboren zu werden, und Umsetzung dieses Wunsches durch aufrichtige und hingebungsvolle Rezitation und Visualisierung des Buddha

Amitabha. Sollte dem Verstorbenen aus irgendwelchen Gründen die Geburt im Reinen Land nicht möglich sein, soll er zumindest eine gute Wiedergeburt als Mensch anstreben, und zwar möglichst eine solche in einer buddhistisch geprägten Familie, da er auf diese Weise beste Möglichkeiten bekommt, sich weiterzuentwickeln. Auch daran sollen ihn die Trauerrituale erinnern. Im Rahmen dieser Rituale wird auch den Hinterbliebenen aufgezeigt, dass sie den Verstorbenen loslassen sollen, wenn sie ihn lieben und ihm wirklich helfen wollen. Zu große Trauer ihrerseits wäre sehr schmerzhaft und keinesfalls hilfreich für den Verstorbenen. Auch sollen sie nicht schlecht über ihn reden oder von ihm denken, damit ihm das Loslassen der bisherigen Existenz leichter fällt. Durch andauernde Rezitation des Namens des Buddha Amitabha und der geeigneten Sutras während und außerhalb der Trauerrituale sowie durch Übertragung der hierbei wie auch bei Wohltaten gesammelten Verdienste auf den Verstorbenen können die Hinterbliebenen ihn bei seinem Übergang in eine neue Existenz tatkräftig unterstützen. Die Trauerrituale tragen auch zur Verarbeitung der Trauer der Hinterbliebenen bei, lindern ihren Schmerz über den Verlust ihres Angehörigen und geben ihnen die Gewissheit, durch ihre aktive Teilnahme an Rezitationen und Gebeten das Bestmögliche für den Verstorbenen zu tun. Darüber hinaus wird ihnen aufgrund ihrer Beteiligung an den Ritualen für ihren verstorbenen Verwandten die ständige Präsenz von Vergänglichkeit und Tod vor Augen geführt, sodass sie angeregt werden, sich frühzeitig auf ihr eigenes Lebensende vorzubereiten, solange sie noch dazu in der Lage sind. Für Buddhisten geht es darum, eine „gesunde" Haltung gegenüber dem Tod zu entwickeln, den man als Ansporn für die eigene spirituelle Weiterentwicklung betrachten und nutzen sollte. Das Ziel nicht nur der vietnamesisch-buddhistischen Trauerrituale ist ein gutes Sterben - ein ruhiges, bewusstes Sterben bei klarem Geist, ohne Sorgen und Bedauern, frei von jeglicher Anhaftung.

4. Vietnamesisch-buddhistische Trauerrituale in Vietnam selbst beinhalten nicht wenige nichtbuddhistische Elemente, welche im Laufe der Zeit aus älteren Weltanschauungen (Animismus, Ahnenkult, Konfuzianismus und Daoismus) übernommen wurden. Diese älteren Traditionen beeinflussten damit die vietnamesische Glaubenskultur in nicht unerheblichem Maße. Heute in Deutschland und anderen westlichen Ländern lebende vietnamesische Buddhisten neigen aufgrund der dort vorgefundenen Gegebenheiten dazu, diese nichtbuddhistischen Elemente (z. B. die Verbrennung von

Papiergeld und von aus Papier nachgebildeten Gegenständen wie Autos, Häusern, Schuhen und Kleidung während der Erdbestattung oder aber auch die Zeremonie der symbolischen Graböffnung (s. 2.3.2)) bei der Durchführung in der neuen Heimat stattfindender vietnamesisch-buddhistischer Trauerfeierlichkeiten nicht mehr zu berücksichtigen.

5. Die Bewahrung traditioneller Trauerrituale ist für die in Deutschland lebenden buddhistischen Vietnamesen trotz der von den Gegebenheiten in ihrer alten Heimat in vielerlei Hinsicht abweichenden hiesigen Bedingungen von sehr großer Bedeutung. Die Durchführung dieser Riten hat neben dem bereits unter Punkt 3 dieser Aufstellung (s. o.) genannten spirituellen Nutzen sowohl für den Verstorbenen als auch für die Hinterbliebenen noch weitere positive Auswirkungen. Sie trägt zum Erhalt der von den Migranten aus Vietnam mitgebrachten Kultur ebenso bei wie zum Halt sowohl innerhalb der vietnamesischen Familien als auch in der Gesellschaft, und zwar auch im Hinblick auf die nachfolgenden Generationen. Besonderes in letzterer Hinsicht fühlen sich die Eltern in Bezug auf ihre Kinder ihren Ahnen gegenüber verpflichtet. Sie wünschen sich aber auch eine traditionelle vietnamesisch-buddhistische Trauerfeier nach ihrem eigenen Ableben und hoffen, dass ihre immer mehr den westlichen - eher weltlichen - Denk- und Handlungsmustern zugewandten Nachkommen später ihren Wunsch erfüllen können und werden. Der Umgang mit Sterben und Tod in Deutschland lebender vietnamesischer Buddhisten hängt - so eine der während seiner Untersuchungen gewonnenen Erkenntnisse des Verfassers - von einer Kombination aus Traditionsbewusstsein, Religiosität und persönlicher Position des Einzelnen diesem jeden Menschen irgendwann betreffenden Thema gegenüber ab. Es gibt keine diesbezügliche Einstellung, die von allen diesen Migranten gleichermaßen geteilt wird.

6. Aufgrund der in Deutschland vorgefundenen äußeren Gegebenheiten waren Änderungen bzw. Anpassungen seitens der vietnamesischen Buddhisten bei der Durchführung ihrer Trauerrituale erforderlich. Dass sie alle Sterben, Tod und Trauer betreffenden buddhistischen Zeremonien und anderen Rituale, wie sie in Vietnam bis heute üblich sind, in der neuen Heimat nicht unverändert beibehalten können, liegt einerseits am hier landesweit herrschenden Mangel vietnamesisch-buddhistischer Ordinierter und andererseits auch an den deutschen, je nach Bundesland geregelten Bestattungsgesetzen. Diese Umstände erforderten

bzw. erfordern eine Reihe von Anpassungen seitens der an den buddhistischen Trauerritualen festhaltenden vietnamesischen Migranten. Einzelne der Trauerzeremonien und Rituale können in Deutschland nicht in dem gleichen - insbesondere zeitlichen - Umfang wie in Vietnam durchgeführt werden, sondern nur in vereinfachter oder komprimierter Form, falls sie nicht sogar gänzlich wegfallen müssen. Die im vietnamesischen Buddhismus sehr wichtige Sterbebegleitung kann in Deutschland in der Regel nicht von Ordinierten geleitet, sondern muss von Laien bzw. den Hinterbliebenen selbst übernommen werden. Auch darf ein Leichnam in diesem Land im Normalfall wegen entsprechender hygienischer Vorschriften nicht länger als 36 Stunden nach Eintritt des Todes zu Hause aufgebahrt bleiben und eine Urne aufgrund des hier geltenden Friedhofzwangs nicht dauerhaft in der Pagode aufbewahrt werden. Für den Sterbenden bedeutet der bevorstehende Tod in Deutschland, dass er möglicherweise nicht zu Hause in vertrauter Umgebung sterben kann, sondern seine letzten Tage in einer Pflegeeinrichtung oder in einer Palliativstation eines Krankenhauses verbringen muss. Dort treten im Falle sprachlicher und/oder kultureller Anpassungsschwierigkeiten - also bei noch nicht richtig erfolgter Integration in die deutsche Gesellschaft - Verständigungsprobleme im Umgang mit Ärzten und Pflegekräften auf, welche nicht mit seinem buddhistischen Glauben vertraut sind. Außerdem kann er in einer solchen Einrichtung keine durchgehende Sterbebegleitung von Ordinierten oder Laien in Anspruch nehmen. Die Hinterbliebenen ihrerseits sind in der Ausnahmesituation eines nahenden Sterbefalls innerhalb ihrer Familie in der Regel abgesehen von der eigentlichen Verabschiedungsfeier, zu welcher Ordinierte trotz ihrer geringen Zahl in diesem Land in der Regel erscheinen, bei der Durchführung weiterer Trauerrituale auf sich selbst gestellt, obwohl sie für ihr sterbendes bzw. verstorbenes Familienmitglied und auch für sich selbst eine intensive Begleitung und Betreuung durch Mönche oder Nonnen wünschen.

7. Aus Vietnam stammende buddhistische Familien in Deutschland müssen im Trauerfall nicht nur die eigene Trauer und die erforderlichen Trauerrituale bewältigen. Sie stehen auch einem für sie ungewohnten bürokratischen Aufwand gegenüber. Hier gibt es nämlich viel mehr den Tod betreffende Regelungen und am Geschehen rund um das Sterben beteiligte offizielle Stellen. Einen kleinen Überblick über die im Trauerfall zu berücksichtigenden Schritte vermitteln die Formulare und Schreiben A19 bis A32 im

Anhang dieser Arbeit (s. dort). Wenn die Migranten nicht über ausreichende Kenntnisse der deutschen Sprache verfügen, sind sie in der Regel hilflos und benötigen Unterstützung bei der Bearbeitung der erforderlichen Papiere. Den mit der hiesigen Bürokratie überforderten Hinterbliebenen helfen mitunter - meist auf telefonischem Wege - die Pagoden oder aber (gegen Bezahlung) die beauftragten Bestattungsunternehmen an ihren Wohnorten.

8. In Deutschland haben sich vielerorts Bestattungsgewerbe und Friedhofsverwaltungen auf die im Glauben und in der Tradition begründeten Bedürfnisse der vietnamesischen Buddhisten bei Trauerfällen und Bestattungen eingestellt und gehen, wo dies möglich ist, auf den genannten Personenkreis zu. Somit kann von einem Integrationsprozess mit Bemühungen um eine Annäherung von beiden Seiten gesprochen werden. Die Bestatter stellen sich auf die für sie teilweise ungewohnten Wünsche der Hinterbliebenen ein, um Letztere und weitere Anhänger ihres Glaubens als Kunden zu gewinnen. Die Friedhofsverwaltungen versuchen aus dem Friedhofszwang und den Friedhofssatzungen das Beste für die Hinterbliebenen zu machen, um den geordneten Verbleib der sterblichen Überreste auch der buddhistischen Verstorbenen zu gewährleisten und dabei trotzdem die religiösen Gefühle der hinterbliebenen Familienangehörigen nicht zu verletzen. Die vietnamesischen Buddhisten sind ihrerseits bereit, sich hinsichtlich der von ihnen zelebrierten Verabschiedungsfeier und der von ihnen gewählten Bestattungsarten an die Gepflogenheiten der neuen Heimat anzupassen. Diese Migranten stellen keine besonderen Anforderungen, sondern äußern lediglich Wünsche und nehmen jedes Entgegenkommen dankend an. Das Beispiel des buddhistischen Gräberfeldes auf dem Seelhorster Stadtfriedhof in Hannover zeigt, dass Kooperation und ein problemloses Miteinander möglich sind, wenn alle Beteiligten aufeinander zugehen. Beim Prozess der Integration vietnamesisch-buddhistischer Trauerrituale in die Bestattungs- und Friedhofskultur Deutschlands spielen die hiesigen Pagoden als Anlaufstelle für die in diesem Land lebenden Gläubigen und als Mittler zwischen den Landsleuten der Ordinierten einerseits und den für Bestattungen und Friedhöfe Zuständigen andererseits eine bedeutsame Rolle.

9. Veränderungen in der Bestattungskultur in Deutschland haben dazu geführt, dass auch immer mehr hier lebende vietnamesische Buddhisten bereits zu Lebzeiten über die Wahl der für sie möglichen Beisetzungsart nachdenken. Wie die Einheimischen können sie sich - anders als in ihrer alten Heimat - zwischen recht unterschiedlichen

Bestattungsarten (s. 3.2.2) entscheiden. Es ergibt sich für diese Menschen andererseits die Notwendigkeit, sich wegen der geänderten Gegebenheiten in der neuen Heimat anzupassen. Die hiesigen Bestattungsgesetze lassen ihnen z. B. keine Möglichkeit eines dauerhaften Verbleibs von Urnen in Pagoden oder gar im privaten Bereich, während in Vietnam Sargbestattungen sogar im eigenen Garten gestattet sind. Die gänzliche Beibehaltung aus der mittlerweile fernen alten Heimat bekannter Gepflogenheiten ist aus den genannten Gründen nicht möglich. Es ist dagegen eine zunehmende Orientierung an der deutschen Bestattungskultur zu verzeichnen. Einzuhaltende offizielle Regelungen, praktische Überlegungen und individuelle Wünsche lassen viele in Deutschland lebende vietnamesische Buddhisten die Feuerbestattung wählen (s. 4.2), während man in Vietnam immer noch die Erdbestattung bevorzugt. Am Beispiel der neuerdings auch von den Vietnamesen in Deutschland gewählten Waldbestattung (s. 3.2.2.2.4) wird ersichtlich, dass sich die Einstellung zur Bestattungskultur nicht nur bei Einheimischen, sondern auch bei den Migranten gewandelt hat. Die Ordinierten, die in diesem Land aufgrund ihrer geringen Zahl allenfalls Verabschiedungsfeiern und Beisetzungen leiten bzw. begleiten können, passen sich bei Bedarf auch solchen für sie ungewöhnlichen Bestattungsarten an.

Zusammenfassend lässt sich sagen, dass sich in Deutschland lebende vietnamesische Buddhisten bemühen, die ihnen vertrauten Trauerrituale wie in der alten Heimat durchzuführen, soweit dies möglich ist. Zwar gibt es in der Praxis einige Einschränkungen aufgrund der in diesem Land existierenden kulturellen und rechtlichen Bedingungen, jedoch gelingt es den vietnamesischen Migranten, mithilfe von Anpassungsfähigkeit und Kreativität auch unter den hiesigen Umständen einen ihrem Glauben, ihren Vorfahren und nicht zuletzt ihren eigenen Einstellungen gerecht werdenden, nach wie vor würdevollen Abschied von ihren verstorbenen Familienmitgliedern zu ermöglichen, ohne dass sie fern der alten Heimat Sonderrechte für sich in Anspruch nehmen. Die von ihnen auch in Deutschland durchführbaren buddhistischen Trauerrituale bieten den angemessenen Rahmen für einen solchen Abschied.

Die Beschäftigung mit dem Untersuchungsgegenstand dieser Studie war für den Verfasser sehr bereichernd und bereitete ihm viel Freude. Das Thema war von ihm selbst gewählt worden, weil es einen auch über sein religionswissenschaftliches Studium hinausreichenden

Schwerpunkt in seinem eigenen Leben darstellt. Seine Bearbeitung ließ den Verfasser drei Ziele erreichen:

- Die intensive Auseinandersetzung mit Sterben und Tod in Theorie und Praxis haben bewirkt, dass sich die anfänglichen Berührungsängste des Verfassers im Umgang sowohl mit dem Thema wie auch mit Sterbenden und Verstorbenen als auch mit beruflich mit dem Tod befassten Personen nach und nach relativierten. Das im Laufe der Zeit erworbene fundierte Wissen zum Untersuchungsgegenstand ermöglichte es ihm, eine inzwischen entspannte Haltung gegenüber dem Tod einzunehmen und Letzterem einen nun angstfreien Respekt entgegenzubringen - und zwar in Verbindung mit der Gewissheit, dass das menschliche Leben vergänglich und daher kostbar und wertzuschätzen ist.
- Vor allem den Jüngeren unter den vietnamesischen Buddhisten in Deutschland, die bereits in Deutschland aufgewachsen bzw. geboren sind, helfen die im Rahmen der für diese Arbeit zusammengetragenen Informationen. Sie erlangen beim Lesen der Studie Kenntnisse über die Trauerrituale ihres Glaubens, deren Durchführung ihre älteren Familienangehörigen im Sterbefall wünschen. Diese Kenntnisse ermöglichen es ihnen, der vietnamesischen Kultur näherzukommen und ein besseres Verständnis für die Hintergründe der einzelnen auch in diesem Land - teilweise in etwas abgewandelter Form - beibehaltenen buddhistischen Trauerzeremonien und Rituale zu entwickeln.
- Im Sinne der religionswissenschaftlichen Forschung konnte der Verfasser am Beispiel des Themenbereiches „Sterben, Tod und Trauer“ klären, in welchem Maße vietnamesisch-buddhistische Migranten in Deutschland aus ihrem Herkunftsland gewohnte religiöse Traditionen unverändert beibehalten oder aber den in der neuen Heimat vorgefundenen Gegebenheiten angepasst haben. Gleichzeitig wurden im Rahmen dieser Studie erstmalig Sicht- und Handlungsweisen der Reines-Land-Tradition, die sich auf den genannten Themenbereich beziehen, ermittelt und vorgestellt. Damit konnte eine wissenschaftliche Lücke geschlossen werden, denn zuvor waren nur diesbezügliche Untersuchungen über andere buddhistische Traditionen angestellt worden, deren in westlichen Ländern veröffentlichte Ergebnisse teilweise als spirituelle Ratgeber im Umgang mit Sterben und Tod betrachtet werden.

Aufbauend auf der vorliegenden Studie und ihren Ergebnissen sind durchaus weitere Untersuchungen zum Themenbereich „Sterben, Tod und Trauer“ denkbar. Interessante Fragestellungen, deren Beantwortung bzw. Bearbeitung lohnenswert erscheint, wären zum Beispiel:

- Wie trauern vietnamesische Buddhisten in anderen westlichen Ländern wie Frankreich, Australien und den USA, wo jeweils mehr Vietnamesen als in Deutschland leben und wo es keinen Friedhofszwang gibt?
- Wie trauern nichtbuddhistische Vietnamesen, die dauerhaft außerhalb ihrer Heimat leben?
- Wie trauern asiatische und deutsche Anhänger anderer buddhistischer Traditionen als der vietnamesisch-buddhistischen in Deutschland?

„Sterben, Tod und Trauer“ ist für viele von uns nach wie vor ein ungeliebter Themenbereich. Vermutlich nicht wenige Leute interessieren sich zwar dafür, was beim Sterben vor sich geht, wagen jedoch nicht, offen darüber zu sprechen. Schon die gedankliche Auseinandersetzung mit dem genannten Themenbereich löst bei vielen Menschen Ängste aus. Wir wissen um die Existenz des Todes, aber wir wissen nicht, was nach seinem Eintritt mit uns passiert. Es ist diese Ungewissheit, die uns ängstigt. Doch wir können frühzeitig über das Leben und die eigene Sterblichkeit nachdenken und uns über den Sterbeprozess informieren. Wenn es uns gelingt, uns mit dem Tod anzufreunden, können wir ihn gelassen akzeptieren, wenn er uns persönlich betrifft. Dies wäre sehr zu wünschen.

Quellenverzeichnis

I) Bücher

ANDREWS, ALLAN A.: The Teachings Essential of Rebirth: A Study of Genshin's Ojoyoshu, Tokyo (Sophia University), 1973

BARBER, A. W. & NGUYEN, CUONG T.: Vietnamese Buddhism in North America: Tradition and Acculturation, in: Charles S. Prebish, Kenneth K. Tanaka (eds.), The Faces of Buddhism in America, Berkeley (University of California Press), 1998, S. 129-146

BAUMANN, MARTIN: Qualitative Methoden in der Religionswissenschaft. Hinweise zur religionswissenschaftlichen Feldforschung, Marburg (REMID), 1998

DERS.: Migration, Religion, Integration: Buddhistische Vietnamesen und hinduistische Tamilen in Deutschland, Marburg (Diagonal), 2000

DERS.: Buddhismus, in: Peter Antes (Hrsg.), Vielfalt der Religionen: Baha'i, Buddhismus, Christentum, Hinduismus, Islam, Judentum, Naturreligionen, neue religiöse Bewegungen, Astrologie, Hannover (Lutherisches Verlagshaus), 2002

BECAZIER, LOUIS: Die Religionen Vietnams, in: Christel Matthias Schröder (Hrsg.): Die Religionen der Menschheit: Die Religionen Südostasien, Stuttgart (Kohlhammer), 1975, Bd. 23, S. 293-382

BECHERT, HEINZ & VU, DUY TU: Buddhismus in Vietnam, in: Heinrich Dumoulin (Hrsg.), Buddhismus der Gegenwart, Freiburg, 1970, S. 107-112

BIRNBAUM, RAOUL: Der heilende Buddha. Eine Einführung in das psychosomatische Heilsystem des Buddhismus, München (Goldmann), 1990

BRÄUTIGAM, UWE: Buddha begegnen. An den heiligen Orten in Nepal und Indien, Krefeld (Yarlung), 2005

BÜHLER, WOLF-ECKART & KOTHMANN, HELLA: Vietnam, Bielefeld (Reise-Know-How), 2006

CONDAMINAS, GEORGES: Vietnamese Religion, in: Mircea Eliade (ed.), Encyclopedia of Religion, vol. 15, New York (Macmillan), 1995, S. 256-260

DAIBER, KARL-FRITZ: Konfuzianische Transformationen. Eine religiöse Tradition in der Moderne Indonesiens, der Philippinen, Vietnams und Südkoreas, Berlin (LIT), 2010

EHRHARD, FRANZ-KARL & FISCHER-SCHREIBER, INGRID (Hrsg.): Das Lexikon des Buddhismus, München (O.W. Barth), 1992

ESS, HANS VAN: Der Konfuzianismus, München (Beck), 2009

FREVERT, SYLVIA: FriedWald. Die Bestattungsalternative, Gütersloh (Gütersloher Verlagshaus), 2010

GERNER, MANFRED: Friedhofskultur, Stuttgart (Hohenheim), 2001

GOMBRICH, RICHARD: Der Buddhismus als Weltreligion, in: Heinz Bechert & Richard Gombrich (Hrsg.): Die Welt des Buddhismus. Geschichte und Gegenwart, München (Orbis), 2002

GRESCHAT, HANS-JÜRGEN: Die Religion der Buddhisten, München (Ernst Reinhardt), 1980

GRIMKOWSKI, SABINE: Was von mir übrig bleibt. Bestattungen heute - was möglich und noch nicht möglich ist, Frankfurt a. M. (Theseus), 2004

GUNARATNA, V. F.: Buddhistische Betrachtungen über den Tod (Übers.: Bhikkhu Dhammavaro), Langenselbold (Wat Puttabenjapon), 1996

GÜNZEL, MARCUS: Die Morgen- und Abendliturgie der chinesischen Buddhisten, Göttingen (Seminar für Indologie und Buddhismuskunde), 1994

HAPATSCH, HISCHAM A. (Hrsg./Übers.): Die Heiligen Schriften des Amitabha-Buddhismus. Das Große Sukhavativyuha-Sutra - Das Kleine Sukhavativyuha-Sutra - Das Meditationssutra, Berlin (Litera), 2003

HELLER, BIRGIT: Sterben, Tod und Trauer im Buddhismus, in: Birgit Heller (Hrsg.), Aller Einkehr ist der Tod, Freiburg im Breisgau (Lambertus), 2003

HEYDER, MONICA: Kulturschock Vietnam, Bielefeld (Reise-Know-How), 2009

HO, LOC: Vietnamesischer Buddhismus in Deutschland. Darstellung der Geschichte und Institutionalisierung, Hannover (Pagode Vien Giac), 1999

DERS.: Der vietnamesische Buddhismus in den USA. Der Stellenwert des Glaubens in der neuen Heimat, Hannover (Dissertation an der Universität Hannover), 2003

HO, THANH: Der Übergang von Leben zu Tod und Wiedergeburt im Theravada-Buddhismus. Vorstellungen und Rituale, Marburg (Tectum), 2008

JONES, CONSTANCE: Der Tod. Alles über Leben und Sterben, Frankfurt a. M. (Piper), 2000

KAWAKAMI, IKUO: Resettlement and Border Crossing: A Comparative Study on the Life and Ethnicity of Vietnamese in Australia and Japan, in: International

Journal of Japanese Sociology, 12 (1), 2003, pp. 48-67

KLIMKEIT, HANS-JOACHIM: Der Buddha: Leben und Lehre, Stuttgart (Kohlhammer), 1990

KUHNEN, CORINNA: Fremder Tod. Zur Ausgestaltung und Institutionalisierung muslimischer, jüdischer, buddhistischer, hinduistischer und yezidischer Bestattungsrituale in Deutschland unter dem Aspekt institutioneller Problemlagen und gesellschaftlicher Integration, Bremen, (Dissertation an der Universität Bremen), 2009

KWON, HEONIK: The Dollarization of Vietnamese Ghost Money, in: Journal of the Royal Anthropological Institute, 13, 2007, pp. 73-90

LEFFERS, JESSICA: Transkulturelle Bestattungen in Hannover, in: Über das Leben hinaus: Ein Spaziergang über Hannovers Friedhöfe; Begleitbuch zur Ausstellung im Historischen Museum Hannover, Hildesheim (Quensen), 2010, S. 87-97

LE MANH THAT: Lich Su Phat Giao Viet Nam (dt.: Geschichte des vietnamesischen Buddhismus), Hue/Vietnam (Thuan Hoa), 1999

LESSMANN, DARDO DIRK: Die Schule des Reinen Landes als eine Antwort auf ihre Zeit. Kontextuelle und perspektivische Betrachtung einer Schulgründung im Buddhismus, Bonn (Magisterarbeit an der Philosophischen Fakultät der Rheinischen Friedrich-Wilhelms-Universität zu Bonn), 1999

LE THANH KHOI: 3000 Jahre Vietnam. Schicksal und Kultur eines Landes, bearbeitet und ergänzt von Otto Karow, München (Kindler), 1969

LEXIKON DER ÖSTLICHEN WEISHEITSLEHREN, Düsseldorf (Albatros), 2010

LYON, URSULA: Rituale für das ganze Leben. Buddhistisch inspiriert, Berlin (Theseus), 2004

MORGAN, PEGGY: Buddhismus: Der Pfad zum Nirwana, in: Peter B. Clarke (Hrsg.) Atlas der Weltreligionen: Entstehung, Entwicklung, Glaubensinhalte, Gütersloh (Gütersloher Verlagshaus), 1992, S. 148-171

NEUMANN, KARL EUGEN (Übers.): Die Reden des Buddha - Mittlere Sammlung. Übersetzung aus dem Pali-Kanon, Stammbach (Beyerlein & Steinschulte), 1995

NGUYEN, LANG: Viet Nam Phat Giao Su Luan (dt.: Abhandlung zur Geschichte des vietnamesischen Buddhismus), Paris (La Boi), 1977 (Bd. 1), 1978 (Bd. 2), 1985 (Bd. 3)

NOTZ, KLAUS-JOSEF: Lexikon des Buddhismus, Wiesbaden (Fourier), 2002

PAGODE VIEN GIAC (Hrsg.): Kinh Dia Tang (dt.: Ksitigarbha-Sutra), Hannover (Pagode Vien Giac), 2002

DIES.: Kinh Duoc Su (dt.: Medizin-Sutra), Hannover (Pagode Vien Giac), 2010

PAS, JULIAN F.: Shan-tao's Interpretation of the Meditative Vision of Buddha Amitayus, in: History of Religions, 14 (2), 1974, pp. 96-116

DERS.: Visions of Sukhavati: Shan-tao's Commentary on the Kuan Wu-Liang-Shou-Fo Ching, Albany (State University of New York Press), 1995

PHAM CON SON: Van Hoa Phong Tuc Viet Nam ABC (dt.: ABC der kulturellen Bräuche Vietnams), T.P. Ho Chi Minh/Vietnam (Nha Xuat Ban Van Hoa Dan Toc), 2002

PHAM TRONG CHANH: 20 nam phat trien Phat Giao Viet Nam tai hai ngoai (dt.: 20 Jahre Entwicklung des vietnamesischen Buddhismus im Ausland), in: Bong Sen (dt.: Lotusblume), 30, 1997, S. 4-12

PHAN KE BINH: Phong Tuc Viet Nam (dt.: Vietnamesische Bräuche), Hanoi (Nha Xuat Ban Ha Noi), 1999

RAY, NICK & BALASINGAMCHOW, YU-MEI & STEWART, IAN: Vietnam, Ostfildern (Mairdumont), 2010

ROTHLAUF, JÜRGEN: Interkulturelles Management. Mit Beispielen aus Vietnam, China, Japan, Russland und den Golfstaaten, München (Oldenbourg), 2006

SCHILDER, HANS: Was tun im Trauerfall? Formalitäten erledigen, Bestattung organisieren und Abschiedsfeier gestalten, Stuttgart (Urania), 2004

SCHUMANN, HANS WOLFGANG: Der historische Buddha: Leben und Lehren des Gotama, München (Diederichs), 1994a

DERS.: Buddhismus: Stifter, Schulen und Systeme, München (Diederichs), 1994b

DERS.: Mahayana-Buddhismus: Das Große Fahrzeug über den Ozean des Leidens, München (Diederichs), 1995

SCHWIKART, GEORG: Die 100 wichtigsten Fragen zu Tod und Trauer, Gütersloh (Gütersloher Verlagshaus), 2008

SHIH, HSIEN HUI: Preparing for the Pure Land, in: Anthropology of Consciousness, 11 (1-2), 2000, pp. 49–63

SHIH, TAO-TSI: The Sutra of Bodhisattva Ksitigarbhas's Fundamental Vows, New York (Sutra Translation Committee of the U.S. and Canada), 2000

STEINECK, CHRISTIAN: Quellentexte des japanischen Amida-Buddhismus, Wiesbaden (Harrassowitz), 1997

TANAKA, KENNETH K.: The Dawn of Chinese Pureland Buddhist Doctrine: Ching-ying Hui-yüan's Commentary on Visualization Sutra, Albany (State

University of New York Press), 1990

TAN VIET: Mot tram dieu nen biet ve Phong Tuc Viet Nam (dt.: Antworten auf 100 Fragen zu Bräuchen Vietnams, die man kennen sollte), Hanoi (Nha Xuat Ban Van Hoa Dan Toc), 2005

THICH MAT THE: Viet Nam Phat Giao Su Luoc (dt.: Historischer Abriss des vietnamesischen Buddhismus), Saigon (o. V.), 1944

THICH NHU DIEN: Vietnamesische Buddhistische Geschichte im Ausland vor und nach 1975 (vietn.: Lich Su Phat Giao Viet Nam Hai Ngoai truoc va sau nam 1975), Hannover (Pagode Vien Giac), 1982

DERS.: Das geistige Leben der buddhistischen Vietnam-Flüchtlinge im Ausland (vietn.: Doi Song Tinh Than cua Phat Tu Viet Nam Ty Nan tai Ngoai Quoc), Hannover (Pagode Vien Giac), 1986

DERS.: Kloster Vien Giac (vietn.: Chua Vien Giac), Hannover (Pagode Vien Giac), 1995

DERS.: Leben und Sterben aus buddhistischer Sicht (vietn.: Song va chet theo quan niem Phat Giao), Hannover (Pagode Vien Giac), 1998

DERS.: Danke schön Deutschland (vietn.: Cam ta xu Duc), Hannover (Pagode Vien Giac), 2002

THICH THIEN TAM: Horizontal Escape. Pure Land Buddhism in Therory and Practice (vietn.: Niem Phat Thap Yeu), New York (Sutra Translation Committee of the USA and Canada), 1997

THIEN MON NHUT TUNG/DIE TÄGLICHEN REZITATIONEN DER MEDITATIONSSCHULE: Hannover (Pagode Vien Giac), 2010

TINH HAI (Hrsg.): Niem Phat cach nao chac duoc vang sanh? (dt.: Wie rezitiert man den Namen des Buddha, um gewiss im Reinen Land geboren werden zu können?), o. O. (USA) (o. V.), 2002

TULKU THONDUP: Friedliches Sterben - glückliche Wiedergeburt. Ein tibetisch-buddhistisches Handbuch, Aitrang (Windpferd), 2008

TWORUSCHKA, MONIKA & TWORUSCHKA, UDO (Hrsg.): Religionen der Welt. Grundlagen, Entwicklung und Bedeutung in der Gegenwart, München (Bertelsmann), 1992

VIEN GIAC, Zeitschrift der Vietnamesen und Buddhistischen Vietnam-Flüchtlinge in der Bundesrepublik Deutschland - Hrsg.: Vietnamesisch-buddhistisches Sozio-Kulturzentrum in der Bundesrepublik Deutschland

ZOTZ, VOLKER: Der Buddha im Reinen Land: Shin-Buddhismus in Japan, München (Diederichs), 1991

DERS.: Buddha, Hamburg (Rowohlt), 2001

ZÜRCHER, ERIK: Amitabha, in: Mircea Eliade (ed.), Encyclopedia of Religion, vol. 1, New York (Macmillan), 1995, S. 235-237

DERS.: Buddhismus in China, Korea und Vietnam, in: Heinz Bechert & Richard Gobrich (Hrsg.), Der Buddhismus. Geschichte und Gegenwart, München (Orbis), 2002, S. 193-211

II) Aus dem Pali-Kanon zitierte Texte

Anguttara-Nikaya, V.,129	Unheilbar, zitiert aus: http://www.palikanon.com/angutt/a05_111-130.html#a_v129 (Stand: 28.8.2011)
Anguttara-Nikaya, VI., 56	Der Tod des Phagguna, zitiert aus: http://palikanon.com/angutt/a06_055-060.html#a_vi56 (Stand: 28.8.2011)
Anguttara-Nikaya, VII., 70	Gar kurz ist das Leben, zitiert nach Gunaratna, 1996, S. 49
Anguttara-Nikaya, X., 205	Die Weise des Verkriechens, zitiert nach Gunaratna, 1996, S. 8 sowie aus: http://www.palikanon.com/angutt/ a10_178_219.html#a_x205 (Stand: 28.8.2011)
Anguttara-Nikaya, X.,13	Die zehn Fesseln, zitiert aus: http://www.palikanon.com/angutt/a10_001_020.html (Stand: 28.8.2011)
Majjhima-Nikaya, 9	Die Rechte Ansicht, zitiert aus: http://palikanon.com/majjhima/m009n.htm (Stand: 28.8.2011)
Majjhima-Nikaya, 26	Das Heilige Ziel, zitiert aus Neumann, 1995, S. 189

III) Vom Verfasser im Rahmen seiner Recherchen gesichtete Internetseiten (Stand: 1.9.2011)

Vietnam - Land und Leute

- Deutsch-Vietnamesische Gesellschaft e.V. http://www.vietnam-dvg.de/dvg-kultur.html
- Vietnam - Länderprofil

http://www.fco.gov.uk/en/travel-and-living-abroad/travel-advice-by-country/country-profile/asia-oceania/vietnam

- LULEI, WILFRIED: Denken die Vietnamesen anders? Religionen und ethnische Lehren in Vietnam und Vergangenheit und Gegenwart (Vortrag auf dem Mekongländertag in der VHS Berlin Schöneberg am 13. Oktober 2001) http://www.vietnam-dvg.de/dvg-kultur.html

Sterben und Tod allgemein

- Der Tod in Deutschland in der Realität und in der Rechtsordnung http://postmortal.de
- Überblick über Bestattungsunternehmen http://www.bestattungen.de
- Deutsche See-Bestattungs-Genossenschaft http://www.dsbg.de
- Todesfall, Trauer, Todesanzeige, Danksagung http://www.mortalino.com
- Patientenschutzorganisation Deutsche Hospiz Stiftung – Hospizstatistik http://www.hospize.de/servicepresse/hospizstatistik.html
- Sterbeforschung http://sterbeforschung.de
- Tod-Infos (u. a. statistische Daten zum Thema „Tod“) http://www.tod-forum.de

Buddhismus und Tod

- Buddhism Today http://www.buddhismtoday.com
- Buddhistischer Dachverband Diamantweg e.V. http://www.buddhismus.de
- Deutsche Buddhistische Union http://www.buddhismus-deutschland.de/dbu
- Pagode Quang Duc http://www.quangduc.com
- Tod im Buddhismus - Bodhibaum http://www.bodhibaum.net/index.htm

- THICH NGUYEN TANG: Chuan bi cho mot chuyen di,
  in: Chet & Tai sinh, 2007
  http://www.quangduc.com/Taisanh/12taisinh20.html
  (engl.: HELEN QUANG TUE NGUYEN (transl.): Preparation for a Departure,
  in: Death & Rebirth, 2007
  http://www.quangduc.com/English/rebirth/26preparationforthedeath.html)
- THICH NHUAN NGHI: Tro niem va chuan bi khi lam chung
  (dt.: Sterbebegleitung und Vorbereitung auf den Tod), 2006
  http://quangduc.com/Taisanh/80troniem.html

Bestattungskultur in Deutschland

- Aeternitas - Verbraucherinitiative Bestattungskultur
  http://www.aeternitas.de
- Bestatterweblog - Berichte eines Bestatters aus einem Bestattungsinstitut
  http://bestatterweblog.de
- Bestattungsinstitut.de - Informationen zu Tod, Trauer und Bestattung
  http://www.bestattungsinstitut.de
- Bundesverband Deutscher Bestatter e.V.
  http://bestatter.de
- FriedWald
  http://www.friedwald.de
- ZEIT ONLINE Wissen: Leben in Deutschland: Wie
  man in Deutschland begraben wird
  http://www.zeit.de/2004/17/Serie-Begraben_werden?page=1
- Oase der Ewigkeit (Naturbestattungen)
  http://www.naturbestattungen.de

Internetseiten aus Niedersachsen zum Thema der Studie

- Babst Bestattungswesen
  http://www.babst-bestattungen.de
- Bestattungen Wockenfuss
  www.bestattungen-wockenfuss.de
- Feuerbestattungen Hildesheim
  www.fbhildesheim.de

- Niedersächsisches Bestattungsgesetz
  http://www.ms.niedersachsen.de/download/9352
- Pagode Vien Giac
  http://www.viengiac.de
- Seebestattungs-Reederei Albrecht
  http://www.seebestattungen-nordsee.de
- Stadtfriedhof Hannover-Seelhorst
  http://www.hannover.de/de/umwelt_bauen/umwelt/nah_park/naherh/friedhof/friedverw/liste friedhoefe/seelhorst/index.html
- Steinmetze & Bildhauer Schwarz
  www.stein-zeit-schwarz.de

ANHANG
Teil I
Allgemeines

A01. Vietnam – Übersichtskarte

Quelle: http://education.nationalgeographic.com/education/mapping/outline-map/?map=Vietnam (Stand: 1.9.2011)

A02. Leitfragen der Studie

A) Sterben und Tod im vietnamesischen Buddhismus im Heimatland Vietnam

Vor dem Eintritt des Todes:

- Wie werden Sterbende begleitet und auf den Tod vorbereitet?

Nach dem Eintritt des Todes (im Hinblick auf den Verstorbenen):

- Wie wird mit dem Leichnam umgegangen?
- Welche Rituale werden von Ordinierten, Familienangehörigen, Freunden und Bekannten praktiziert, um den Verstorbenen beim Übergang in eine neue Existenz zu begleiten?
- Welchen Zweck sollen die einzelnen Rituale erfüllen?
- Gibt es Unterschiede bei der Gestaltung und Durchführung von Trauerfeiern für Laien einerseits und Ordinierte andererseits?

Nach dem Eintritt des Todes (im Hinblick auf die Hinterbliebenen):

- Was wird getan, um die Hinterbliebenen geistlich zu betreuen und sie zu unterstützen (zu Hause, am Ort der Trauerfeier und der Bestattung, in der Pagode)?

B) Sterben und Tod im vietnamesischen Buddhismus in der neuen Heimat Deutschland

- Wie trauern vietnamesische Buddhisten?
- Wie werden die vietnamesisch-buddhistischen Trauerfeiern und Beisetzungen abgehalten?
- Welche Zeremonien bzw. Rituale werden praktiziert?
- Auf welche Art und Weise lassen sich vietnamesische Buddhisten bestatten?
- Welche Bedeutung haben traditionelle Trauerrituale für die fernab ihrer Heimat lebenden vietnamesischen Buddhisten?

- Welche Unterschiede im Vergleich zu den Gebräuchen in der Heimat und welche Herausforderungen gibt es bei der Durchführung von Trauerfeiern bzw. -ritualen?
- Welche konkrete Bedeutung hat der Wechsel des Landes als Standort der Existenz für den Sterbenden sowie für die Hinterbliebenen des Verstorbenen?

A03. Übersicht der beschriebenen traditionellen vietnamesisch-buddhistischen Zeremonien bzw. Rituale

- **Sterbebegleitung**
  (vietn.: Chăm sóc người sắp từ trần (Điều Dưỡng))

- **Begleitendes Rezitieren**
  (vietn.: Trợ niệm)

- **Waschung und Einkleidung des Verstorbenen**
  (vietn.: Mộc Dục)

- **Errichtung eines Altars zum Gedenken an den Verstorbenen**
  (vietn.: Lập Bàn Thờ)

- **Bestimmung der für die einzelnen Trauerzeremonien geeigneten Tage**
  (vietn.: Xem Ngày Tốt)

- **Einsargungszeremonie**
  (vietn.: Nhập Quan)

- **Zeremonie zur Austeilung von Trauerkleidung**
  (vietn.: Lễ Phát Tang)

- **Verabschiedungszeremonie**
  (vietn.: Lễ Di Quan)

- **Zeremonie zur Sargbestattung**
  (vietn.: Lễ Hạ Huyệt)

- **Bestattungsarten**
  - **Erdbestattung** (vietn.: Thổ Táng)
  - **Feuerbestattung** (vietn.: Hỏa Táng)
  - **Seebestattung** (vietn.: Thủy Táng)
  - **Waldbestattung** (vietn.: Lâm Táng)

- **Zeremonie zur Etablierung des Verstorbenen**
  (vietn.: Lễ An Linh)

- **Zeremonie der symbolischen Graböffnung**
  (vietn.: Lễ Mở Cửa Mả)

- **Einmal wöchentliche Totenandacht**
  (vietn.: Cúng Thất)

- **Totenandacht am 49. Tag nach dem Sterbedatum**
  (vietn.: Lễ Chung Thất)

- **Totenandacht am 100. Tag nach dem Sterbedatum**
  (vietn.: Lễ Bách Nhật)
- **Totenandacht am 1. Todestag**
  (vietn.: Lễ Tiểu Tường)
- **Totenandacht am 2. Todestag**
  (vietn.: Lễ Đại Tường)
- **Zeremonie zum Ende der Trauerzeit**
  (vietn.: Lễ Xả Tang)

ANHANG

Teil II

Texte zur vietnamesisch-buddhistischen Bestattungs- und Trauerkultur

A04. Während einer vietnamesisch-buddhistischen Totenandacht gesprochene Texte in chronologischer Reihenfolge (deutsche Übersetzung)

Zeremonienmeister (Einleitung der Zeremonie):
Die Angehörigen des Verstorbenen mögen bitte zusammenkommen, niederknien, Räucherstäbchen ergreifen und diese in den für Letztere vorgesehenen Behälter [eine mit feinem Sand gefüllte Schale] stecken!

Bitte anschließend zwei Niederwerfungen vor dem Verstorbenen ausführen!
(Ausführung des genannten Auftrags durch die Angehörigen.)

Zeremonienmeister (Teil der Belehrung):
Der See der Leidenschaft ist unendlich lang;
Im Ozean des Leidens schlagen oft die Wellen.
Möchte man dem Wiedergeburtenkreislauf entrinnen,
So sollte man den Namen des Buddha Amitabha frühestmöglich ausrufen.

Zeremonienmeister und Trauergemeinde (gemeinsame Rezitation zum Beginn der Zeremonie):
Verehrung dem Buddha Amitabha!

Zeremonienmeister (Beginn der an den Verstorbenen gerichteten Einladung):
Die Versammlung wurde eröffnet zur Darlegung der Lehre.
Dazu laden wir herzlich den Verstorbenen ein.
Möge er aufmerksam zuhören!

Assistent des Zeremonienmeisters (Fortsetzung der an den Verstorbenen gerichteten Einladung):
Möge der Verstorbene die Einladung der Angehörigen annehmen und hierher kommen, wo immer er sich auch gerade aufhält! Mit schönen und duftenden Blumen werden wir ihn willkommen heißen.

Zeremonienmeister (Bekräftigung und Erläuterung der an den Verstorbenen gerichteten Einladung):
Die Anwesenden sprechen diese Einladung von ganzem Herzen aus, damit der Verstorbene in das Reine Land des Buddha Amitabha eingehen kann.

Die Versammlung im Reinen Land wird bereit sein, den Verstorbenen in ihrer Mitte aufzunehmen.
Der Bodhisattva Ksitigarbha wird ihm beim Übertritt behilflich sein.
Dem Verstorbenen …, geboren am …, verstorben am …, bitten wir, zum Altar zu kommen, um Nahrung aufzunehmen und vor allem um die Lehre zu hören, um mit ihrer Hilfe in das Reine Land zu gelangen.

Assistent des Zeremonienmeisters (Begründung der an den Verstorbenen gerichteten Einladung):
[Der Verstorbene soll]
Erstens: die eigene wahre Natur erkennen,
zweitens: im Reinen Land geboren werden,
drittens: die edle Lehre hören können,
viertens: die Buddhaschaft erreichen.

Zeremonienmeister (Aufforderung an den Vertreter der Hinterbliebenen):
Der Trauernde möge nun zum ersten Mal Tee einschenken und anschließend zwei Niederwerfungen vor dem Verstorbenen ausführen!
(Ausführung des genannten Auftrags durch die angesprochene Person.)

Zeremonienmeister (Teil der Belehrung):
Die vollkommene Natur ist ohne Form;
Leben und Tod sind vorübergehend.
Möge der Verstorbene die Lehre verinnerlichen,
denn sie verkörpert die Natur der vollkommenen Weisheit!

Zeremonienmeister und Trauergemeinde (gemeinsame Rezitation):
Verehrung dem Bodhisattva Ksitigarbha!

Zeremonienmeister (Aufforderung an den Vertreter der Hinterbliebenen):
Der Trauernde möge nun zum zweiten Mal Tee einschenken und anschließend zwei Niederwerfungen vor dem Verstorbenen ausführen!
(Ausführung des genannten Auftrags durch die angesprochene Person.)

Zeremonienmeister (Teil der Belehrung):
In den Gebirgen gibt es Bäume, die bis zu eintausend Jahre alt werden.
Im Leben gibt es selten Menschen, die bis zu einhundert Jahre alt werden.
Der Verstorbene steht nun hier vor dem Altar und bittet darum, die edle Lehre hören zu dürfen.

Zeremonienmeister und Trauergemeinde (gemeinsame Rezitation):
Dreimal laden wir den Verstorbenen ein, hierher zu kommen.
Möge er die dargebrachten Opfergaben annehmen und sich niederlassen, um die grenzenlose Lehre zu hören!

Zeremonienmeister und Trauergemeinde (gemeinsame Rezitation der zur Aufnahme der Speisen durch den Verstorbenen erforderlichen Mantras):

Nam-mô tát phạ đát tha, nga đa phạ lồ chỉ đế, án tam bạt ra, tam bạt ra hồng.
[dreimalige Rezitation dieses schwer ins Deutsche übersetzbaren Mantras]
Nam-mô tô rô bà da, đát tha nga đa da, đát điệt tha, án tô rô tô rô, bát ra tô rô, bát ra tô rô, ta bà ha.
[dreimalige Rezitation dieses schwer ins Deutsche übersetzbaren Mantras]
Án nga nga nẵng tam bà, phạ phiệt nhựt ra hồng.
[dreimalige Rezitation dieses schwer ins Deutsche übersetzbaren Mantras]

Zeremonienmeister (Teil der Belehrung):

Gibt es Geburt, so gibt es auch Tod im Wiedergeburtenkreislauf.
Wo keine Geburt und wo kein Tod existieren, gibt es auch kein Kommen und Gehen.
Kommen und Gehen von Geburt und Tod sind Illusionen.
Ein Ende des Leidens kann im westlichen Paradies erreicht werden.

Zeremonienmeister (Aufforderung an den Vertreter der Hinterbliebenen):

Nach der Opferung von Nahrung [für den Verstorbenen] möge der Trauernde nun zum dritten Mal Tee einschenken und anschließend zwei Niederwerfungen vor dem Verstorbenen ausführen!

(Ausführung des genannten Auftrags durch die angesprochene Person.)

Zeremonienmeister und Trauergemeinde (gemeinsame Rezitation):

Zuflucht beim und Verbeugung vor dem Buddha Amitabha im westlichen Paradies!
Der Verstorbene gelobt, dort bei ihm geboren zu werden.
Möge der Buddha dem Verstorbenen dabei behilflich sein!
Verehrung dem äußerst gütigen und mitfühlenden
Buddha Amitabha im westlichen Paradies!
[einmalige Rezitation]
Verehrung dem Buddha Amitabha!
[hundertachtmalige Rezitation]
Verehrung dem Bodhisattva Avalokiteshvara!
[dreimalige Rezitation]
Verehrung dem Bodhisattva Mahasthamaprapta!
[dreimalige Rezitation]
Verehrung dem Bodhisattva Ksitigarbha!
[dreimalige Rezitation]
Verehrung der reinen, einem Ozean gleichen Versammlung der Bodhisattvas!
[dreimalige Rezitation]

Zeremonienmeister und Trauergemeinde (gemeinsame Rezitation):

Von allen Buddhas der zehn Himmelsrichtungen und der drei Weltzeitalter ist der Buddha Amitabha der vorherrschende – den fühlenden Lebewesen des neunstufigen Lotus behilflich und in seinen Verdiensten und Tugenden grenzenlos.

Des Verstorbenen wegen bin ich heute hier, um die drei Formen möglicher Karma-Verfehlungen zu erläutern.

Allen erworbenen Verdiensten möchte ich mich von ganzem Herzen widmen.

Zusammen mit dem Verstorbenen rezitiere ich den Namen des Buddha, um ihm die Geburt im Reinen Land zu ermöglichen.

Dem Buddha begegnend, erkenne ich das Wesen der Lehre und gelobe, den Geist der Erleuchtung zu erwecken.
Unendlichen Gram und Kummer gelobe ich zu beenden.
Unendliche Lehrmethoden gelobe ich zu praktizieren.
Den fühlenden Lebewesen gelobe ich zu helfen, die Buddhaschaft zu erreichen.

Zeremonienmeister (Teil der Belehrung):
Erwirbt jemand Verdienste, so können Tausende Menschen davon profitieren.
Erblüht eine Blume, so haben Tausende Blumen von ihrem Duft ebenfalls Nutzen.

Zeremonienmeister und Trauergemeinde (gemeinsame Rezitation des Mantras der Wiedergeburt im Reinen Land):

Nam-mô a di đa bà dạ, Đa tha dà đa dạ, Đa địa dạ tha.
A di rị đô bà tỳ, A di rị đa tất đam bà tỳ,
a di rị đa tì ca lan đế, A di rị đa, tì ca lan đa,
dà di nị dà dà na, Chỉ đa ca lệ ta bà ha.

[dreimalige Rezitation dieses schwer ins Deutsche übersetzbaren Mantras]

Zeremonienmeister (Aufforderung an den Vertreter der Hinterbliebenen):
Der Trauernde möge zum letzten Mal Tee einschenken und anschließend vier Niederwerfungen vor dem Verstorbenen ausführen!
(Ausführung des genannten Auftrags durch die angesprochene Person.)

Zeremonienmeister (Abschluss der Zeremonie):
Verehrung dem äußerst gütigen und mitfühlenden Buddha Amitabha im westlichen Paradies!

Verehrung dem Bodhisattva der großen Gelübde: Ksitigarbha!

Heute sind wir der Familie … wegen hier, um für den Verstorbenen … zu beten.

Möge der Verstorbene dank der Kräfte der Drei Juwelen, befreit vom Unwissen, im Reinen Land geboren werden!

Im Reinen Land des westlichen Paradieses, geloben wir, geboren zu werden.
Der neunstufige Lotus ist uns Vater und Mutter.
Erblüht der Lotus, begegnen wir den Buddhas und erkennen wir die Abwesenheit von Geburt.

Die nicht mehr zurückfallenden Bodhisattvas sind unsere Freunde.

Mögen alle erworbenen Verdienste auf sämtliche fühlenden Wesen in allen Richtungen übertragen werden!

Mögen wir, die Schüler des Buddha, und alle anderen fühlenden Lebewesen die Buddhaschaft erlangen: angekommen in der wahren

Welt, sitzend auf dem Thron der Erleuchtung, die Hände zusammenlegend
vor dem Erhabenen und dessen Prophezeiung empfangend!

Zeremonienmeister und Trauergemeinde (gemeinsame Rezitation zum Abschluss der Zeremonie):
Verehrung dem Buddha Amitabha!

A05. Während einer vietnamesisch-buddhistischen Totenandacht gesprochene Texte in chronologischer Reihenfolge (vietnamesische Originalfassung)

Nghi Thức Cúng Vong

Chủ lễ xướng: Tang *(Trai)* chủ tựu vị, bình thân quỳ, phần hương, thượng hương,
Khởi thân lễ hương linh nhị bái.

Chủ lễ xướng: Ái hà thiên xích lãng,
Khổ hãi vạn trùng ba,
Dục thoát luân hồi khổ,
Tảo cấp niệm Di Đà.

Cùng Tụng: Nam mô tiếp dẫn Đạo Sư A Di Đà Phật. (3x)

Tán: Kim nhựt *(dạ)* đạo tràng pháp diên khai,
Hội nhiên lai triệu thỉnh,
Hương linh lai phú hội,
Hương linh văn triệu, văn triệu thỉnh lai lâm.

Duy Na: Chuyên thân triệu thỉnh, ngung vọng lai lâm,
Tang *(Trai)* chủ thành tâm, cẩn đương bái thỉnh,
Hương hoa thỉnh, hương hoa triệu thỉnh.

Chủ lễ xướng: Nam mô nhứt tâm triệu thỉnh,
Thủ kình phan cái, thân cõi hoa mang,
Độ chúng sanh quy Cực Lạc chi bang,
Tiếp vong hồn thú đạo tràng chi hội,
U minh lộ thượng dẫn hồn vương Bồ Tát,
Tiếp triệu phục vì
Hương linh .... Sanh ngày .... Tạ thế ngày ....
Thỉnh lai đáo (VGT) linh đường thọ tài hưởng thực,
Thính pháp văn kinh, siêu sanh Lạc Quốc.

Duy nguyện: Nhứt linh chơn tánh, nhị vãng Lạc Bang,
Tam văn thuyết pháp chi âm,
Tứ chứng Bồ đề chi quả,
Văn kim triệu thỉnh, lai phó linh diên,
Hương hoa thỉnh, hương hoa triệu thỉnh.

Chủ lễ xướng: Tang *(Trai)* chủ kiền thành trà châm sơ tuần - Lễ hương linh nhị bái.

Chủ lễ xướng: Sắc không không sắc bổn đồng viên,
Sanh tử na thời một bạn biên,
Khuyên linh đạp trước Bồ Đề địa,
Cử túc siềng đăng Bát Nhã thiền.

Cùng tụng: Nam mô Địa Tạng Vương Bồ Tát (3x)

Chủ lễ xướng: Tang *(Trai)* chủ kiền thành trà châm nhị tuần - Lễ hương linh nhị bái.

Chủ lễ xướng: Sơn trung tự hữu thiên niên thọ,
Thế thượng nan lưu bá tuế nhơn.
Bạch ngọc giai tuyền văn diệu pháp,
Huỳnh kim điện thượng lễ hương linh.

Cùng tụng: Tam thỉnh hương linh dĩ lai lâm,
Thọ thử hương hoa phổ cúng dường,
Y linh tựu tọa thính kinh văn,
Diễn kinh văn Bồ Tát Ma Ha Tát.

Cùng tụng: Biến thực biến thủy chơn ngôn cẩn đương trì tụng:
Nam-mô tát phạ đát tha, nga đa phạ lồ chỉ đế, án
tam bạt ra, tam bạt ra hồng.(3x)
Nam-mô tô rô bà da, đát tha nga đa da, đát điệt tha, án
tô rô tô rô, bát ra tô rô, bát ra tô rô, ta bà ha. (3x)
Án nga nga nẳng tam bà, phạ phiệt nhựt ra hồng. (3x)

Chủ lễ xướng: Hữu sanh hữu tử hữu luân hồi,
Vô sanh vô tử vô khứ lai,
Sanh tử khứ lai đô thị mộng,
Bất lao đàn chỉ đáo Tây Phương.

Chủ lễ xướng: Chúc thực kiền thành trà châm tam tuần - Lễ hương linh nhị bái.

Cùng tụng: Quy mạng lễ A Di Đà Phật,
Ở Phương Tây thế giới an lành,
Hương Linh xin phát nguyện vãng sanh,
Cúi xin Đức Từ Bi tiếp độ.
Nam-mô Tây-phương Cực-lạc thế-giới, đại-từ đại-bi, A-Di-Đà Phật.
Nam-mô A-Di-Đà Phật (108 lần)
Nam-mô Đại-bi Quán-Thế-Âm Bồ-tát. (3x)
Nam-mô Đại-thế-chí Bồ-tát. (3x)
Nam-mô Địa-tạng Vương Bồ-tát. (3x)
Nam-mô Thanh-tịnh Đại-Hải chúng Bồ-tát. (3x)

Cùng tụng: Thập phương Tam Thế Phật,
A Di Đà đệ nhứt,
Cửu phẩm độ chúng sanh,
Oai đức vô cùng cực,
Ngã kim đại quy y,
Sám hối tam nghiệp tội,
Phàm hữu chư phước thiện,
Chí tâm dụng hồi hướng,
Nguyện đồng niệm Phật nhơn,
Cảm ứng tuỳ thời hiện,
Lâm chung Tây phương cảnh,
Phân minh tại mục tiền,
Kiến văn giai tinh tấn,
Đồng sanh Cực Lạc quốc,
Kiến Phật liễu sanh tử,
Như Phật độ nhứt thiết,
Vô biên phiền não đoạn,
Vô lượng pháp môn tu,
Thệ nguyện độ chúng sanh,
Tổng giai thành Phật đạo,
Hư không hữu tận,
Ngã nguyện vô cùng,
Hư không hữu tận,
Ngã nguyện vô cùng,
Tình dữ vô tình,
Đồng viên chủng trí.

Chủ lễ xướng: Nhứt nhơn tác phước thiên nhơn hưởng,
Độc thọ khai hoa vạn thọ hương.

Cùng tụng: Vãng sanh quyết định chơn ngôn:
Nam-mô a di đa bà dạ, Đa tha dà đa dạ, Đa địa dạ tha.
A di rị đô bà tỳ, A di rị đa tất đam bà tỳ,
A di rị đa tì ca lan đế, A di rị đa, tì ca lan đa,
Dà di nị dà dà na, Chỉ đa ca lệ ta bà ha. (3x)

Chủ lễ xướng: Tang *(Trai)* chủ kiền thành trà châm chung tuần - Lễ tạ hương linh tứ bái.

Chủ lễ xướng: Nam mô Tây Phương Cực Lạc Thế Giới Đại Từ Đại Bi A Di Đà Phật.
Nam mô Địa Tạng Vương Bồ Tát

Kim thời Đệ tử chúng đẳng chuyên vì
Gia Đình Phật Tử……………………………..
Cung đối (VGT) linh đường cầu siêu
(X) Hương Linh …………………………………
Thừa tư Tam Bảo lực, tốc xả mê đồ,
Trực vãng lạc bang, siêu sanh Tịnh Độ.

Cùng tụng: Nguyện sanh Tây-phương Tịnh-độ trung,
Cửu phẩm Liên-hoa vi phụ-mẫu,
Hoa khai kiến Phật ngộ vô sanh,
Bất thối Bồ-tát vi bạn lữ.
Nguyện dĩ thử công đức, phổ cập ư nhứt thiết,
Ngã đẳng dữ chúng-sanh, giai cộng thành Phật-đạo.

Tiêu diêu chơn thế giới
Khoái lạc Bảo Liên đài
Hiệp chưởng Thế Tôn tiền
Như Lai thân thọ ký

Nam mô A Di Đà Phật.

A06. Beispiel einer Trauerrede zum Gedenken an einen deutschen Buddhisten

(Der folgende, für eine Gedenkfeier im Rahmen einer bestimmten, vom Verfasser selbst in seiner Funktion als buddhistischer Geistlicher übernommenen Sterbe- und Trauerbegleitung erstellte Entwurf wird selbstverständlich vor einer Verwendung während anderer Trauerfeiern ersatzweise mit individuellen Angaben zu Namen und Lebensdaten sowie zu Persönlichkeit und Lebenslauf der anderen Verstorbenen versehen.)

Hochehrwürdige Mönche und Nonnen,
liebe Nicole,
verehrte Trauergäste!

Heute sind wir hier zur Trauerzeremonie zum Gedenken an Stephan R., geboren am …, verstorben am …, zusammengekommen. Im Namen der Mönche und Nonnen der Pagode Vien Giac möchten wir hiermit den Trauernden unser herzliches Beileid aussprechen.

Es ist mir eine Ehre, heute die Trauerrede zum Gedenken an Stephan halten zu dürfen, denn es war sein Wunsch, dass ich als ihm vertraute Person und als sein spiritueller Freund diese ehrenhafte Aufgabe übernehmen sollte. Für das mir damit entgegengebrachte Vertrauen danke ich dir, lieber Stephan, herzlich.

Lieber Stephan, du und ich lernten uns 2004 beim jährlich stattfindenden Winter-Retreat in der Pagode Vien Giac kennen. Schon damals erkannte ich, dass du eine offenherzige Person warst. Du warst stets freundlich, hilfsbereit und zudem jederzeit bereit, dein Wissen und deine Erfahrungen mit anderen Menschen zu teilen. In deinen Augen konnte ich deine Freude sehen, wenn es dir gelang, aber auch bemerkte ich deine Traurigkeit – manchmal sogar deine Verzweiflung –, wenn es dir nicht gelang, Menschen von der rechten Ansicht zu überzeugen. Diese Reaktionen zeigten, dass die Menschen dir wichtig waren und dass du dich um ihr Wohlergehen kümmertest. Somit handeltest du stets im Sinne eines Bodhisattvas.

Lieber Stephan, nun ist es soweit. Du bist von uns gegangen. Wir möchten dir beistehen und dich darauf aufmerksam machen, dass du als praktizierender Buddhist stets auf den Tod vorbereitet warst. Ich kann mich noch sehr genau daran erinnern, wie wir noch auf der Intensiv-Station alle notwendigen Vorbereitungen trafen. Dabei warst du sehr ruhig und gelassen, sodass wir zum Schluss sogar noch ein paar Fotos machten und ein Video drehten. Ich musste fast lachen über die Worte der Krankenschwester, als wir sie darum baten, für uns Fotos zu machen: „Also ich weiß nicht, ob dies der richtige Ort ist, Fotos zu machen. Aber wenn Sie möchten, dann kann ich das machen“. Na ja, so gehen wir Buddhisten nun einmal mit dem bevorstehenden Tod um: gelassen, ruhig und bewusst.

Lieber Stephan, ich bin mir sicher, dass du in diesem Moment genau weißt, was du tust. Bei unserer gemeinsamen Vorbereitung auf deinen Tod fragte ich dich, woran ich dich während dieser Trauerrede erinnern sollte, und du sagtest Folgendes zu mir: „Hanh Gia, ich möchte, dass die Leute sich erfreuen und nicht um meinen Tod trauern, denn ich weiß doch, dass der Tod nicht das Ende ist, sondern dass es weiter geht“. Auf die Frage, wie es deinem Wunsch gemäß mit dir weitergehen würde, gabst du uns deinen Wunsch bekannt und gleichzeitig das Versprechen, in das Reine Land des Buddha Amitabha hineingeboren werden zu wollen. Aus diesem Grunde soll ich dich während dieser Rede an den Buddha Amitabha und an den historischen Buddha Shakyamuni erinnern. Darüber hinaus soll ich dich an die „A-Silbe" als Symbol für den unendlichen geistigen Raum erinnern, da sie dir immer viel Kraft gab. All dies tue ich heute, damit du in Ruhe und bewusst weitergehen kannst.

Lieber Stephan, ich danke dir sehr für dein Vertrauen und für das Wissen und die Erfahrungen, die du mit mir teiltest – zuletzt diejenigen mit Sterben und Tod. Ich wünsche dir alles Gute und bete dafür, dass es dir gelingt, im Reinen Land des Buddha Amitabha geboren zu werden. Lebe wohl, mein Freund! Du wirst uns stets in guter Erinnerung bleiben.

Liebe Nicole, ich weiß, wie groß und schmerzhaft dein Verlust sein muss. Ich möchte dir an dieser Stelle sagen, wie sehr ich die von dir gezeigte Ausdauer und Geduld bewundere. Du hast alles getan, was dir möglich war. Bitte versuche Stephan zuliebe, nicht zu sehr zu trauern, denn dies würde ihm das Loslassen erschweren! Ich wünsche dir viel Kraft und Mut, damit du den erlittenen schmerzhaften Verlust überwinden kannst. Bitte lasse uns wissen, wenn du unsere Hilfe brauchst!

Verehrte Trauergäste, zu den schmerzlichsten Erfahrungen im Leben gehört sicherlich der Tod eines geliebten Menschen. Doch wie wir alle wissen, gehört der Tod nun einmal zum Leben. Nach buddhistischer Auffassung ist alles Dasein aufgrund seiner Vergänglichkeit leidvoll. Nichts ist in diesem Verlauf von Entstehen und Vergehen beständig. Jeder von uns wird geboren, wird alt, krank und muss eines Tages sterben. Für Buddhisten ist der Tod ein allgegenwärtiges Thema. Daher wird ihnen empfohlen, dafür zu sorgen, möglichst gut zu sterben. Dies kann ihnen nur gelingen, wenn sie bereits zu Lebzeiten über den Tod, über das Vergehen und über das Sterben meditieren, denn mithilfe dieser Meditation wird ein gutes, bewusstes Sterben geübt. „Gutes" Sterben steht hierbei für einen bewusst und ruhig erlebten Tod, denn selbst im Moment des Sterbens wird Karma entwickelt, welches entscheidend ist für die nächste Existenzform. Buddhisten fürchten sich nicht vor dem Tod, denn sie wissen, dass zum Leben auch das Sterben gehört. Für sie bedeutet Letzteres nicht unbedingt etwas Schlechtes, sondern etwas, das jeder Mensch durchmachen muss. Der Tod stellt nur eine Pforte dar, die man durchschreitet. Er ist auch keine Frage des „Ob", sondern des „Wann" und „Wie". Es gibt sogar Buddhisten, die das Sterben als eine Chance sehen, eine neue – bessere – Existenzform oder gar die unmittelbare Erlösung aus dem Samsara zu erlangen. Der Vorgang ist in etwa vergleichbar mit dem Wechsel von Kleidungsstücken. Der Tod ist also wie das Ausziehen abgetragener Kleidung und das anschließende Anziehen neuer Kleidung zu betrachten. Er stellt nicht das Ende dar, sondern den Beginn einer neuen Daseinsform. Und dieser Vorgang wird immer wiederholt, solange man nicht weiß, wie man aus dem Wiedergeburtenkreislauf heraustreten kann.

Verehrte Trauergäste, im Folgenden werden wir eine buddhistische Trauerzeremonie für Stephan durchführen, wie er sie sich zu Lebzeiten gewünscht hat. Diese Trauerzeremonie dient dazu, Stephan und uns an Vergänglichkeit und samsarisches Leiden zu erinnern und somit auch an die Notwendigkeit, unermüdlich an der eigenen Befreiung aus dem Wiedergeburtenkreislauf zu arbeiten. Dazu gehört das Loslassen jeglicher Gedanken, die einer solchen Befreiung im Wege stehen. Zum Ablauf der Trauerfeier: Sie gliedert sich in zwei Teile. Zuerst werden wir eine Andacht zu Ehren Buddhas am Buddha-Altar halten, dann gehen wir zum Gedenkaltar des Verstorbenen und führen dort eine Totenandacht durch. Anschließend können Sie gerne hier vorn vom Verstorbenen Abschied nehmen. Wir bitten Sie, nicht zu sehr zu trauern, denn dies würde Stephan erschweren loszulassen. Richten Sie bitte Ihre Gedanken aufrichtig und mit ganzem Herzen an Stephan, und lassen wir uns gemeinsam für unseren Freund beten.

Ich danke Ihnen für Ihre Aufmerksamkeit.

A07. Chú Đại-Bi
Mahakaruna Dharani
(vietnamesische Fassung des Mantras der Großen Barmherzigkeit)

(zitiert aus: Thien Mon Nhut Tung (dt.: Die täglichen Rezitationen der Meditations-schule), 2010, S. 25f.)

Thiên thủ thiên nhãn vô ngại đại-bi tâm đà-la-ni
(dt.: Dharani des grenzenlosen Geistes des großen Mitgefühls des tausendarmigen und tausendäugigen Bodhisattva Avalokiteshvara)

Nam-mô hắc ra đát na, đa ra dạ da.

Nam-mô a rị da, bà lô yết đế, thước bát ra da, Bồ-đề tát đỏa bà da, ma ha tát đỏa bà da, ma ha ca lô ni ca da, án, tát bàn ra phạt duệ số đát na đát tỏa.

Nam-mô tất kiết lật đỏa y mông a rị da, bà lô kiết đế thất Phật ra lăng đà bà.

Nam-mô na ra cẩn trì hê rị ma ha bàn đa sa mế, tát bà a tha đậu thâu bằng, a thệ dựng, tát bà tát đa, na ma bà già, ma phạt đạt đậu, đát điệt tha. Án a bà lô hê, lô ca đế, ca ra đế, di hê rị, ma ha bồ-đề tát đỏa, tát bà tát bà, ma ra ma ra, ma hê ma hê, rị đà dựng, cu lô cu lô kiết mông, độ lô độ lô, phạt xà da đế, ma ha phạt xà da đế, đà ra đà ra, địa rị ni, thất Phật ra da, dá ra dá ra. Mạ mạ phạt ma ra, mục đế lệ, y hê y hê, thất na thất na a ra sâm Phật ra xá-lợi, phạt sa phạt sâm, Phật ra xá da, hô lô hô lô ma ra, hô lô hô lô hê rị, ta ra ta ra, tất rị tất rị, tô rô tô rô, bồ-đề dạ bồ-đề dạ, bồ-đà dạ, bồ-đà dạ, di đế rị dạ, na ra cẩn trì địa rị sắc ni na, ba dạ ma na ta bà ha. Tất đà dạ ta bà ha. Ma ha tất đà dạ ta bà ha. Tất đà du nghệ thất bàn ra dạ, ta bà ha. Na ra cẩn trì ta bà ha. Ma ra na ra ta bà ha. Tất ra tăng a mục khê da, ta bà ha. Ta bà ma ha, a tất đà dạ, ta bà ha. Giả kiết ra a tất đà dạ, ta bà ha. Ba đà ma yết tất đà dạ, ta bà ha. Na ra cẩn trì bàn đà ra dạ, ta bà ha. Ma bà lị thắng yết ra dạ, ta bà ha.

Nam-mô hắc ra đát na, đa ra dạ da.

Nam-mô a rị da, bà lô yết đế, thước bàng ra dạ, ta bà ha.

Án tất điện đô, mạn đa ra, bạt đà dạ, ta bà ha. *(3 lần)*

A08. Thập Chú (vietnamesische Fassung der Zehn Kleineren Mantras)

(zitiert aus: Thien Mon Nhut Tung (dt.: Die täglichen Rezitationen der Meditations-schule), 2010, S. 27ff.)

1.Như-ý-Bảo Luân-Vương Đà-La-Ni

(sanskr.: Padmacintamanidharani; dt.: Mantra zur Erfüllung aller Wünsche)

Nam-mô Phật-đà-da.
Nam-mô Đạt-ma-da.
Nam-mô Tăng-dà-da.
Nam-mô Quán-Tự-Tại Bồ-tát ma-ha-tát, cụ đại-bi tâm giả. Đát điệt tha.
Án chước yết ra phạt để chấn đa mạt ni, ma ha bát đẳng mế, rô rô rô rô, để sắc tra thước ra a yết rị, sa dạ hồng phấn ta ha.
Án, bát đạp ma chấn đa mạt ni, thước ra hồng.
Án bát lặc đà, bát đẳng mế hồng.

2.Tiêu Tai Cát Tường Thần Chú

(dt.: Unheil zerstörendes und Glück herbeiführendes Mantra)

Nẳng mồ tam mãm đa, mẫu đà nẩm. A bát ra để, hạ đa xá ta nẳng nẳng nẩm. Đát điệt tha. Án, khê khê, khê hế, khê hế, hồng hồng, nhập phạ ra, nhập phạ ra, bát ra nhập phạ ra, bát ra nhập phạ ra, để sắc sá, để sắc sá, sắc trí rị, sắc trí rị, ta phấn tra, ta phấn tra, phiến để ca thất rị duệ, ta phạ ha.

3.Công-Đức Bảo Sơn Thần Chú

(dt.: Mantra des Edelsteinberges der Verdienste)

Nam-mô Phật-Đà-Da.
Nam-mô Đạt-Ma-Da.
Nam-mô Tăng-Dà-Da.
Án, tất đế hộ rô rô, tất đô rô, chỉ rị ba, kiết rị bà tất đạt rị, bố rô rị, ta phạ ha.

4.Phật Mẫu Chuẩn-Đề Thần Chú

(dt.: Cundi-Mantra zur Vernichtung übler Taten und zur Erlangung von Schutz)

Khể thủ quy-y Tô-tất-đế, đầu diện đảnh lễ thất cu chi.
Ngã kim xưng tán Đại Chuẩn-Đề, duy nguyện từ bi thùy gia hộ.
Nam-mô tát đa nẩm tam-miệu tam-bồ-đề, cu chi nẩm, đát điệt tha.
Án, chiết lệ chủ lệ Chuẩn-Đề, ta bà ha.

5.Thánh Vô-Lượng-Thọ Quyết-Định Quang-Minh-Vương Đà-La-Ni

(sanskr.: Aparimitayurdharani; dt.: Mantra zur Verlängerung der Lebenszeit)

Án, nại ma ba cát ngỏa đế, a ba ra mật đạp, a ưu rị a nạp, tô tất nể, thiệt chấp đạp, điệp tả ra tể dã, đát tháp cả đạt dã, a ra ha đế, tam dược tam bất đạt dã, đát nể dã tháp.

Án, tát rị ba, tang tư cát rị, bọt rị thuật đạp, đạt ra mã đế, cả cả nại, tang mã ngột cả đế, ta ba ngỏa, tỷ thuật đế, mã hắt nại dã, bát rị ngỏa rị tá hắt.

6.Dược-Sư Quán-Đảnh Chơn-Ngôn

(dt.: Bhaisajyaguru-Abhiseka-Mantra zur Heilung von Krankheiten)

Nam-mô bạt dà phạt đế, bệ sát xả, lủ rô thích lưu ly, bát lặt bà, hắt ra xà dã, đát tha yết đa da, a ra hắt đế, tam miệu tam bột đà da. Đát điệt tha. Án, bệ sát thệ, bệ sát thệ, bệ sát xã, tam một yết đế tá ha.

7.Quán-Âm Linh-Cảm Chơn-ngôn

(dt.: Mantra der geheimnisvollen Wirkung des Avalokitesvara)

Án, ma ni bác di hồng, ma hắt nghê nha nạp, tích đô đặt ba đạt, tích đặt ta nạp, vi đạt rị cát, tát nhi cáng nhi tháp, bốc rị tất tháp cát nạp, bổ ra nạp, nạp bộc rị, thưu thất ban nạp, nại ma lô kiết, thuyết ra da, tá ha.

8.Thất Phật Diệt-Tội Chơn-Ngôn

(dt.: Von den sieben Buddhas verkündetes Mantra zur Vernichtung [des Karmas, d. Verf.] übler Taten)

Ly bà ly bà đế, cầu ha cầu ha đế, đà ra ni đế, ni ha ra đế, tỳ lê nể đế, ma ha dà đế, chơn lăng càng đế, ta bà ha.

9.Vãng-sanh Tịnh-Độ Thần-Chú

(dt.: Mantra der Geburt im Reinen Land des Buddha Amitabha)

Nam-mô a di đa bà dạ, Đa tha dà đa dạ, Đa địa dạ tha.
A di rị đô bà tỳ,
A di rị đa tất đam bà tỳ,
A di rị đa tì ca lan đế,
A di rị đa tì ca lan đa,
Dà di nị dà dà na, chỉ đa ca lệ ta bà ha.

10.Thiện Thiên Nữ Chú

(dt.: Sridevi-Mantra zur Erfüllung aller materiellen Wünsche und zur Erlangung des Schutzes der Göttin Sridevi)

Nam-mô Phật-Đà.
Nam-mô Đạt-Mạ.
Nam-mô Tăng-Dà.

Nam-mô thất ly, ma ha để tỷ da, đát nễ dã tha, ba ly phú lầu na giá ly, tam mạn đà, đạt xá ni, ma ha tỳ ha ra dà đế, tam mạn đà, tỳ ni dà đế, ma ha ca rị dã, ba nễ ba ra, ba nễ tát rị phạ lặt tha, tam mạn đà, tu bác lê đế, phú lệ na, a rị na, đạt mạ đế, ma ha tỳ cổ tất đế, ma ha Di-Lặc đế, lâu phã tăng kỳ đế, hê đế tỷ, tăng kỳ hê đế, tam mạn đà, a tha a nậu, đà-la-ni.

A09. Herz-Sutra (deutsche Fassung)

(Übersetzung aus dem Chinesischen – zitiert aus: Günzel, 1994, S. 88f.)

Als der Bodhisattva Avalokitesvara
die profunde Prajnaparamita [Essenz der Vollkommenheit
der Weisheit, d. Verf.] praktizierte,
Erkannte er, dass die fünf Anhäufungen allesamt leer sind
und er überwand alles Leid und Unheil.
Sariputra, der Körper ist nicht verschieden von Leerheit,
die Leerheit ist nicht verschieden vom Körper,
Der Körper ist identisch mit der Leerheit,
Die Leerheit ist identisch mit dem Körper,
Mit den Gefühlen, Wahrnehmungen, Willensregungen
und dem Bewusstsein verhält es sich ebenso.
Sariputra, alle diese Dharmas haben das Merkmal der Leerheit.
Sie entstehen nicht, sie vergehen nicht,
sind weder unrein noch rein,
nehmen weder ab noch zu.
Deshalb gibt es in der Leerheit keinen Körper,
kein Gefühl, keine Wahrnehmung, keine Willensregung, kein Bewußtsein.
Keine Augen, keine Ohren, keine Nase, keine Zunge, keinen Körper, kein Bewusstsein.
Keine Farbe, keinen Ton, keinen Geruch, keinen Geschmack, keine Berührung, keine Geistesfaktoren.
Keinen Sehbereich bis hin zu keinen Bewusstseinsbereich.
Keine Unwissenheit und kein Ende der Unwissenheit,
bis hin zu kein Alter und Tod und kein Ende von Alter und Tod.
Kein Leid, kein Ansammeln, kein Erlöschen, keinen Pfad.
Keine Weisheit und kein Erlangen.
Weil es nichts zu erlangen gibt,
ist der Bodhisattva,
sich auf die Prajnaparamita stützend,
in seinem Geist ungehindert.
Weil er ungehindert ist, hat er keine Furcht.
Er entfernt die Verwirrungen und Illusionen
und erreicht so das Parinirvana [vollkommene Nirvana, d. Verf.].
Alle Buddhas der Drei Zeiten erlangen,
gestützt auf die Prajnaparamita
die Anuttarasamyaksambodhi [unübertroffene, vollkommene Erleuchtung, d. Verf.].
Daher kann man, wenn man die Prajnaparamita,
dieses große magische Mantra,

dieses große leuchtende Mantra,
dieses unübertreffliche Mantra,
dieses unvergleichliche Mantra kennt,
alles Leid entfernen.
Es ist wahr und nicht falsch,
daher spricht man das Prajnaparamita-Mantra,
das da lautet:

Gate gate paragate parasamgate bodhi svaha *(3mal)*

A10. Herz-Sutra (vietnamesische Fassung)

(zitiert aus: Thien Mon Nhut Tung (dt.: Die täglichen Rezitationen der Meditationsschule), 2010, S. 31ff.)

Bát-Nhã Ba-La Mật-Đa Tâm-Kinh

Quán-tự-tại Bồ-tát,
hành thâm Bát-nhã Ba-la mật-đa thời,
chiếu kiến ngũ-uẩn giai không,
độ nhất thiết khổ ách.
Xá-Lợi-Tử! Sắc bất dị không,
không bất dị sắc,
sắc tức thị không,
không tức thị sắc,
thọ, tưởng, hành, thức, diệc phục như thị.
Xá-Lợi-Tử! Thị chư pháp không tướng,
bất sanh, bất diệt,
bất cấu, bất tịnh,
bất tăng, bất giảm.
Thị cố không trung vô sắc,
vô thọ, tưởng, hành, thức,
vô nhãn, nhĩ, tỷ, thiệt, thân, ý;
vô sắc, thinh, hương, vị, xúc, pháp;
vô nhãn-giới, nãi chí vô ý-thức-giới,
vô vô-minh diệc, vô vô-minh tận,
nãi chí vô lão tử, diệc vô lão-tử tận,
vô khổ, tập, diệt, đạo;
vô trí diệc vô đắc.
Dĩ vô sở đắc cố,
Bồ-đề tát-đỏa
y bát-nhã ba-la mật-đa cố,
tâm vô quái-ngại;
vô quái-ngại cố, vô hữu khủng-bố,
viễn ly điên-đảo mộng tưởng,
cứu cánh Niết-bàn.
Tam-thế chư Phật,
y Bát-nhã ba-la mật-đa cố,
đắc A-nậu-đa-la tam-miệu tam-bồ-đề.
Cố tri Bát-nhã ba-la mật-đa,
thị đại-thần chú,

thị đại minh chú,
thị vô-thượng chú,
thị vô đẳng-đẳng chú,
năng trừ nhứt thiết khổ,
chơn thiệt bất hư.
Cố thuyết Bát-nhã ba-la mật-đa chú,
tức thuyết chú viết:

Yết-đế yết-đế, ba-la yết-đế, ba-la-tăng yết-đế, bồ-đề tát bà ha. (3 lần)

A11. Kleines Sukhavativyuha-Sutra (deutsche Fassung)

(Übersetzung aus dem Chinesischen – zitiert aus: Günzel, 1994, S. 117ff. (Klammern im Text zeigen vom Übersetzer und vom Verfasser zum besseren Verständnis vorgenommene Satzergänzungen an.)

Verehrung dem Buddha und den Bodhisattvas der ozeangleichen
Versammlung vom Lotusteich! *(3mal)*

Das vom Buddha verkündete Kleine Sukhavativyuha-Sutra:

So habe ich gehört: Einst weilte der Buddha in Sravasti
im Jetavana-Park des Anathapindada
mit einem Sangha großartiger Bhiksus, insgesamt 1250 Menschen,
die alle große Arhats und der Versammlung bekannt waren,
wie die Ehrwürdigen Sariputra, Mahamaudgalyayana,
Mahakasyapa, Mahakatyayana, Mahakausthila,
Revata, Suddhipanthaka, Nanda, Ananda, Rahula,
Gavampati, Pindolabharadvaja, Kalodayin,
Mahakapphina, Vakkula, Aniruddha
und all die anderen bedeutenden Schüler,
ferner die Bodhisattvas [und, d. Verf.] Mahasattvas:
Manjusri, der Prinz des Dharma, Bodhisattva Ajita,
Bodhisattva Gandhahastin, Bodhisattva Nityodyukta
und all die anderen großen Bodhisattvas
sowie Sakradevanamindra und unermeßlich viele andere Devas
und eine große Menge [anderer Lebewesen].
Da sagte der Buddha zum Ehrwürdigen Sariputra:
„Westlich von hier, zehn Billionen Buddhaländer entfernt,
existiert eine Welt, die „Höchstes Glück" heißt.
In jenem Land gibt es einen Buddha, der Amitabha heißt
und gerade jetzt den Dharma verkündet.
Sariputra, warum heißt jenes Land „Höchstes Glück"?
Weil die Lebewesen in jenem Land frei von allen Leiden sind
und ausschließlich alles Glück empfangen, heißt es „Höchstes Glück".
Außerdem, Sariputra, gibt es im Land des höchsten Glücks
siebenfache Geländer, siebenfache Netze und siebenfache Baumreihen,
die sämtlich aus den vier Kostbarkeiten [Gold, Silber, Vaidurya
und Kristall, d. Übers.] bestehen und sich umgeben.
Deshalb heißt jenes Land „Höchstes Glück".
Außerdem, Sariputra, gibt es im Land des höchsten Glücks

Teiche, die aus den sieben Edelsteinen bestehen,
vom Wasser der acht Qualitäten [das rein, kühl, wohlschmeckend, weich, erfrischend und mild ist, Durst und Hunger stillt und zu körperlicher und geistiger Ruhe und Reinheit führt., d. Übers.] gefüllt werden
und deren Grund nur von Goldsand bedeckt wird.
An den vier Seiten der Teiche befinden sich Treppen und
Wege aus Gold und Silber, Vaidurya und Kristall.
Darüber befinden sich Türme, die ebenfalls mit Gold, Silber,
Vaidurya, Kristallen, Achaten, Rubinen und Karneolen geschmückt sind.
In den Teichen schwimmen Lotusblumen, die so groß wie Wagenräder sind.
Die grünen Lotusblumen strahlen grünes Licht aus, die gelben gelbes Licht,
die roten rotes Licht und die weißen weißes Licht. Sie sind wunderbar duftend und rein.
Sariputra, derart vollendet ist der Schmuck der Verdienste
Amitabhas im Land des höchsten Glücks.
Außerdem Sariputra, erklingt in jenem Buddhaland beständig himmlische Musik.
Die Erde ist aus Gold. Zu den sechs Tages- und Nachtzeiten
regnen Mandara-Blumen vom Himmel.
In der Morgendämmerung füllen die Lebewesen jenes Landes
die Schürzen ihrer Gewänder mit vielen wundervollen Blumen,
die sie den zehn Billionen Buddhas der anderen
Himmelsrichtungen darbringen.
Zur Essenszeit sind sie bereits wieder in ihr Buddhaland zurückgekehrt.
Nachdem sie gegessen haben, schreiten sie im Kreis.
Sariputra, derart vollendet ist der Schmuck der Verdienste
Amitabhas im Land des höchsten Glücks.
Außerdem, Sariputra, gibt es in jenem Land beständig die verschiedenartigsten seltensten, wundervoll verschiedenfarbigen Vögel, wie Kraniche, Pfauen, Papageien, Sarikas, Kalavinkas, Jivamjivaka-Vögel.
All diese Vögel singen zu den sechs Tages- und Nachtzeiten mit wohlklingenden Stimmen.
Ihre Stimmen verkünden die fünf Grundlagen, die fünf Kräfte, die sieben Glieder der Erleuchtung, den achtfachen heiligen Pfad und dergleichen andere Dharmas.
Wenn die Lebewesen jenes Landes diese Stimmen gehört,
denken sie alle an den Buddha, den Dharma und den Sangha.
Sariputra, meine nicht, daß jene Vögel aufgrund der Vergeltung
von Übeltaten als Vögel geboren worden sind.
Warum? In jenem Buddhaland gibt es die drei schlechten Pfade nicht!
Sariputra, wenn es in jenem Buddhaland
nicht einmal die Bezeichnung für die drei schlechten Pfade gibt, wie sollte es sie dann in Wirklichkeit geben?
All diese Vögel werden vom Buddha Amitabha aufgrund seines
Wunsches, die Stimme des Dharma zu verbreiten, hervorgebracht.

Sariputra, in jenem Buddhaland bewegt milder Wind die Baumreihen
und Netze und erzeugt auf diese Weise wunderbare Töne,
vergleichbar hunderttausenden, gleichzeitig erklingenden Musikinstrumenten.
Jene Lebewesen, die diese Töne hören,
erzeugen ganz von selbst einen an den Buddha, den
Dharma und den Sangha denkenden Geist.
Sariputra, derart vollendet ist der Schmuck der Verdienste
Amitabhas in jenem Buddhaland.
Was meinst du, Sariputra, warum heißt jener Buddha „Amitabha"?
Sariputra, weil das Licht jenes Buddha unermeßlich ist
und ungehindert in alle Buddhaländer der zehn
Himmelsrichtungen strahlt, heißt er „Amitabha".
Und, Sariputra, weil die Lebenszeit jenes Buddha und seines Volkes
unermeßliche, grenzenlose Asankhyeya-Kalpas beträgt, heißt er auch „Amitayus".
Sariputra, seit der Buddha Amitabha ein Buddha
geworden ist, sind zehn Kalpas vergangen.
Außerdem, Sariputra, hat jener Buddha
unermeßlich, grenzenlos viele Sravakas als Schüler, die sämtlich Arhats sind.
Man kann sie mit Zahlen nicht ermessen. Mit der Menge
der Bodhisattvas verhält es sich ebenso.
Sariputra, derart vollendet ist der Schmuck der Verdienste
Amitabhas in jenem Buddhaland.
Außerdem, Sariputra, sind alle Lebewesen, die im Land des
höchsten Glücks geboren werden, Avaivartikas.
Unter ihnen sind viele, die in einem Leben den Platz eines Buddha einnehmen werden.
Ihre Anzahl ist so groß, daß man sie nicht mit Zahlen ermessen,
sondern nur von unermeßlichen, grenzenlosen Asankhyeyas sprechen kann.
Sariputra, die Lebewesen, die das hören, sollten den Wunsch entwickeln,
in jenem Buddhaland geboren zu werden.
Warum? Weil sie dann gemeinsam mit all diesen vortrefflichen
Menschen in einer Versammlung weilen werden.
Sariputra, man kann nicht aufgrund der Ursachen von nur wenig guten
Wurzeln und Verdiensten die Geburt in jenem Land erlangen.
Sariputra, wenn es gute Männer und gute Frauen gibt,
die vom Buddha Amitabha hören und seinen Namen festhalten,
ob er einen Tag, zwei Tage, drei Tage, vier Tage,
fünf Tage, sechs Tage, sieben Tage lang, bis zur ungestörten Einspitzigkeit des Geistes,
dann erscheint der Buddha Amitabha mit all den Heiligen vor ihnen.
Wenn sie sterben, wird ihr Geist nicht verwirrt sein
und sie werden sogleich im Land des höchsten Glücks
des Buddha Amitabha geboren werden.

Sariputra, weil ich diesen Nutzen sehe, spreche ich diese Worte.
Wenn es Lebewesen gibt, die diese Worte hören,
dann sollten sie den Wunsch entwickeln, in jenem Buddhaland geboren zu werden!
Sariputra, so wie ich jetzt den Nutzen der unvorstellbaren Verdienste
des Buddha Amitabha preise,
gibt es im Osten auch den Buddha Aksobhya, den Buddha Merudhvaja,
den Buddha Mahameru, den Buddha Meruprabhasa,
den Buddha Manjughosa und andere Buddhas so
zahlreich wie die Sandkörner des Ganges,
die jeder in seinem Land mit dem Buddha-Merkmal der breiten und langen Zunge
die Dreitausend-Große-Tausend-Welten bedecken und die ehrlichen Worte verkünden:
„Ihr Lebewesen solltet dieses die unvorstellbaren Verdienste preisende
und von allen Buddhas beschützte Sutra glauben!"
Sariputra, in den südlichen Welten gibt es den Buddha Candrasuryapradipa,
den Buddha Yasahprabha, den Buddha Maharciskandha, den Buddha Merupradipa,
den Buddha Arantavira und andere Buddhas so zahlreich wie die Sandkörner des Ganges,
die jeder in seinem Land mit dem Buddha-Merkmal der breiten und langen Zunge
die Dreitausend-Große-Tausend-Welten bedecken und die ehrlichen Worte verkünden:
„Ihr Lebewesen solltet dieses die unvorstellbaren Verdienste preisende
und von allen Buddhas beschützte Sutra glauben!"
Sariputra, in den westlichen Welten gibt es den Buddha Amitayus,
den Buddha Amitaskandha, den Buddha Amitadhvaja,
den Buddha Mahaprabha, den Buddha Maharasmiprabha, den Buddha Maharatnaketu,
den Buddha Suddharasmi und andere Buddhas so
zahlreich wie die Sandkörner des Ganges,
die jeder in seinem Land mit dem Buddha-Merkmal der breiten und langen Zunge
die Dreitausend-Große-Tausend-Welten bedecken und die ehrlichen Worte verkünden:
„Ihr Lebewesen solltet dieses die unvorstellbaren Verdienste preisende
und von allen Buddhas beschützte Sutra glauben!"
Sariputra, in den nördlichen Welten gibt es den Buddha Maharciskandha,
den Buddha Dumdubhisvaranirghosa, den Buddha
Duspradharsa, den Buddha Adityasambhava,
den Buddha Jaleniprabha und andere Buddhas so
zahlreich wie die Sandkörner des Ganges,
die jeder in seinem Land mit dem Buddha-Merkmal der breiten und langen Zunge
die Dreitausend-Große-Tausend-Welten bedecken und die ehrlichen Worte verkünden:
„Ihr Lebewesen solltet dieses die unvorstellbaren Verdienste preisende
und von allen Buddhas beschützte Sutra glauben!"
Sariputra, in den unteren Welten gibt es den Buddha Simha,
den Buddha Yasas, den Buddha Yasahprabha,
den Budha Dharma, den Buddha Dharmadhvaja,

den Budha Dharmadhara und andere Budhas so zahlreich wie die Sandkörner im Ganges,
die jeder in seinem Land mit dem Budha-Merkmal der breiten und langen Zunge
die Dreitausend-Große-Tausend Welten bedecken und die ehrlichen Worte verkünden:
„Ihr Lebewesen solltet dieses die unvorstellbaren Verdienste preisende
und von allen Buddhas beschützte Sutra glauben!"
Sariputra, in den oberen Welten gibt es den Buddha Brahmaghosa,
den Buddha Naksatraraja, den Buddha Gamdhottama, den Buddha Gamdhaprabhasa,
den Buddha Maharciskandha, den Buddha Ratnakusumasampuspitagatra,
den Buddha Salendraraja, den Buddha Ratnotpalasri, den Buddha Sarvarthadarsa,
den Buddha Sumerukalpa und andere Buddhas so
zahlreich wie die Sandkörner des Ganges,
die jeder in seinem Land mit dem Buddha-Merkmal der breiten und langen Zunge
die Dreitausend-Große-Tausend-Welten bedecken und die ehrlichen Worte verkünden:
„Ihr Lebewesen solltet dieses die unvorstellbaren Verdienste preisende
und von allen Buddhas beschützte Sutra glauben!"
Was meinst du, Sariputra, warum heißt es
„das von allen Buddhas beschützte Sutra?"
Sariputra, wenn es gute Männer und gute Frauen gibt,
die dieses Sutra hören, es annehmen und daran festhalten,
sowie die Namen all der Buddhas hören,
dann werden all diese guten Männer und guten Frauen
von allen Buddhas beschützt
und erreichen alle das Nicht-mehr-Zurückfallen auf dem Weg zur Erlangung der
Anuttarasamyaksambodhi.
Deshalb, Sariputra, solltet ihr meine Worte
und die Worte aller anderen Buddhas glauben!
Sariputra, wenn es Menschen gibt,
die bereits den Wunsch, im Land des Buddha Amitabha geboren zu werden,
entwickelt haben oder ihn jetzt entwickeln oder ihn in Zukunft entwickeln werden,
dann werden alle diese Menschen das Nich-mehr-Zurückfallen
auf dem Weg zur Erlangung der Anuttarasamyaksambodhi erreichen in jenem Land,
ob sie bereits dort geboren worden sind oder jetzt geboren
werden oder in Zukunft geboren werden.
Deshalb, Sariputra, sollten jene unter den guten Männern und guten Frauen,
die Glauben haben, den Wunsch entwickeln, in jenem Land geboren zu werden!
Sariputra, so wie ich jetzt die unvorstellbaren Verdienste aller Buddhas preise,
preisen auch all jene Buddhas meine unvorstellbaren Verdienste und sagen:
„Der Buddha Sakyamuni vermag diese schwere und äußerst seltene Angelegenheit
[zu verwirklichen,]
vermag in der Saha-Welt während der üblen Zeit der fünf Trübungen,
[nämlich der] Kalpa-Trübung, Anschauungen-Trübung, Leidenschaften-Trübung,

Lebewesen-Trübung, Lebenszeit-Trübung, die Anuttarasamyaksambodhi zu erlangen
und für alle Lebewesen diesen in allen Welten schwer
zu glaubenden Dharma zu verkünden."

Sariputra, du mußt wissen, daß ich während der üblen Zeit der fünf Trübungen
diese schwere Angelegenheit, die Anuttarasamyaksambodhi zu erlangen
und für alle Welten diesen schwer zu glaubenden Dharma
zu verkünden, verwirkliche - das ist sehr schwer!

Als der Buddha diese Darlegung dieses Sutras beendet hatte,
freuten sich Sariputra und all die anderen Bhiksus,
die Devas, Menschen, Asuras etc. aus allen Welten
über das, was der Buddha verkündet hatte, nahmen es
gläubig an, verneigten sich und gingen.

Das vom Buddha verkündete Kleine Sukhavativyuha-Sutra.

A12. Kleines Sukhavativyuha-Sutra (vietnamesische Fassung)

(zitiert aus: Thien Mon Nhut Tung (dt.: Die täglichen Rezitationen der Meditationsschule), 2010, S. 85ff.)

Kinh A-Di-Đà

Nam-Mô Liên Trì Hải-Hội Phật Bồ-Tát. *(3 lần)*

Phật Thuyết A-Di-Đà Kinh:

Như thị ngã văn: Nhứt thời Phật tại Xá-vệ quốc, Kỳ thọ Cấp-cô-độc viên,
dữ đại Tỳ-kheo tăng, thiên nhị bá ngũ thập nhơn câu,
giai thị đại A-La-hán, chúng sở tri thức:
Trưởng-lão Xá-Lợi-Phất, Ma-ha Mục-kiền-liên,
Ma-ha Ca-diếp, Ma-ha Ca-chiên-diên, Ma-ha Câu-hy-la,
Li-bà-đa, Châu-lợi bàn-đà-dà, Nan-đà, A-Nan-đà, La-hầu-la,
Kiều-phạm-ba-đề, Tân-đầu-lô-phả-la-đọa, Ca-lưu-đà-di,
Ma-ha Kiếp-tân-na, Bạc-Câu-la, A-nâu-lâu-đà,
như thị đẳng chư đại đệ tử,
tinh chư Bồ-tát ma-ha-tát.
Văn-thù Sư-lợi pháp-vương-tử, A-dật-đa Bồ-tát,
Càng Đà-ha-đề Bồ-tát, Thường-tinh-tấn Bồ-tát,
dữ như thị đẳng, chư đại Bồ-tát,
cập Thích-đề-hoàn nhơn đẳng, vô-lượng chư thiên,
đại-chúng câu.
Nhĩ thời Phật cáo Trưởng-lão Xá-Lợi- Phất:
„Tùng thị Tây-phương quá thập vạn ức Phật-độ,
hữu thế-giới danh viết Cực-lạc.
Kỳ độ hữu Phật hiệu A-Di-Đà,
kim hiện tại thuyết-pháp.
Xá-lợi-Phất! Bỉ độ hà cố danh vi Cực-lạc?
Kỳ quốc chúng-sanh vô hữu chúng khổ,
đản thọ chư lạc, cố danh Cực-lạc.
Hựu Xá-lợi- Phất! Cực-lạc quốc độ,
thất trùng lan thuẫn, thất trùng la-võng, thất trùng hàng thọ,
giai thị tứ bảo, châu tráp vi nhiễu,
thị cố bỉ quốc danh vi Cực-lạc.
Hựu Xá-lợi-Phất! Cực-lạc quốc độ,
hữu thất bảo trì,
bát công-đức thủy, sung mãn kỳ trung,
trì để thuần dĩ, kim sa bố địa.

Tứ biên giai đạo, kim, ngân, lưu-ly, pha-lê hiệp thành;
Thượng hữu, lâu các, diệc dĩ kim, ngân,
lưu-ly, pha-lê, xa-cừ, xích-châu, mã-não nhi nghiêm sức chi.
Trì trung liên-hoa, đại như xa luân.
Thanh sắc thanh quang, huỳnh sắc huỳnh quang,
xích sắc xích quang, bạch sắc bạch quang. Vi diệu hương khiết.
Xá-lợi-Phất! Cực-lạc quốc độ thành tựu như thị công-đức trang nghiêm.
Hựu Xá-lợi-Phất, Bỉ Phật quốc độ thường tác thiên nhạc.
Huỳnh kim vi địa. Trú dạ lục thời, vũ thiên mạn.đà-la hoa.
Kỳ độ chúng-sanh thường dĩ thanh đán, các dĩ y-kích thạnh chúng diệu hoa,
cúng-dường tha phương thập vạn ức Phật.
Tức dĩ thực thời huờn đáo bổn quốc.
Phạn thực kinh hành.
Xá-lợi-Phất, Cực-lạc quốc độ thành tựu như thị công-đức trang nghiêm.
Phục thứ, Xá-lợi-Phất,
bỉ-quốc thường hữu chủng chủng kỳ diệu, tạp sắc chi điểu,
Bạch-hạc, khổng-tước, Anh-võ, Xá-Lợi,
Ca-lăng-tần-già, Cộng-mạng chi điểu.
Thị chư chúng điểu, trú dạ lục thời, xuất hòa nhã âm.
Kỳ âm diễn xướng: ngũ-căn, ngũ-lực,
Thất-bồ-đề phần, bát-thánh-đạo phần, như thị đẳng pháp.
Kỳ độ chúng-sanh văn thị âm dĩ,
Giai tất niệm Phật, niệm Pháp, niệm Tăng.
Xá-lợi-Phất, nhữ vật vị thử điểu, thiệt thị tội báo sở sanh.
Sở dĩ giả hà? Bỉ Phật quốc độ vô tam ác đạo.
Xá-Lợi-Phất, kỳ Phật quốc độ,
thượng vô ác đạo chi danh, hà huống hữu thiệt?
Thị chư chúng điểu, giai thị A-Di-Đà Phật
dục linh pháp-âm tuyên lưu biến hóa sở tác.
Xá-lợi-Phất! Bỉ Phật quốc-độ,
vi phong xuy động, chư bảo hàng thọ, cập bảo la võng, xuất vi diệu âm,
Thí như bá thiên chủng nhạc đồng thời cu tác.
Văn thị âm giả,
Tự nhiên giai sanh niệm Phật, niệm Pháp, niệm Tăng chi tâm.
Xá-lợi-Phất, Kỳ Phật quốc độ thành tựu như thị công-đức trang nghiêm.
Xá-lợi-Phất! Ư nhữ ý vân hà? Bỉ Phật hà cố hiệu A-Di-Đà?
Xá-Lợi-Phất, bỉ Phật quang-minh vô-lượng,
Chiếu thập phương quốc, vô sở chướng ngại, thị cố hiệu vi A-Di-Đà.
Hựu Xá-lợi-Phất, bỉ Phật thọ mạng, cập kỳ nhơn dân,
Vô-lượng vô-biên a-tăng-kỳ kiếp, cố danh A-Di-Đà.
Xá-lợi-Phất, A-Di-Đà Phật thành Phật dĩ lai, ư kim thập kiếp.

Hựu Xá-lợi-Phất! Bỉ Phật
Hữu vô-lượng vô-biên Thinh-văn đệ-tử, giai A-la-hán.
Phi thị toán số chi sở năng tri; chư Bồ-tát chúng diệc phục như thị.
Xá-lợi-Phất! Bỉ Phật quốc-độ thành-tựu như thị công-đức trang-nghiêm.
Hựu Xá-lợi-Phất! Cực-lạc quốc-độ chúng-sanh sanh giả, giai thị a-bệ-bạt-trí.
Kỳ trung đa hữu nhứt sanh bổ xứ.
Kỳ số thậm đa phi thị toán số, chi sở năng tri,
Đản khả dĩ vô-lượng vô-biên a-tăng-kỳ thuyết.
Xá-lợi-Phất, chúng-sanh văn giả, ưng đương phát nguyện,
Nguyện sanh bỉ quốc.
Sở dĩ giả hà? Đắc dữ như thị chư thượng thiện-nhơn câu hội nhứt xứ.
Xá-lợi-Phất, bất khả dĩ thiểu thiện-căn phước-đức nhơn-duyên, đắc sanh bỉ quốc.
Xá-lợi-Phất, nhược hữu thiện-nam tử, thiện-nữ nhơn,
Văn thuyết A-Di-Đà Phật, chấp trì danh-hiệu,
Nhược nhứt nhựt, nhược nhị nhựt, nhược tam nhựt, nhược tứ nhựt,
Nhược ngũ nhựt, nhược lục nhựt, nhược thất nhựt, nhứt tâm bất loạn,
Kỳ nhơn lâm mạng chung thời, A-Di-Đà Phật dữ chư Thánh-Chúng, hiện tại kỳ tiền.
Thị nhơn chung thời, tâm bất điên-đảo,
Tức đắc vãng-sanh A-Di-Đà Phật Cực-lạc quốc-độ.
Xá-lợi-Phất, ngã kiến thị lợi, cố thuyết thử ngôn.
Nhược hữu chúng-sanh văn thị thuyết giả,
Ưng đương phát nguyện, sanh bỉ quốc độ.
Xá-lợi-Phất, như ngã kim giả, tán thán A-Di-Đà Phật bất khả tư nghị công-đức chi lợi.
Đông phương diệc hữu A-súc-bệ Phật, Tu-di-tướng Phật,
Đại-tu-di Phật, Tu-di-quang Phật,
Diệu-âm Phật; như thị đẳng hằng hà sa số chư Phật.
Các ư kỳ quốc, xuất quảng trường thiệt tướng,
Biến phú tam-thiên đại thiên thế-giới, thuyết thành thiệt ngôn:
„Nhữ đẳng chúng-sanh đương tín thị xưng tán bất khả tư-nghị công-đức,
Nhứt thiết chư Phật sở hộ-niệm kinh."
Xá-lợi-Phất, nam phương thế-giới hữu Nhựt-nguyệt-Đăng Phật,
Danh-văn-quang Phật, Đại-diệm-kiên Phật, Tu-Di-Đăng Phật,
Vô-lượng Tinh-Tấn Phật; như thị đẳng hằng hà sa số chư Phật.
Các ư kỳ quốc, xuất quảng trường thiệt tướng,
Biến phú tam-thiên đại thiên thế-giới, thuyết thành thiệt ngôn:
„Nhữ đẳng chúng-sanh đương tín thị xưng tán bất khả tư-nghị công-đức,
Nhứt thiết chư Phật sở hộ-niệm kinh."
Xá-lợi-Phất! Tây-phương thế-giới hữu Vô-lượng-thọ Phật,
Vô-lượng-tướng Phật, Vô-lượng-Tràng Phật,
Đại-quang Phật, Đại-minh Phật, Bảo-Tướng Phật,
Tịnh-quang Phật, như thị đẳng hằng hà sa số chư Phật, các ư kỳ quốc,

Xuất quảng trường thiệt tướng,
biến phú tam-thiên đại thiên thế-giới, thuyết thành thiệt ngôn:
„Nhữ đẳng chúng-sanh đương tín thị xưng tán bất khả tư-nghị công-đức,
Nhứt thiết chư Phật sở hộ-niệm kinh.“
Xá-lợi-Phất, bắc phương thế-giới, hữu Diệm-kiên Phật,
Tối-thắng-âm Phật, Nan-Trở Phật, Nhựt-sanh Phật,
Võng-Minh Phật; như thị đẳng hằng hà sa số chư Phật,
Các ư kỳ quốc, xuất quảng trường thiệt tướng,
Biến phú tam-thiên đại thiên thế-giới, thuyết thành thiệt ngôn:
„Nhữ đẳng chúng-sanh đương tín thị xưng tán bất khả tư-nghị công-đức,
Nhứt thiết chư Phật sở hộ-niệm kinh.“
Xá-lợi-Phất! Hạ phương thế-giới, hữu Sư-tử Phật,
Danh-Văn Phật, Danh-Quang Phật,
Đạt-Ma Phật, Pháp-Tràng Phật,
Trì-Pháp Phật, như thị đẳng hằng hà sa số chư Phật,
Các ư kỳ quốc, xuất quảng trường thiệt tướng,
Biến phú tam-thiên đại thiên thế-giới, thuyết thành thiệt ngôn:
„Nhữ đẳng chúng-sanh đương tín thị xưng tán bất khả tư-nghị công-đức,
nhứt thiết chư Phật sở hộ-niệm kinh!“
Xá-lợi-Phất! Thượng phương thế-giới, hữu Phạm-âm Phật,
Tú-vương Phật, Hương-thượng Phật, Hương-quang Phật,
Đại-diệm-kiên Phật,Tạp-sắc-bảo-hoa-nghiêm thân Phật,
Ta-la-thọ-vương Phật, Bảo-hoa-đức Phật, Kiến-nhứt-thiết-nghĩa Phật,
như Tu-di-sơn Phật, như thị đẳng hằng hà sa số chư Phật.
Các ư kỳ quốc, xuất quảng trường thiệt tướng,
Biến phú tam-thiên đại thiên thế-giới, thuyết thành thiệt ngôn:
„Nhữ đẳng chúng-sanh đương tín thị xưng tán bất khả tư-nghị công-đức,
Nhứt thiết chư Phật sở hộ-niệm kinh.“
Xá-lợi-Phất! „Ư nhữ ý vân hà? Hà cố danh vi
„Nhứt thiết chư Phật sở hộ niệm kinh.“
Xá-lợi-Phất! Nhược hữu thiện-nam tử, thiện-nữ nhơn,
văn thị kinh thọ trì giả, cập văn chư Phật danh giả,
Thị chư thiện-nam tử, thiện-nữ nhơn,
Giai vi nhứt-thiết chư Phật chi sở hộ niệm,
Giai đắc bất thối chuyển ư A-nậu-đa-la tam-miệu tam-bồ-đề.
Thị cố Xá-lợi-Phất, nhữ đẳng giai đương tín thọ ngã ngữ,
Cập chư Phật sở thuyết.
Xá-lợi-Phất! Nhược hữu nhơn
Dĩ phát nguyện, kim phát-nguyện, đương phát nguyện, dục sanh A-Di-Đà Phật quốc giả,
Thị chư nhơn đẳng giai đắc bất thối chuyển
Ư A-nậu-đa-la tam-miệu tam-bồ-đề, ư bỉ quốc độ,
Nhược dĩ sanh, nhược kim sanh, nhược đương sanh.

Thị cố Xá-lợi-Phất! Chư thiện-nam tử, thiện-nữ nhơn,
Nhược hữu tín giả, ưng đương phát nguyện sanh bỉ quốc-độ.
Xá-lợi-Phất, như ngã kim giả, xưng tán chư Phật bất khả tư nghị công-đức,
Bỉ chư Phật đẳng, diệc xưng tán ngã bất khả tư nghị công-đức, nhi tác thị ngôn:
„Thích-ca Mâu-ni Phật năng vi thậm nan hy hữu chi sự,
Năng ư Ta-bà quốc-độ ngũ-trược ác thế
Kiếp-trược, kiến-trược, phiền-não trược, chúng-sanh trược,
Mạng-trược trung đắc A-nậu-đa-la tam-miệu tam-bồ-đề,
Vị chư chúng-sanh, thuyết thị nhứt thiết thế-gian nan tín chi pháp."
Xá-lợi-Phất, đương tri ngã ư ngũ-trược ác thế,
hành thử nan sự, đắc A-nậu-đa-la tam-miệu tam-bồ-đề,
Vị nhứt thiết thế-gian thuyết thử nan tín chi pháp, thị vi thậm nan.
Phật thuyết thử kinh dĩ, Xá-lợi-Phất cập chư Tỳ-kheo,
Nhứt thiết thế-gian, Thiên, Nhơn, A-tu-la đẳng,
Văn Phật sở thuyết, hoan-hỷ tín thọ, tác lễ nhi khứ.

Phật thuyết A-Di-Đà kinh.

A13. Beispiel je einer Traueranzeige mit Danksagung von Hinterbliebenen eines verstorbenen vietnamesischen Buddhisten und einer Beileidsbekundung als Antwort (deutsche Übersetzung und vietnamesische Originaltexte)

(Die weiter unten stehenden vietnamesischen Originaltexte der beiden folgenden deutschen Übersetzungen wurden in den Ausgaben 152 (S. 61) bzw. 153 (S. 83) der zweimonatlich erscheinenden vietnamesischsprachigen Zeitschrift „Vien Giac" veröffentlicht, welche sich an die weltweit lebenden vietnamesischen Buddhisten richtet. – Dem Verfasser wurde die Nennung der familienbezogenen Angaben im Rahmen der vorliegenden Studie von den Hinterbliebenen auf mündlichem Wege ausdrücklich gestattet.)

Traueranzeige mit Danksagung

Unsere trauernde Familie gibt hiermit gemäß ihrer Pflicht zu tiefer Dankbarkeit gegenüber unseren Verwandten und Freunden bekannt, dass unser Schwiegersohn, Vater und Großvater von uns gegangen ist:

TAM LUONG (Dharma-Name) – HUYNH CONG CU (weltlicher Name)
– Laienbuddhist mit abgelegtem Bodhisattva-Gelübde –
geboren im Jahr der Schlange (= 1941) in Hue, Vietnam,
verstorben am 8. März im Jahr des Hundes (= 5. April 2006) um 4 Uhr morgens
in Frankfurt a. M., Deutschland,
im Alter von 66 Jahren.

Die Trauerfeier mit anschließender Einäscherung erfolgte am Donnerstag, den 13.5.2006, um 8 Uhr in der Städtischen Pietät, Eckenheimer Landstrasse 190, 60320 Frankfurt a. M.

Unsere trauernde Familie ist folgenden Personen zu tiefem Dank verpflichtet:

- dem Hochehrwürdigen Mönch Thich Kien Tanh (Pagode Vien Giac, Hannover, Deutschland)
- dem Hochehrwürdigen Mönch Thich Tri Minh (Pagode Khuong Viet, Løvenstad bei Oslo, Norwegen)
- dem Ehrwürdigen Mönch Thich Nhu Dien (Gründerabt der Pagode Vien Giac, Hannover, Deutschland)
- dem Ehrwürdigen Mönch Thich Nhat Chan und den Nonnen seiner Pagode
- dem Ehrwürdigen Mönch Thich An Chi (Abt der Pagode Khuong Viet, Løvenstad bei Oslo, Norwegen)
- dem Ehrwürdigen Mönch Thich Dong Van (Abt der Pagode Tam Giac, München, Deutschland) und den Novizen seiner Pagode
- dem Ehrwürdigen Mönch Thich Hanh Tan (Abt der Pagode Vien Giac, Hannover, Deutschland) und allen nicht bereits namentlich genannten Mönchen und Nonnen

seiner Pagode

- dem Ehrwürdigen Mönch Thich Thien Son (Abt der Pagode Phat Hue, Frankfurt a. M., Deutschland) und den anderen Mönchen seiner Pagode
- dem Ehrwürdigen Mönch Thich Hanh Bao (Abt der Pagode Van Hanh, Odense, Dänemark und der Pagode Vien Y, Padova, Italien)
- der Hochehrwürdigen Nonne Thich Nu Dieu Tam (Äbtissin der Pagode Bao Quang, Hamburg, Deutschland) und den anderen Nonnen ihrer Pagode
- der Ehrwürdigen Nonne Thich Nu Nhu Vien (Äbtissin der Pagode Tam Bao, Reutlingen, Deutschland) und den anderen Nonnen ihrer Pagode
- der Ehrwürdigen Nonne Thich Nu Dieu Phuoc (Äbtissin der Pagode Linh Thuu, Berlin, Deutschland)
- der Ehrwürdigen Nonne Thich Nu Dieu Hanh (Äbtissin der Pagode Phat Bao, Barntrup, Deutschland)
- der Ehrwürdigen Nonne Thich Nu Tam Vien (Äbtissin der Pagode Lien Tri, Leipzig, Deutschland)
- dem Ehrwürdigen Novizen Thich Hanh Nhan (Pagode Vien Am, Nürnberg, Deutschland) sowie dem Nürnberger Buddhistischen Ortsverein und Verein Buddhistischer Jugend
- der Vereinigung der Buddhistischen Vietnam-Flüchtlinge e.V. in Deutschland sowie der Gruppe der Buddhisten mit abgelegtem Bodhisattva-Gelübde in Deutschland
- allen Ortsvereinen der Buddhistischen Vietnam-Flüchtlinge in Deutschland
- dem Verein der Vietnamesischen Flüchtlinge in Frankfurt a. M.
- dem Verein der Senioren in Frankfurt a. M. und Umgebung
- den Mitgliedern der Pilgergruppe nach China in München
- allen Familienangehörigen beider verwandtschaftlicher Seiten
- allen Freunden und Landsleuten von nah und fern (aus Frankreich, den USA, England, Australien, Indien, Norwegen, Dänemark und den Niederlanden), die gekommen sind, um Abschied gemäß der buddhistischen Trauerrituale zu nehmen, für unseren verstorbenen Schwiegersohn, Vater und Großvater rezitiert und gebetet und/oder unserer Familie ihr Beileid beim persönlichen Besuch, am Telefon oder per Brief oder E-Mail ausgesprochen und uns in jeder Hinsicht geholfen und Beistand geleistet haben

Für während der Trauerfeierlichkeit aufgetretene Fehler bitten wir um Nachsicht.

Die trauernde Familie:

- Bhiksu Thich Hanh Hoa
- Bhiksuni Thich Nu Hanh Chau
- Bhiksuni Thich Nu Hanh Binh
- die älteste Tochter Thien Hau - Huynh Le Dieu Hien, Deutschland
- der Schwiegersohn Thien Huy - Lai Ngoc Vinh, Deutschland
- die jüngere Tochter Thien Duc - Huynh Le Dieu Phuoc, Deutschland
- die Enkelin mütterlicherseits: Thien Xuan - Lai Huynh Thien Xuan, Deutschland
- der Enkel mütterlicherseits: Thien My - Lai Huynh Thien My, Deutschland

Alle uns zugegangenen Geldspenden haben wir den Pagoden, Mönchen und Nonnen gespendet sowie für den Erwerb von Buddha-Statuen, den Druck von Rezitationsbüchern und die Freilassung von Tieren verwendet. Mögen alle Lebewesen ihren Geist der Erleuchtung kultivieren und die Buddhaschaft erreichen! Verehrung dem Buddha Amitabha!

Beileidsbekundung

Wir haben die Nachricht erhalten, dass
der Laienbuddhist mit abgelegtem Bodhisattva-Gelübde
TAM LUONG (Dharma-Name) – HUYNH CONG CU (weltlicher Name),
geboren im Jahre der Schlange,
am 5. April 2006 in Frankfurt a. M. (Deutschland)
im Alter von 66 Jahren verstorben ist.

Wir möchten dem Ehrwürdigen Mönch Thich Hanh Hoa, der Ehrwürdigen Nonne Thich Nu Hanh Chau, der Ehrwürdigen Nonne Thich Nu Hanh Binh und allen anderen trauernden Familienangehörigen unser tief empfundenes Beileid ausdrücken; gleichzeitig wollen wir dafür beten, dass Herr Tam Luong baldmöglichst im Reinen Land Sukhavati des Buddha Amitabha geboren wird.

- Der Ehrwürdige Gründerabt, der Ehrwürdige Abt und alle anderen Mönche sowie die Nonnen der Pagode Vien Giac, Hannover (Deutschland)
- Das Komitee zur Aufrechterhaltung der Drei Juwelen
- Die Vereinigung der Buddhistischen Vietnam-Flüchtlinge e.V. in Deutschland mit ihren Ortsvereinen
- Die Redaktion der Zeitschrift „Vien Giac“

CÁO PHÓ & CẢM TẠ

Tang gia chúng con/chúng tôi thành kính báo tin và tri ân cùng thân bằng quyến thuộc, các bạn hữu, là Con Rể, Cha, Ông Ngoại chúng con / chúng tôi:

Bồ Tát Giới tại gia, Pháp danh TÂM LƯỢNG

Thế danh: HUỲNH CÔNG CỬ
Năm sinh: Tân Tỵ (1941) tại Huế, Việt Nam.
Mãn kiếp Ta Bà về cõi Phật: 4 giờ sáng ngày mồng 8 tháng 3 năm Bính Tuất,
nhằm ngày 5.4.2006 tại Frankfurt a. M., Đức Quốc.
Hưởng thọ 66 tuổi.

Tang lễ và Hỏa thiêu được cử hành lúc 8 giờ sáng ngày Thứ năm 13.5.2006 tại Städtische Pietät - Eckenheimer Landstrasse 190 - 60320 Frankfurt a. M.

Tang gia chúng con/chúng tôi thành kính tri ân
và cảm tạ:

-Hòa Thượng: Thượng Kiến Hạ Tánh (Chùa Viên Giác Hannover, Đức Quốc);

-Hòa Thượng: Thượng Trí Hạ Minh (Chùa Khuông Việt, Na Uy);

-Thượng Tọa Thích Như Điển, Phương Trượng chùa Viên Giác Hannover, Đức Quốc;

-Thượng Tọa Thích Nhất Chân và Quý Cô;

-Thượng Tọa Thích An Chí, Trụ trì chùa Khuông Việt, Na Uy;

-Thượng Tọa Thích Đồng Văn, Trụ trì chùa Tâm Giác, München, Đức Quốc và Quý Sư Chú;

-Đại Đức Thích Hạnh Tấn, Trụ trì chùa Viên Giác Hannover, Đức Quốc cùng toàn thể Chư Tôn Đức Tăng Ni chùa Viên Giác;

-Đại Đức Thích Thiện Sơn, Trụ trì chùa Phật Huệ, Frankfurt a. M., Đức Quốc cùng Chư Đại Đức chùa Phật Huệ;

-Đại Đức Thích Hạnh Bảo, Trụ trì chùa Vạn Hạnh (Đan Mạch) và chùa Viên Ý (Ý);

-Sư Bà: Thượng Diệu Hạ Tâm, Trụ trì chùa Bảo Quang Hamburg, Đức Quốc cùng Quý Sư Cô;

-Ni Sư Thích Nữ Như Viên, Trụ trì Niệm Phật Đường Tam Bảo Reutlingen, Đức Quốc và Sư Cô.

-Ni Sư Thích Nữ Diệu Phước, Trụ trì chùa Linh Thứu, Berlin, Đức Quốc;

-Ni Sư Thích Nữ Diệu Hạnh, Trụ trì chùa Phật Bảo, Đức Quốc;

-Sư Cô Thích Nữ Tâm Viên, Trụ trì Niệm Phật Đường Liên Trì, Leipzig, Đức Quốc;

-Sư Chú Thích Hạnh Nhẫn, Niệm Phật Đường Viên Âm, Nürnberg và CHPT + GĐPT Chánh Dũng, Đức Quốc;

-Hội Phật Tử VNTN tại CHLB Đức và Liên Chúng Bồ Tát tại Đức;

-Tất cả Chi Hội Phật Tử VNTN tại Đức Quốc;

-Hội Người Việt Tỵ Nạn tại Frankfurt a. M.;

-Hội Cao Niên Frankfurt a. M. và VPC;

-Nhóm Phật Tử Hành Hương Trung Quốc tại München;

-Quý Thông Gia;

-Cùng quý Đồng Hương, thân bằng quyến thuộc, thân hữu xa gần ở Pháp, Mỹ, Anh, Úc, Việt Nam, Ấn Độ, Na Uy, Đan Mạch, Hòa Lan... đã tận tình đến tống táng theo Nghi Lễ Phật Giáo, tụng kinh cầu siêu, hộ niệm cầu nguyện, thăm viếng, Email, thư tín, điện thoại, phúng điếu... giúp đỡ mọi mặt, cùng dự tang lễ và tiễn đưa Linh Cữu con Rể, Cha, Ông Ngoại của chúng con/chúng tôi về Thế Giới Tây Phương Cực Lạc. Trong lúc tang gia bối rối chắc chắn không khỏi có những sai sót, ngưỡng nguyện Chư Tôn Hòa Thượng, Thượng Tọa, Đại Đức Tăng Ni và Quý Vị niệm tình tha thứ.

Tang gia đồng kính bái:

-Tỳ Kheo Thích Hạnh Hòa

-Tỳ Kheo Ni Thích Nữ Hạnh Châu

-Tỳ Kheo Ni Thích Nữ Hạnh Bình

-Trưởng Nữ: Thiện Hậu Huỳnh Lê Diệu Hiền (Đức)

-Con Rể: Thiện Huy Lại Ngọc Vinh (Đức)

-Thứ Nữ: Thiện Đức Huỳnh Lê Diệu Phước (Đức)

-Cháu Ngoại: Thiện Xuân Lại Huỳnh Thiện Xuân (Đức)

-Cháu Ngoại: Thiện Mỹ Lại Huỳnh Thiện Mỹ (Đức).

Tất cả tịnh tài phúng điếu của Quý Vị, chúng con/chúng tôi xin cúng dường các Chùa, Thỉnh tượng Phật, Ấn tống kinh, Phóng sanh, cúng dường Chư Tôn Đức, đồng hồi hướng Nhất Thiết Pháp Giới Chúng Sanh đồng phát Bồ Đề Tâm, đồng thành Phật đạo.

Nam Mô A Di Đà Phật

PHÂN ƯU

Được tin Phật Tử Bồ Tát Giới, là:

HUỲNH CÔNG CỬ
Pháp danh TÂM LƯỢNG
Sinh năm Tân Tỵ
Mất ngày mồng Tám tháng Ba năm Bính Tuất,
nhằm ngày 05.04.2006, tại Frankfurt a. M., Đức Quốc.
Hưởng thọ 66 tuổi.

Chúng tôi xin chân thành chia buồn cùng quý Sư Cô Thích Nữ Hạnh Châu, Thích Nữ Hạnh Bình, Đại Đức Thích Hạnh Hòa và tang quyến; đồng thời xin cầu nguyện Hương linh Phật Tử Tâm Lượng sớm được siêu sinh miền Cực Lạc.

- Thượng Tọa Phương Trượng, Đại Đức Trụ Trì, Tăng Ni và Tăng Chúng chùa Viên Giác, Hannover.
- Ban Hộ Trì Tam Bảo chùa Viên Giác
- Hội Phật Tử và các Chi Hội Phật Tử VNTN tại Cộng Hòa Liên Bang Đức.
- Ban Biên Tập Báo Viên Giác.

ANHANG

Teil III

In Deutschland für vietnamesische Buddhisten im Zusammenhang mit Sterben und Tod nützliche oder erforderliche Papiere (verschiedene noch nicht ausgefüllte Formulare und erstellte Bescheinigungen)

A14. Personenliste für erbetene Friedensandachten in der Pagode Vien Giac, Hannover

Pagode Vien Giac
Karlsruher Str. 6, 30519 Hannover
Tel.: 0511-879630, Fax: 0511-8790963
Email: viengiactu@viengiac.de
Homepage: www.viengiac.de

Phiếu Cầu An

(Personenliste für Friedensandachten)

Phật Tử tên là: ______________________ Pháp danh: ______________________
(weltlicher Name des Buddhisten/der Buddhistin) (Dharma-Name des Buddhisten/der Buddhistin)

Địa chỉ cư ngụ: ____
(wohnhaft in)

Tiểu bang: ______________________ Điện thoại ______________________
(Bundesland) (Telefon)

Kính xin quý Chùa cầu an cho những thân nhân của Phật Tử có tên dưới đây:
(Ich bitte die Pagode um eine Friedenandacht für meine unten aufgelisteten Familienangehörigen sowie Verwandten)

STT. Nr.	**Họ và Tên** Weltlicher Name und Vorname	**Pháp danh** Dharma-Name	**Năm sanh** Geb.-jahr	**Nam** M	**Nữ** F	**Ghi chú** Vermerk

A15. Buddhistische Patientenverfügung (deutsche Fassung)

Ich, ...
geboren am ....
wohnhaft in ....

bestimme hiermit für den Fall, dass ich meinen Willen nicht mehr bilden oder verständlich äußern kann:

Wenn in Folge einer Gehirnschädigung meine Fähigkeit, Einsicht zu gewinnen, Entscheidungen zu treffen und mit anderen Menschen in Kontakt zu treten, nach Einschätzung zweier erfahrener Fachärzte aller Wahrscheinlichkeit nach unwiederbringlich erloschen ist, selbst wenn der Todeszeitpunkt noch nicht absehbar ist, so treffe ich folgende Festlegungen:

Ich wünsche einen menschenwürdigen Tod und bitte meine Ärzte, Angehörigen und Pfleger, mir dabei beizustehen.

Ich wünsche

- eine ausreichende Schmerzbehandlung
- die Unterlassung bzw. den Abbruch künstlicher Ernährung
- die Unterlassung jeglicher intensiv-medizinischer Maßnahmen zur Verlängerung oder Aufrechterhaltung allein der organischen Lebensfunktionen.

Sofort nach ärztlich bestätigtem Eintritt meines Todes sollen meine Angehörigen informiert werden. Ich ordne an, dass mein Leichnam meinem buddhistischen Glauben gemäß nach dem Eintritt des Todes mindestens 8 Stunden lang unberührt bleiben soll.

Ich habe diese Patientenverfügung in eigener Verantwortung und ohne äußeren Druck erstellt.

Ort, Datum .... Unterschrift der/des Verfügenden ....

Die folgenden Personen meines Vertrauens bezeugen durch ihre Unterschrift meine Willenserklärung:

Name, Vorname, Adresse, Telefonnummer, Unterschrift

1)..

....

2)..

....

3)..

....

4)..

....

5)..

....

Zur späteren Bestätigung der Verfügung:

Im Folgenden bestätige ich mit meiner Unterschrift, dass ich den Inhalt meiner Patientenverfügung überprüft habe und sich mein in ihr niedergelegter Wille nicht geändert hat.

Datum, Unterschrift

....

Datum, Unterschrift

....

Datum, Unterschrift

....

Datum, Unterschrift

....

A16. Buddhistische Patientenverfügung (vietnamesische Fassung)

ỦY THÁC CỦA BỆNH NHÂN

Tôi:...
Sinh ngày:...
Cư ngụ tại:..

quyết định với văn bản này trong trường hợp tôi không còn trình bày hoặc diễn đạt được nguyện vọng của mình như sau:

Nếu vì hậu quả của hư hao não bộ mà khả năng nhìn nhận, quyết định và tiếp cận người khác của tôi sau thẩm định của hai vị bác sĩ chuyên môn hầu như hoàn toàn không còn nữa và không thể hồi phục lại được, ngay cả khi chưa xác định được thời điểm chết, tôi có sự sắp xếp như sau:

Tôi mong muốn có một sự ra đi trong nhân phẩm và xin các bác sĩ, thân nhân và các điều dưỡng viên hỗ trợ giúp đỡ tôi.

Tôi muốn

- được trị liệu chống đau đầy đủ
- không áp dụng và duy trì dưỡng sinh nhân tạo
- không áp dụng các phương pháp hồi sinh cấp cứu kéo dài và duy trì mạng sống của tôi.

Sau khi tôi chết xin thông báo lập tức cho thân nhân của tôi và tôi mong muốn thân xác của tôi theo quan điểm Phật Giáo không bị đụng chạm tối thiểu trong vòng 8 tiếng đồng hồ.

Tôi chịu trách nhiệm về việc lập ủy thác này và hoàn toàn tự nguyện.

Nơi/ Ngày, tháng, năm	Chữ ký người lập ủy thác
....	....

Những người thân sau đây ký tên xác nhận nguyện vọng của tôi.

Họ, tên, địa chỉ, điện thoại, chữ ký

1)..

....

2)..

....

3)..

....

4)..

....

5)..

....

Tiếp tục xác nhận lời ủy thác:

Tôi xin ký kết xác nhận rằng tôi đã kiểm lại nội dung lời ủy thác của tôi và vẫn giữ nguyên nguyện vọng của mình:

Ngày, tháng, năm và chữ ký

....

Ngày, tháng, năm và chữ ký

....

Ngày, tháng, năm và chữ ký

....

Ngày, tháng, năm và chữ ký

....

A17. Beispiel eines bei einem deutschen Bestattungsunternehmen abgeschlossenen Vorsorgevertrags

BABST BESTATTUNGEN
☎ (05 11) 980 610
Fax 88 82 21
BESTATTER

AUFTRAG vom 20. 4. 11
Religion
Pastor
Kirche
Besuch Vorvertrag
Telefon 0179 1388976
0511 879630
Termin

Die Endabrechnung erfolgt nach der Bestattung: Gewährung von Skonto nicht möglich.

Erd- / Feuerbestattung mit / ohne Feier / Urnenfeier des / der Verstorbenen: Thanh Ho geb.
Anschrift Karlsruher Str. 6, 30519 Hannover Beruf Mönch

		Euro	
frühere Wohnung Hannover			
bis	Sarg inkl. Polster 140 Kiefer massiv	1.550,	–
geboren am: 24.12.74	Decke und Kissen	125,	–
geboren in: Saigon	Bestattungswäsche Eigene Bekl.	–	
led./verh./verwitwet/gesch. – Kinder	Kreuz auf dem Sarg	–	
gestorben am: Uhr	Überurne ~~588~~ ~~~~ Seeurne 688	485,	–
in:	Bestattungswagen zur Überführung	170,	–
	Überführung außerhalb € à km	–	
Auftraggeber: Ehegatte/Sohn/Tochter/Bruder/Schwester/Neffe/Nichte	Träger zur Überführung	280,	–
Loc Ho	Zuschlag für Arbeit außerhalb der regulären Arbeitszeit	–	
Karlsruher Str. 6	Bestattungswagen zur Beerdigung	170,	–
30519 Hannover	Kranzwagen für Blumentransport	–	
Rechnung an:	Träger zur Beerdigung	280,	–
	Kapellenbenutzung inkl. Dekoration	295,	–
Witwe/Witwer von:	Betreuung der Trauerfeier	125,	–
geb. in	Urnentransport zum Friedhof	–	
gest.	Träger zur Urnenbeisetzung	–	
Beruf	Hygienische Versorgung	48,	–
Heirat St.A	Annahme/Aufbewahrung/Aufbahrung des Sarges	110,	–
Beerdig.-Friedhof: Harlesiel	Thanatopraxie-Behandlung	–	
Abt. Seebestattung	Beurkundung Standesamt	80,	–
Erd-/Urnen-/Wahlgrab – Neukauf – altes Grab	Organist/Cello/CD CD	–	
Tiefe – Normal – Reihengrab/anonym/pflegearm	Verwaltungs-/Bearbeitungskosten	65,	–
Inhaber des Grabes:	Organisation/Leitung/Überwachung	135,	–
letzte Beisetzung:	inkl. 19 % MwSt.		
Trauerf.-Friedhof/Kapelle: Babst-Laatzen	**In Ihrem Namen und für Ihre Rechnung bestellt**		
Urnenbeis. mit/ohne Angehörige	Friedhofsgebühren Anonyme Beisetzung		
Herzschrittmacher ja/nein	Einäscherungsgebühr Hasede	353,	18
Bemerkungen:	Annahme und Aufbewahrung des Sarges		
Leichenwagen-Mercedes	Urnentransport		
	Gebühren für Totenschein – Dr.		
	Gebühren für Gesundheitsamt (Amtsarzt)		
	Leichenhallengebühren Krankenhaus 2		
	Sterbeurkunden 5	30,	–
Krankenkasse: AOK/BEK/DAK/IKK/Knappsch./Hbg-Münchener/Betr. KK/Tech. KK/KKH/GEK	Besorgung v. Heirats-/Sterbe-/Geburtsurkunden/Familienbuch		
Zahlstelle:			
Versicherungen:	Sargstrauß/-Bogen/-Schmuck		
	siehe Anlage		
		4301	18
An Familienpapieren sind vorhanden:			
Heiratsurkunde – Familien(stamm)buch – PA			
Sterbeurkunde – Geburtsurkunde – Scheidungsurteil			
Nachgereicht wird: – / Von uns anzufordern:			
Bemerkungen:	Drucksachen Fa.		
Versorgungsamt Nr.:	Danksagungen Fa.		
Rente Nr.:	Zeitungsanzeige HAZ		
	Danksagung HAZ		
	Rednergebühren		
Mit der Durchführung der Bestattung wie oben aufgenommen einverstanden: Thanh Ho	Endsumme		

In diesen Preisen ist die ges. Mehrwertsteuer enthalten. Alle Preise in Euro. USt-IdNr. 25/216/58204

Handelsregister Hannover Abt. A Nr. 26281 Gerichtsstand für beide Teile: Hannover

Oesterleystraße 14. 30171 Hannover · Hildesheimer Straße 126. 30880 Laatzen · Peiner Straße 33. 30519 Hannover

A18. Beispiel eines Kostenvoranschlags eines Bestattungsunternehmens

Erd- und Feuerbestattungen
Überführung In- und Ausland

Bestattungen Landfried · Hallerstraße 5 · 92366 Hohenfels Raitenbuch

An Herrn

Hohenfels-Raitenbuch, den 08.09.2004

Angebot
Aufliestung für Herrn - seiner dereinstigen Bestattung

Angebot Nr.: AN-200409006

	Euro
Leistung der Bestattung	
Sarg - mit Hohlkehlen hell	480,00
Sargmatratze mit Bespannung	49,00
Einbettung - Decke - Kissen	65,00
Urne - Aschenkapsel	85,00
Sterbefallaufnahme in gewohnter Umgebung	39,00
Besorgungen u. Erledigungen- Behördengänge	80,00
Verstorbenen waschen - ankleiden - einsargen	76,00
Sargdesinfektion	19,00
Ortsüberführung - wenn Sterbetag am Wochenende	70,00
Überführung Parsberg Regensburg -Krematorium	158,00
Helfer bei Überführungen	45,00
Leistung der Bestattung Nettobetrag	**1.166,00**
zuzüglich 16% MwSt	**186,56**
Leistung der Bestattung Bruttobetrag	**1.352,56**
Auslagen - Auftraggeber	
Leichenschau Dr. Kämpfe Beratzhausen	110,00
Sterbeurk.	14,00
Rechn. Bestattungsamt Regb.- Feuerbestattung	340,00
Rech. Stadt Parsberg - Gebührb.- Friedhofsh. wenn Sterbetag am Wochenende	56,00
Auslagen - Auftraggeber Bruttobetrag	**520,00**
Leistung der Bestattung Gesamt:	1.352,56
Auslagen Auftraggeber Gesamt:	520,00
Auslagen und Leistung der Bestattung gesamt:	1.872,56

Endbetrag: 1.872,56

Das Bestattungsinstitut Landfried bedankt sich für Ihr entgegengebrachtes Vertrauen !

Bestattungen Landfried · Hallerstraße 5 · 92366 Hohenfels-Raitenbuch · Telefon 0 94 72/15 01 · Telefax 0 94 72/2 92 · Inhaber: Bernhard Landfried
Handelsregister Ⓐ 11 504 · Bankverbindung: Sparkasse Hohenfels (BLZ 760 520 80) Konto 372 474 · Raiffeisenbank Hohenfels (BLZ 750 690 94) Konto 160 008

A19. Beispiel eines in Deutschland ausgestellten Leichenschauscheines

Blatt 1: für das Gesundheitsamt

Leichenschauschein Zutreffendes bitte ankreuzen [X]

- Vertraulicher Teil -

Wird vom Standesamt ausgefüllt

Standesamt

Sterbefall beurkundet, Sterbebuch Nr.

Eintragung vorgemerkt, Vormerkliste Nr.

Personalangaben

Geschlecht [X] männlich [ ] weiblich

PLZ, Wohnort, Kreis: 60431 Frankfurt/M

Geburtsdatum (Tag, Monat, Jahr): 12.06.1943 Geburtsort: Phu Cat/Hue Vietnam

[X] Zeitpunkt des Todes [ ] Zeitpunkt der Leichenauffindung (falls Sterbezeitpunkt unbekannt bzw. tot aufgefunden) Datum (Tag, Monat, Jahr), Uhrzeit (Stunde, Minute): 05.04.2006 ~ 05°°

Letzte Behandlung durch: Ärztin oder Arzt, Krankenhaus, Hausärztin oder Hausarzt

Name, Straße, Hausnummer, PLZ, Ort, Telefon, Telefax

Sichere Zeichen des Todes

[X] Totenstarre [X] Totenflecke [ ] Fäulnis [ ] Verletzungen, die nicht mit dem Leben vereinbar sind [ ] Hirntod

Reanimationsbehandlung [ ] ja [X] nein

Todesursache / Klinischer Befund

Bitte nur eine Todesursache pro Feld, nicht Endzustände wie Atemstillstand, Herz-Kreislaufversagen, Kachexie usw. eintragen

		Zeitdauer zwischen Krankheitsbeginn und Tod	ICD-Code
I. Unmittelbar zum Tode führende Krankheit	a) unmittelbare Todesursache: Dekompens. Herzinsuffizienz		
Vorangegangene Ursachen Krankheiten, die die unmittelbare Todesursache unter a) herbeigeführt haben, mit der ursprünglichen Ursache (Grundleiden)	b) als Folge von: Koronare Herzerkrankung		
	c) als Folge von (Grundleiden): Hypertonie		
II. Andere wesentliche Krankheiten Krankheiten, die zum Tode beigetragen haben, ohne mit der unmittelbaren Todesursache oder dem Grundleiden im Zusammenhang zu stehen	Hypercholesterinämie		

Obduktion angestrebt? [ ] ja [X] nein

Nähere Angaben zur Todesursache und zu Begleiterkrankungen (Epikrise)

Weitere Angaben zur Klassifikation der Todesursache

		ICD-Code
Z.B. bei Unfall, Vergiftung, Gewalteinwirkung, Selbsttötung sowie bei Komplikationen medizinischer Behandlung	Äußere Ursache der Schädigung (Angabe über den Hergang)	
	Bei Vergiftung: Angabe des Mittels	E
	Unfallkategorie (bitte nur Untergruppe ankreuzen): [ ] Schulunfall (ohne Wegeunfall) [ ] häuslicher Unfall [ ] Arbeits- oder Dienstunfall (ohne Wegeunfall) [ ] Sport- oder Spielunfall (nicht in Haus oder Schule) [ ] Verkehrsunfall [ ] sonstiger Unfall	
Verdacht auf Vorliegen einer Berufskrankheit	Angabe der Krankheit	
Bei Kindern unter einem Jahr sowie bei Totgeborenen	Mehrlingsgeburt [ ] ja [ ] nein; Länge bei Geburt cm; Geburtsgewicht g	
Bei Neugeborenen, verstorben innerhalb der ersten 24 Stunden	Frühgeburt [ ] ja; Schwangerschaftswoche; Lebensdauer vollendete Stunden [ ] unbekannt	
Bei Frauen	Liegt eine Schwangerschaft vor? [ ] ja, im [ ] -ten Monat [ ] nein [ ] unbekannt	
	Erfolgte in den letzten 3 Monaten eine Entbindung, eine Interruptio, ein Abort? [ ] ja [ ] nein [ ] unbekannt	

Anhaltspunkte für einen nichtnatürlichen Tod

[ ] ja Erläuterung, wenn möglich [ ] Todesart ungeklärt

Ärztliche Bescheinigung

Aufgrund der von mir sorgfältig und an der entkleideten Leiche durchgeführten Untersuchung bescheinige ich hiermit den Tod und die oben gemachten Angaben.

Ort, Datum und Zeitpunkt der Leichenschau: Frankfurt/M 05.04.2006 06.30

Unterschrift und Stempel der Ärztin oder des Arztes

Hans-Georg Silber
Facharzt für Allgemeinmedizin
Nibelungenallee 51
60318 Frankfurt/M
☎ 069 / 95 95 69 70
[illegible] / 7 59 83 84

Ärztlicher Notdienst
Kassenärztliche Vereinigung Hessen
Körperschaft des öffentlichen Rechts
Bezirksstelle Frankfurt -
Georg-Voigt-Straße 15
60325 Frankfurt
40 77 891

06/515/0111/50 Deutscher Gemeindeverlag (01120) Vordrucksatz Todesbescheinigung
H 145.0111 X W. Kohlhammer GmbH

A20. Beispiel einer in Deutschland ausgestellten Sterbeurkunde

Sterbeurkunde **G**

(Standesamt Mitte in Frankfurt am Main -/-

Nr. 2103/2006)

buddhistisch, -/-

wohnhaft in Frankfurt am Main, -/-

ist am 05. April 2006 gegen ----- ~~um~~ 05 Uhr 00 Minuten

in Frankfurt am Main -/-

verstorben.

Der Verstorbene war geboren am 12. Juni 1943 -/-

in Phu Cat, Distrikt Ta Ngan, Provinz Thua - Thien, Republik Vietnam. -/-

Der Verstorbene war verheiratet mit -

Le. -/-

Frankfurt am Main, den 28. April 2006

(Siegel)

Der Standesbeamte

Sterbeurkunde G
Verlag für Standesamtswesen GmbH, Frankfurt am Main · Berlin · 1999

15/405

A21. Beispiel eines Formulars für einen Antrag auf Genehmigung einer Verlängerung der gesetzlichen Aufbahrungsfrist

Pagode Vien Giac
Karlsruher Str. 6
30519 Hannover

Region Hannover
- Fachbereich Gesundheit -
Weinstraße 2/3
30171 Hannover

Hannover, den ....

Antrag auf Genehmigung der Verlängerung der gesetzlichen Aufbahrungsfrist

Sehr geehrte Damen und Herren,

unter Bezugnahme auf § 1 (Grundsatz zur Wahrung der religiösen Anschauung) und § 7 (Aufbewahrung und Beförderung von Leichen) des Niedersächsischen Bestattungsgesetzes vom 1. Januar 2006 möchten wir um Genehmigung einer Verlängerung der Aufbahrungsfrist von 36 Stunden auf 72 Stunden beantragen, und zwar für den Leichnam von

....

(Name)

....

(Wohnungsadresse)

....

(genauer Zeitpunkt des Todeseintritts)

Dem buddhistischen Glauben der Familie zufolge soll der Leichnam nach dem Eintritt des Todes drei Tage (also 72 Stunden) lang gänzlich unberührt bleiben, damit sich der Geist des Verstorbenen in Ruhe vom Körper lösen kann. Es ist uns bekannt und bewusst, dass auch für eine längere Aufbahrung des Leichnams zu Hause die Einhaltung einer Raumtemperatur von maximal 15 Grad Celsius erforderlich ist, um die gesetzlichen Hygienevorschriften einzuhalten. Zwecks Einhaltung der genannten Temperaturgrenze im unmittelbaren Umfeld des aufgebahrten Körpers wird ein Klimagerät eingesetzt.

Für Ihr Entgegenkommen und Verständnis bedanken wir uns Voraus und verbleiben

mit freundlichen Grüßen

....

(Unterschrift)

A22. Formular zur Anmeldung eines Sterbefalls mit gewünschter Einäscherung bei einem deutschen Standesamt

Anmeldung eines Sterbefalles beim Standesamt HANNOVER (Einäscherung) Sterbebuch Nr.

Jeder Sterbefall ist spätestens am nächstfolgenden Werktage dem Standesbeamten, in dessen Bezirk der Tod eingetreten ist, anzuzeigen. (Einzureichende Nachweise siehe Rückseite). Die Beteiligten sind mit der Veröffentichung – nicht – einverstanden.

Beisetzungs-Friedhof der Urne	U-Wahlgrab / U-Reihengrab — Abt. — Nr.
Trauerfeier	Friedhof — Kapelle — Tag: — Uhrzeit:
Urnen-Beisetzung	Tag: — Uhrzeit: Angehörige nehmen teil: ja / nein Urnenfeier: — Kapelle:
Verstorbene/r Sämtliche Vornamen Rufname unterstreichen Beruf, ggf. früh. Beruf	Akad. Grad (z. B. Dr. med., Dipl.-Ing.)
Familienname	geborene
Zugehörigkeit oder Nichtzugehörigkeit zu einer Kirche usw.	Mit der Eintragung in das Sterbebuch einverstanden Ja ☐ Nein ☐ — Staatsangehörigkeit
Wohnort, Straße, Nr.	
Geburtstag u. -ort	Tag — Monat — Jahr — Ort — Kreis Postleitzahl, Standesamt — Reg./Buch-Nr.
Todeszeit	Tag — Monat — Jahr — Uhr*) Minute
Todesort, Straße, Nr.	Hannover,
Familienstand	ledig ☐ — verh. ☐ — verw. ☐ — gesch. ☐ — Eheg. f. tot erkl. ☐ — Todesz. gerichtl. festgest. ☐ — Ehe rechtskräftig aufgehoben ☐ — Ehe rechtskräftig f. nicht. erkl. ☐
Anschrift des Auftraggebers Verwandtschaftsverhältnis	
Ehegatte Akademischer Grad	(z. B. Dr. med., Dipl.-Ing. usw.)
Sämtl. Vornamen, Familienname Rufname unterstreichen	
Mädchenname bei Frauen	Beruf (ggf. früherer Beruf)
Geburtstag	Tag — Monat — Jahr
Wohnort, Straße und Nr.	Postleitzahl
Sonstige Angaben Eheschließung	Tag — Monat — Jahr — Ort, Standesamt — Reg.-/Buch-Nr.
Eheauflösung	Todestag des Ehegatten, Standesamt, Nr. — Urteil oder Beschluß des Gerichts, Aktenzeiten, rechtskräftig am
Familienbuch (ggf. der Eltern)	Ja ☐ Nein ☐ — Kennzeichen — Führungsort Postleitzahl
Lebende Kinder d. Verstorbenen (aus letzter oder früherer Ehe, adoptierte, für ehelich erklärte, nichteheliche)	Volljährige Kinder (Anzahl) — Minderjährige Kinder Namen, Alter
Bei minderjährig Verstorbenen: Beruf des Vaters oder der Mutter	
Namen der nächsten Hinterbliebenen (Wohnort, Straße und Nr.)	
Leistungen vom Versorgungsamt	Ja ☐ Nein ☐ — Aktenzeichen, Amt
Anzahl der bestellten Urkunden	Gebührenpflichtig — Gebührenfrei für gesetzliche Rentenversicherung usw.
Todesursache	Natürlicher Tod Ja ☐ Nein ☐ — Bei amtl. Ermittlung Az. d. Staatsanwaltschaft
Anzeigende/r Vor- und Familienname Beruf, Wohnort, Straße, Nr.	Nur ausfüllen bei mündlicher Anzeige. Der Personalausweis ist vorzulegen.
Siegel, Firmenstempel	Unterschrift des Bestatters Unterschrift des zur Anzeige Verpflichteten bzw. Berechtigten Unterschrift und Siegel der Behörde, des Beamten, Anstaltsvorstehers usw.

Hannover, den ____________

*) Die Zeit 24.00 Uhr gehört zum vergangenen Tage.

Eintragungen bitte nur in Maschinenschrift

Bitte wenden!

Achtung: Blatt 1 Unterschrift darf **nicht** durchschreiben.

A23. Formular zur Anmeldung eines Sterbefalls mit gewünschter Erdbestattung bei einem deutschen Standesamt

Anmeldung eines Sterbefalles beim Standesamt HANNOVER (Erdbestattung) Sterbebuch Nr.

Jeder Sterbefall ist spätestens am nächstfolgenden Werktage dem Standesbeamten, in dessen Bezirk der Tod eingetreten ist, anzuzeigen. (Einzureichende Nachweise siehe Rückseite). Die Beteiligten sind mit der Veröffentichung – nicht – einverstanden.

Beisetzungs-Friedhof	Wahlgrab / Reihengrab / Zwischengrab · Abt. · Nr. · Tiefe ☐ · Normal ☐
Beisetzungszeit	Tag: ______ Uhrzeit: ______
	______ Kapelle wird benutzt. Angehörige nehmen teil/nicht teil.
Verstorbene/r Sämtliche Vornamen Rufname unterstreichen Beruf, ggf. früh. Beruf	Holzsarg – sonst. Sarg – ______ cm lang ______ cm breit ______ cm hoch.
	Akad. Grad (z. B. Dr. med., Dipl.-Ing.)
Familienname	geborene
Zugehörigkeit oder Nichtzugehörigkeit zu einer Kirche usw.	Mit der Eintragung in das Sterbebuch einverstanden Ja ☐ Nein ☐ · Staatsangehörigkeit
Wohnort, Straße, Nr.	
Geburtstag u. -ort	Tag · Monat · Jahr · Ort · Kreis
	Postleitzahl, Standesamt · Reg./Buch-Nr.
Todeszeit	Tag · Monat · Jahr · Uhr*) Minute
Todesort, Straße, Nr.	Hannover,
Familienstand	ledig ☐ · verh. ☐ · verw. ☐ · gesch. ☐ · Eheg. f. tot erkl. ☐ · Todesz. gerichtl. festgest. ☐ · Ehe rechtskräftig aufgehoben ☐ · Ehe rechtskräftig f. nicht. erkl. ☐
Anschrift des Auftraggebers Verwandtschaftsverhältnis	
Ehegatte Akademischer Grad	(z. B. Dr. med., Dipl.-Ing. usw.)
Sämtl. Vornamen, Familienname Rufname unterstreichen	
Mädchenname bei Frauen	Beruf (ggf. früherer Beruf)
Geburtstag	Tag · Monat · Jahr
Wohnort, Straße und Nr.	Postleitzahl
Sonstige Angaben Eheschließung	Tag · Monat · Jahr · Ort, Standesamt · Reg.-/Buch-Nr.
Eheauflösung	Todestag des Ehegatten, Standesamt, Nr. · Urteil oder Beschluß des Gerichts, Aktenzeiten, rechtskräftig am
Familienbuch (ggf. der Eltern)	Ja ☐ Nein ☐ · Kennzeichen · Führungsort Postleitzahl
Lebende Kinder d. Verstorbenen (aus letzter oder früherer Ehe, adoptierte, für ehelich erklärte, nichteheliche)	Volljährige Kinder (Anzahl) · Minderjährige Kinder Namen, Alter
Bei minderjährig Verstorbenen: Beruf des Vaters oder der Mutter	
Namen der nächsten Hinterbliebenen (Wohnort, Straße und Nr.)	
Leistungen vom Versorgungsamt	Ja ☐ Nein ☐ · Aktenzeichen, Amt
Anzahl der bestellten Urkunden	Gebührenpflichtig · Gebührenfrei für gesetzliche Rentenversicherung usw.
Todesursache	Natürlicher Tod Ja ☐ Nein ☐ · Bei amtl. Ermittlung Az. d. Staatsanwaltschaft
Anzeigende/r Vor- und Familienname Beruf, Wohnort, Straße, Nr.	Nur ausfüllen bei mündlicher Anzeige. Der Personalausweis ist vorzulegen.
Siegel, Firmenstempel	Unterschrift des Bestatters Unterschrift des zur Anzeige Verpflichteten bzw. Berechtigten Unterschrift und Siegel der Behörde, des Beamten, Anstaltsvorstehers usw.

Hannover, den ______

*) Die Zeit 24.00 Uhr gehört zum vergangenen Tage.

Eintragungen bitte nur in Maschinenschrift

Bitte wenden!

A24. Formular zur Anforderung einer Urne durch ein deutsches Krematorium

Die Weltausstellung

Landeshauptstadt **Hannover**

Fachbereich Umwelt
und Stadtgrün
STÄDTISCHE FRIEDHÖFE

Städtische Friedhöfe der Landeshauptstadt Hannover
Garkenburgstr. 43 D-30519 Hannover

Sachbearbeiter/in: Herr Fischer
Telefon: 0511-168-45442
Telefax: 0511-168-45670
Mein Zeichen: Fi / s. Grablage
Datum: 15.06.2006

Urnenanforderung

Betreff: Grabstätte in Abteilung 58 Nr. xxx auf dem **Stadtfriedhof Seelhorst**

Sehr geehrte Damen und Herren,

Wir bescheinigen hiermit, dass die Urne des / der am ______________________

Verstorbenen und in der Feuerbestattungsanlage ______________________

eingeäscherten Frau / Herrn ______________________

auf oben genannten Friedhof beigesetzt werden soll. Die ordnungsgemäße Beisetzung wird überwacht.

Um die ordnungsgemäße Beisetzung der Urne zu gewährleisten, veranlassen Sie bitte die Übersendung der Aschenkapsel ausschließlich und nur an untenstehende Adresse.

Mit freundlichem Gruß
Der Oberbürgermeister

Im Auftrag

VERSANDANSCHRIFT:

Landeshauptstadt Hannover
Friedhofsverwaltung
Garkenburgstr. 43

D-30519 Hannover

Bankverbindungen der Stadtkasse	BLZ	KONTO
Sparkasse Hannover	250 501 80	517 321
Postbank Hannover	250 100 30	15 - 305
NordLB	250 500 00	101 359 818
Deutsche Bundesbank, Filiale Hannover	250 000 00	250 017 68

A25. Formular zur Bestätigung des Empfangs einer Urne durch die Pagode Vien Giac, Hannover

Empfangsbestätigung

Hiermit bestätigen wir, die Urne / Überurne von

____

in Empfang genommen zu haben.

Hannover, ____________________________

____

Unterschrift

(im Auftrag der vietnamesisch-buddhistischen Pagode Vien Giac)

A26. Beispiel einer Einverständniserklärung zur Übernahme einer aus Deutschland ins Ausland überführten Urne (deutsche Übersetzung und vietnamesisches Original)

Übersetzung aus dem Vietnamesischen

Vien Giac Institut
P.O Box 14, Bodhgaya 824231, Distt. Gaya, Bihar, India
Tel.: +91-631400252 – Email: thichhanhdinh@yahoo.com

Ich, Thich Hanh Dinh, buddhistischer Mönch, bin Prior des Buddhistischen Institutes Vien Giac in Indien.
Ich erkläre mich hiermit einverstanden, die Urne der verstorbenen Buddhistin HA, Lan Anh, verstorben am 11.07.2003 in Laatzen, Bundesrepublik Deutschland, zu übernehmen und sie in unserem Institut Bodhgaya 824231, Distt. Gaya, Bihar, Indien, zu bestatten.
Ich bitte die zuständigen Behörden um Unterstützung und bedanke mich für ihre Hilfe.

Bodhgaya, den 10.08.2003

(Unterschrift)
Thich Hanh Dinh
Prior des Instituts

Hannover, den 27.08.2003

Allgemein beeidigter Dolmetscher & Übersetzer der vietnamesischen Sprache für die Gerichte und Notare des Landgerichtsbezirks Hannover *
Thanh Ho
Dipl.-Inf.

Die Richtigkeit und Vollständigkeit der Übersetzung wird hiermit bescheinigt.

Thanh Ho

V I E N   G I A C   I N S T I T U T E
P.O BOX 14, BODHGAYA 824231, DISTT. GAYA, BIHAR, INDIA
Tel.: ++91-631400252 – Email: thichhanhdinh@yahoo.com

Giấy Bảo Lãnh Cốt

Tôi là Tỳ Kheo Thích Hạnh Định, Tri Sự tại Trung Tâm Tu Học Viên Giác, Ấn Độ.
Tôi đồng ý bảo lãnh hủ cốt của Hương Linh Phật Tử HÀ, Lan Anh, mất ngày 11.07.2003 tại Laatzen, Cộng Hoà Liên Bang Đức, để đưa về an táng tại Trung tâm Viên Giác, Bodhgaya 824231, Distt. Gaya, Bihar, India.
Mong các cơ quan có thẩm quyền tạo điều kiện giúp đở. Xin chân thành cám ơn.

Bodhgaya, ngày 10.08.2003

Rev. Thích Hạnh Định
Tri Sự Trung Tâm Viên Giác

A27. Beispiel eines für die Überführung einer Urne von Deutschland ins Ausland ausgestellten Leichenpasses

Landeshauptstadt Hannover
Fachbereich Recht und Ordnung – Sachgebiet Allgemeine Ordnungsaufgaben

Leichenpass; Laissez-passer mortuaire; Lijkendoorvoer
Pass Check for Corpse; Passaporto per Salma;

Nachdem alle gesetzlichen Vorschriften über die Einsargung beachtet worden sind, soll die Leiche der/des
Toutes les prescriptions légales relatives à la mise en cercueil ayant été observées, le corps de
Upon compliance with all legal provisions governing sealing in the coffin, the body of
Essendo state effettutate tutte le prescrizioni legali concernenti la despositione nella bara, la salma di
Na vervulling van alle wettelijke voorschriften betreffend het kisten moet het stoffelijk overschot van

Einäscherungsnr. 43661, 6.5.1930,

(Name, Vorname und Beruf der/des Verstorbenen; für Kinder: Beruf der Eltern; genaues Geburtsdatum)
(nom, prénom et profession du défunt; pour les enfants: profession des père et mère; date précise de la naissance, si possible)
(name, first name and occupation of the deceased; in the case of children: state occupation of parents; state date of birth, if possible)
(nome, cognome, professione del defunto; per bambini professione die genitori; se possibile data precisa della nascita)
(Naam, voornaam en beroep van de overledene; bij kinderen het beroep van de ouders; juiste geboortedag)

verstorben am	11.7.2003	in	Hannover	an	natürlicher Tod	(Todesursache)
décédé le		à		par suite de		(cause du décès)
who died on		at		from		(cause of death)
Deceduto il		a		in seguito a		(causa del decesso)
gestorven op		in		aan		(overlijdensoorzaak)

soll transportiert werden per	Flugzeug	(Beförderungsmittel)	von Hannover
doit être transporté		(moyen de transport)	de (lieu de départ)
is to be shipped by		(means of transportation)	from (place of dispatch)
dev' essere transportata		(mezzo di transporto)	da (località di partenza)
door		(transportmiddel)	van (verzendplaats)

über	(Strecke)	nach	Bodhgaya/ Indien	(Bestimmungsort).
par	(route)	à		(lieu de destination).
via	(state route)	to		(destination).
via	(percorso)	a		(località di destinazione).
via	(route)	naar		(plaats van bestimming).

Da diese Leichenbeförderung genehmigt ist, werden alle Behörden der Länder, auf deren Gebiet der Transport stattfinden soll, gebeten, ihn frei und ungehindert passieren zu lassen.

Le transport de ce corps ayant été autorisé, toutes les autorités des pays sur le territoire desquels le transport doit avoir lieu sont invitées à le laisser passer librement et sans obstacle.

The shipment of the corpse being duly authorized, the right of passage without hindrance is respectfully requested from the authorities of the countries to be crossed on ist route.

Dato che il transporto della salma é stato autorizzato, le autorità die paesi attraversati della salma sono invitati a lasciarla passare libera senza frapporre ostacoli.

Daar het transport van het stoffelijk overschot toegestaan is, worden alle autoriteiten van de landen via welks gebied het transport plaats moet vinden, verzocht, de doorvoer ongehinderd te laten plaats vinden.

Hannover, den 29.08.2003

Verwaltungsgebühr: 30,00 €

Der Oberbürgermeister
Im Auftrag

A28. Beispiel einer Überlassungsbestätigung einer deutschen Friedhofsbehörde für ein Urnenwahlgrab

Landeshauptstadt **Hannover**

Fachbereich Umwelt und Stadtgrün
STÄDTISCHE FRIEDHÖFE

Städtische Friedhöfe der Landeshauptstadt
Garkenburgstr. 43 • D-30519 Hannover

Datum: 04.02.2005

Überlassungsbestätigung

über ein Nutzungsrecht

für das **Urnenwahlgrab 1 qm (Standard)**

auf dem **Stadtfriedhof Seelhorst** an der Grabstätte Abteilung **58** Grabnummer **741**
vom 04.02.2005 bis 03.02.2025

Grabmalgestaltung:
nach Absprache mit der Verwaltung

Für die Aufstellung eines Grabmales ist bei der Friedhofsabteilung vor Beginn der Arbeiten die Genehmigung unter Beifügung von zwei maßstabsgerechten Zeichnungen, einzuholen. Die zulässige Grabmalgröße ist in der Friedhofssatzung geregelt. Der/die Empfänger/in dieser Bestätigung erkennt durch deren Annahme die Friedhofssatzung der Landeshauptstadt Hannover in der jeweils gültigen Fassung als verbindlich an. Diese Vorschriften sind auch für etwaige Rechtsnachfolger/innen verbindlich. Zur Übertragung des Nutzungsrechtes ist die Genehmigung der Verwaltung erforderlich. Die Friedhofssatzung kann in der Friedhofsverwaltung eingesehen werden. Die Rechtskraft dieser Bestätigung ist von der Gebührenzahlung abhängig.

Der Oberbürgermeister
Im Auftrag

Bankverbindungen der Stadtkasse	BLZ	KONTO
Sparkasse Hannover	250 501 80	517 321
Postbank Hannover	250 100 30	15 - 305
NordLB	250 500 00	101 359 818

A29. Beispiel einer Rechnung einer deutschen Friedhofsbehörde für ein Urnenwahlgrab und die darin erfolgte Beisetzung

Die Weltausstellung

Landeshauptstadt Hannover

Fachbereich Umwelt und Stadtgrün
STÄDTISCHE FRIEDHÖFE

Städtische Friedhöfe der Landeshauptstadt Hannover
Garkenburgstr. 43 D-30519 Hannover

Sachbearbeiter/in:	Herr Engelke
Telefon:	0511-168-49087
Telefax:	0511-168-49085
Mein Zeichen:	En / s. Grablage
Datum:	04.02.2005

Kassenzeichen:
5.3049.501545.8
Bitte Kassenzeichen bei allen Zahlungen angeben

Gebührenbescheid für Friedhofs- und Bestattungskosten

aufgrund der Bestattungsgebührenordnung der Landeshauptstadt Hannover vom 01.01.2005 werden folgende Gebühren erhoben:

Sterbefall:
Bestattung am: 04.02.2005
Grabstätte in Abteilung **58** Nr. **741** auf dem **Stadtfriedhof Seelhorst**.
Nutzungszeit vom **04.02.2005** bis **03.02.2025** für **1** Stelle(n).

Ziffer	Bezeichnung	Anzahl	Gebühr in EUR
031409	Erwerb eines Urnenwahlgrabes 1 qm (Standard)	1	1.184,00
031427	Urnenbeisetzung	1	233,00
	Gesamtbetrag:		**1.417,00**

Wir bitten Sie, diesen Betrag unter Angabe des **Kassenzeichens 5.3049.501545.8** innerhalb von 2 Wochen auf eines der unten stehenden Konten zu überweisen.

Da dieser Bescheid maschinell erstellt wurde, bedarf es zu seiner Rechtskraft keiner Unterschrift.

Im Auftrag
Der Oberbürgermeister

Rechtsbehelfsbelehrung:
gegen diesen Bescheid kann innerhalb eines Monates nach Bekanntgabe schriftlich oder zur Niederschrift Widerspruch bei der Friedhofsverwaltung eingelegt werden. Der Widerspruch hat gemäß § 80 Abs. 2 Nr. 1 der Verwaltungsgerichtsordnung (VwGO) vom 21.1.1960 (BGBl.I, S. 17) keine aufschiebende Wirkung, d.h. er befreit nicht von der fristgerechten Zahlung. Vorsorglich weisen wir darauf hin, dass der Widerspruchsbescheid nicht kostenfrei ist. Dies gilt nicht im Falle eines Abhilfebescheides. Grabmalgenehmigungen und Nutzungsrechte an Wahlgräbern gelten erst als erteilt, wenn die entsprechende Gebühr entrichtet wurde.

Bankverbindungen der Stadtkasse	BLZ	KONTO
Sparkasse Hannover	250 501 80	**517 321**
Postbank Hannover	250 100 30	**15 - 305**
[illegible]	[illegible]	[illegible]

A30. Beispiel einer Rechnung einer deutschen Friedhofsbehörde für eine Grabmalgenehmigung

Landeshauptstadt **Hannover**

Fachbereich Umwelt
und Stadtgrün
STÄDTISCHE FRIEDHÖFE

Städtische Friedhöfe der Landeshauptstadt Hannover
Garkenburgstr. 43 D-30519 Hannover

Sachbearbeiter/in:	Frau Sattler
Telefon:	0511-168-45441
Telefax:	0511-168-45670
Mein Zeichen:	Sa / s. Grablage
Datum:	08.08.2005

Kassenzeichen:
5.3049.507556.6
Bitte Kassenzeichen bei allen Zahlungen angeben

Gebührenbescheid für Friedhofs- und Bestattungskosten für eine Grabmalgenehmigung

aufgrund der Friedhofsgebührensatzung der Landeshauptstadt Hannover vom 01.01.2005 werden folgende Gebühren erhoben:

Grabstätte in Abteilung **58** Nr. **741** auf dem **Stadtfriedhof Seelhorst**.
Nutzungszeit vom **04.02.2005** bis **03.02.2025** für **1** Stelle(n).

Ziffer	Bezeichnung	Anzahl	Gebühr in EUR
031417	Grabmalgenehmigung	1	80,00
		Gesamtbetrag:	**80,00**

Wir bitten Sie, diesen Betrag unter Angabe des **Kassenzeichens 5.3049.507556.6** innerhalb von 2 Wochen auf eines der unten stehenden Konten zu überweisen.

Da dieser Bescheid maschinell erstellt wurde, bedarf es zu seiner Rechtskraft keiner Unterschrift.

Im Auftrag
Der Oberbürgermeister

Rechtsbehelfsbelehrung:
gegen diesen Bescheid kann innerhalb eines Monates nach Bekanntgabe beim Verwaltungsgericht Hannover, Eintrachtweg 19, 30173 Hannover, schriftlich oder zur Niederschrift bei dem Urkundsbeamten der Geschäftsstelle Klage erhoben werden. Die Klage ist gegen die Landeshauptstadt Hannover, Trammplatz 2, 30159 Hannover zu richten. Die Klage hat, gemäß § 80 Abs. 2 Nr. 1 der Verwaltungsgerichtsordnung (VwGO) vom 21.1.1960 (BGBl.I, S. 17) in der jeweils gültigen Fassung, keine aufschiebende Wirkung, d.h. sie befreit nicht von der fristgerechten Zahlung von Gebühren.

Bankverbindungen der Stadtkasse	BLZ	KONTO
Sparkasse Hannover	250 501 80	**517 321**
Postbank Hannover	250 100 30	**15 - 305**
NordLB	250 500 00	**101 359 818**
Deutsche Bundesbank, Filiale Hannover	250 000 00	**250 017 68**

A31. Beispiel der Rechnung eines Steinmetzes für ein individuell gestaltetes Grabmal

stein-zeit Schwarz GmbH
Steinmetzmeister & Bildhauer

Telefon (05 11) 86 55 00
Fax (05 11) 86 72 68
info@stein-zeit-schwarz.de
www.stein-zeit-schwarz.de

Hannover

Garkenburgstraße 46
30519 Hannover
direkt am Stadtfriedhof Seelhorst

Friedhofsallee 19
30519 Hannover

Langenhagen

Gleiwitzer Straße 3
30855 Langenhagen
Gewerbegebiet Schulenburg

Hannover, 08. Dezember 2010
Auftrag Nr. G/100395
Grabstätte
Friedhof Hannover-Seelhorst, Abt. 58, Nr. 1538

Pos.	Bezeichnung	Menge	Einheit	E-Preis	Rabatt	G-Preis
1	Grabplatte aus Granit, Afro (dunkel) Maß ca. 80 x 70 x 10 cm Bearbeitung oben und außen poliert Grabplatte liefern, versetzen und einrichten	1	Stück	885,00	10,0%	796,50
2	Beschriftung keilvertieft, Farbe hellgrau NGUYEN THI NGAO PD. DIEU VIEN 09.03.1924 - 19.10.2010	40	Zeichen	12,00		480,00
3	Porzellanfoto farbig, oval Maß ca. 9 x 7 cm	1	Stück	158,00		158,00
4	Montage Porzellanfoto	1	Stück	22,50		22,50

Summe netto	€	1.457,00
19% MwSt.	€	276,83
Bruttobetrag	€	1.733,83

Fertigstellung ca. 4. März 2011 bis 18. März 2011

Zahlbar ohne Abzug sofort nach Rechnungserhalt, spätestens 14 Tage danach

Auf Grund des Winters kann sich die Ausführung verschieben.

Auftrag erteilt x ____________________
Datum, Unterschrift des Auftraggebers

Sparkasse Hannover · BLZ 250 501 80 · Konto 900 290 366 · · Hannoversche Volksbank · BLZ 251 900 01 · Konto 564 517 400
stein-zeit Schwarz GmbH · Geschäftsführer: Ulrich und Volker Schwarz · Sitz der Gesellschaft: Hannover
Amtsgericht Hannover HRB-Nr. 201446 · Steuer-Nr. 25/209/13007

A32. Beispiel eines Formulars für einen Antrag auf Umbettung einer Urne bzw. eines Sarges

Antrag auf

O Umbettung O Aushebung O nachträgliche Einäscherung und Wiederbeisetzung	O einer Urne O eines Sarges

Daten Verstorbene(r): Name, Vorname

Daten der Ausbettung:	**Daten der Wiederbeisetzung:**
Friedhof: Abteilung (Lage): Nummer: Grabart:	Friedhof/Ort: Abteilung (Lage): Nummer: Grabart:
Ausbettung am Datum:__________ Uhrzeit:__________ Angehörige nehmen teil: O ja / O nein	**Wiederbeisetzung am** Datum:__________ Uhrzeit:__________ Angehörige nehmen teil: O ja / O nein
altes Grab O fällt zurück O bleibt erhalten	**Aschenkapselnr.:**
Grabmal O wird durch Friedhof entfernt O bleibt erhalten O durch Steinmetz entfernen Name Steinmetz:	**nachträgliche Einäscherung:** Datum: Uhrzeit: Krematorium:

Gebühren:

Ausbettung:	Euro
Wiederbeisetzung:	Euro
Überführung:	Euro
Rechtsverlängerungen:	Euro
Total:	Euro

Antragsteller:

Name: Vorname:
Str. und Hausnummer:
PLZ und Wohnort:
Verwandschaftsverhältnis z. Verstorbenen:

Der Antragsteller verpflichtet sich, für die durch die Aushebung an benachbarten Gräbern und Anlagen entstehenden Schäden aufzukommen. Für Schäden, insbesondere bei der Aushebung und Überführung von Urnen, haftet die Friedhofsverwaltung nicht. Überurnen werden beim Friedhof maximal 3 Monate zur Abholung aufbewahrt.

__________	__________	__________
Unterschrift des Antragstellers	Ort und Datum	Sachbearbeiter(in)

A33. Preisliste eines Seebestattungen durchführenden deutschen Schifffahrtsunternehmens

Seebestattungs-Reederei Albrecht

Preisliste für Privatabrechnung
gültig ab 01. April 2010

Alle Preise inkl. 19% MwSt.

Ab Hafen Harlesiel
Seebestattungen im Bestattungsgebiet der Inseln Wangerooge und Spiekeroog.
Dauer einer Seebestattung ca. 2 Std.

Seebestattung ohne Begleitung von Trauergästen — **495,00 €**

im Preis enthalten:
Anforderung der Urne beim zuständigen Krematorium
Gestellung der vom Gesetzgeber geforderten Seeurne
Umbettung der Asche in die von uns gelieferte blaue Standard-Seeurne
Ausfahrt in das Bestattungsgebiet
Bestattung der Urne
Auszug aus dem Schiffstagebuch, eine farbige Seekarte und ein Foto der aufgebahrten Urne
Erledigung aller behördlichen Formalitäten

Seebestattung mit Begleitung von 1 bis 50 Trauergästen — **1.395,00 €**

im Preis enthalten:
Alle Leistungen wie oben, jedoch unter Mitfahrt von bis zu 50 Trauergästen (Montag - Freitag)

Aufpreis für Zusatzleistungen

Bei **Begleitung** von **mehr als 50 Trauergästen** bis max. 100 Trauergäste	**450,00 €**
Urnenkranz mit Blumen der Saison	**66,00 €**
Künstlerurne Nr. 1, 2 oder 3	**260,00 €**
Schmuckurne Nr. 4, 5, 6 oder 7	**200,00 €**
Zuschlag für Bestattungswunsch an **Wochenenden**	**150,00 €**
Zuschlag für Bestattungswunsch an **Feiertagen**	**210,00 €**
Seebestattungen ab den ostfriesischen Festland- und Inselhäfen Borkum bis Wangerooge einschl. Helgoland, Ostsee, Mittelmeer und Atlantik	**Preise nach Absprache**

Individuelle Wünsche bezüglich der Seebestattung, Bewirtung an Bord usw. nach Vereinbarung.

Mit dieser Preisliste verlieren alle vorhergehenden Preise ihre Gültigkeit.

Seebestattungs-Reederei Albrecht
Friedrichsschleuse 3a · 26409 Carolinensiel
Tel. 04464.1306 · Fax 04464.8037
www.seebestattungen-nordsee.de · info@reederei-albrecht.de

A34. Personenliste für erbetene Totenandachten in der Pagode Vien Giac, Hannover

Pagode Vien Giac
Karlsruher Str. 6, 30519 Hannover
Tel.: 0511-879630, Fax: 0511-8790963
Email: viengiactu@viengiac.de
Homepage: www.viengiac.de

Phiếu Cầu Siêu

(Personenliste für Totenandachten)

Phật Tử tên là:______________________________ Pháp danh: ___________________________
(weltlicher Name des Buddhisten/der Buddhistin) (Dharma-Name des Buddhisten/der Buddhistin)

Địa chỉ cư ngụ:____
(wohnhaft in)

Tiểu bang: ______________________________ Điện thoại ___________________________
(Bundesland) (Telefon)

Kính xin quý Chùa cầu siêu cho những thân nhân quá vãng có tên dưới đây:
(Ich bitte die Pagode um eine Verstorbenenandacht für meine unten aufgelisteten Familienangehörigen und Verwandten)

STT. Nr.	**Họ và Tên** Weltlicher Name und Vorname	**Pháp danh** Dharma-Name	**Năm sanh** Geburtsjahr	**Năm mất** Sterbejahr	**Ghi chú** Vermerk

ANHANG

Teil IV

Weitere themenrelevante Informationen

A35. Beispiel eines deutschen Bestattungsgesetzes (BestattG) am Beispiel des Bundeslandes Niedersachsen

Gesetz über das Leichen-, Bestattungs- und Friedhofswesen (BestattG) vom 08.12.2005 (Nds. GVBl. S. 381)

Inhaltsübersicht

§ 1. Grundsatz

Leichen und Aschen Verstorbener sind so zu behandeln, dass die gebotene Ehrfurcht vor dem Tod gewahrt wird und das sittliche, religiöse und weltanschauliche Empfinden der Allgemeinheit nicht verletzt wird.

§ 2. Begriffsbestimmungen

(1) Leiche ist der Körper eines Menschen, der keine Lebenszeichen mehr aufweist und bei dem der körperliche Zusammenhang noch nicht durch den Verwesungsprozess völlig aufgehoben ist. Leichen sind auch Totgeborene (Absatz 3 Satz 1), jedoch mit Ausnahme der Fehlgeborenen (Absatz 3 Satz 2), und die den Totgeborenen entsprechenden Ungeborenen (Absatz 3 Satz 3).

(2) Ist der körperliche Zusammenhang des menschlichen Körpers in anderer Weise als durch Verwesung aufgehoben worden, so gelten auch der Kopf und der Rumpf bereits als Leiche.

(3) Eine Leiche ist auch eine Leibesfrucht mit einem Gewicht von mindestens 500 Gramm, bei der nach der Trennung vom Mutterleib kein Lebenszeichen (Herzschlag, pulsierende Nabelschnur oder Einsetzen der natürlichen Lungenatmung) festgestellt wurde (Totgeborenes). Fehlgeborenes ist eine tote Leibesfrucht mit einem Gewicht unter 500 Gramm. Die Leibesfrucht aus einem Schwangerschaftsabbruch (Ungeborenes) gilt unter den Voraussetzungen des Satzes 1 ebenfalls als Leiche.

(4) Friedhöfe sind alle von einem Träger nach § 13 Abs. 1 für die Beisetzung Verstorbener oder deren Asche besonders gewidmeten und klar abgegrenzten Grundstücke, Anlagen oder Gebäude bis zu deren Aufhebung.

§ 3. Verpflichtung zur ärztlichen Leichenschau

(1) Jede Leiche ist zur Feststellung des Todes, des Todeszeitpunktes, der Todesart und der Todesursache von einer Ärztin oder einem Arzt äußerlich zu untersuchen (Leichenschau).

(2) Die Leichenschau haben in folgender Rangfolge unverzüglich zu veranlassen

1. die zum Haushalt der verstorbenen Person gehörenden Personen,

2. die Person, in deren Wohnung oder Einrichtung oder auf deren Grundstück sich der Sterbefall ereignet hat, und

3. jede Person, die bei dem Tode zugegen war oder die Leiche auffindet.

Die Pflicht nach Satz 1 kann auch durch Benachrichtigung der Polizei erfüllt werden.

(3) Zur Vornahme der Leichenschau sind verpflichtet:

1. beim Sterbefall in einem Krankenhaus oder einer anderen Einrichtung, zu deren Aufgaben auch die ärztliche Behandlung der aufgenommenen Personen gehört, die diensthabenden Ärztinnen und Ärzte der Einrichtung,

2. beim Sterbefall außerhalb einer in Nummer 1 genannten Einrichtung die niedergelassenen Ärztinnen und Ärzte, denen der Sterbefall bekannt gegeben worden ist, sowie die Ärztinnen und Ärzte im Notfall- oder Rettungsdienst und

3. im Übrigen eine Ärztin oder ein Arzt der für den Sterbe- oder Auffindungsort zuständigen unteren Gesundheitsbehörde.

Die Leichenschau kann auf die Feststellung des Todes beschränken, wer durch weitere

Feststellungen sich selbst oder eine in § 52 Abs. 1 der Strafprozessordnung bezeichnete Person der Gefahr einer strafrechtlichen Verfolgung oder eines Verfahrens nach dem Gesetz über Ordnungswidrigkeiten aussetzen würde, wenn dafür gesorgt ist, dass eine andere Ärztin oder ein anderer Arzt eine vollständige Leichenschau durchführt.

(4) Ärztinnen und Ärzte im Notfall- oder Rettungsdienst können sich auf die Feststellung des Todes sowie des Todeszeitpunktes oder des Zeitpunktes der Leichenauffindung beschränken, wenn sie durch die Durchführung der vollständigen Leichenschau an der Wahrnehmung der Aufgaben im Notfall- oder Rettungsdienst gehindert wären und, insbesondere durch Benachrichtigung der Polizei, dafür sorgen, dass eine andere Ärztin oder ein anderer Arzt eine vollständige Leichenschau durchführt. Die Ärztinnen und Ärzte im Notfall- oder Rettungsdienst haben im Fall des Satzes 1 unverzüglich eine auf die getroffenen Feststellungen beschränkte Todesbescheinigung auszustellen.

§ 4. Durchführung der Leichenschau

(1) Die Leichenschau ist unverzüglich durchzuführen. Sie soll an dem Ort vorgenommen werden, an dem sich die Leiche zum Zeitpunkt der Hinzuziehung der Ärztin oder des Arztes (§ 3 Abs. 3) befindet. Befindet sich die Leiche nicht in einem geschlossenen Raum oder lässt sich dort eine Leichenschau nicht ordnungsgemäß durchführen, so kann sich die Ärztin oder der Arzt auf die Todesfeststellung beschränken, wenn sichergestellt ist, dass die vollständige Leichenschau an einem geeigneten Ort durchgeführt wird. Die Ärztin oder der Arzt, die oder der die Leichenschau durchführen will, und die von der Ärztin oder dem Arzt als Helferin oder Helfer hinzugezogene Person dürfen jederzeit den Ort betreten, an dem sich die Leiche befindet; das Grundrecht auf Unverletzlichkeit der Wohnung (Artikel 13 Abs. 1 des Grundgesetzes) wird eingeschränkt.

(2) Die Leichenschau ist sorgfältig durchzuführen; sie hat an der vollständig entkleideten Leiche zu geschehen und alle Körperregionen einzubeziehen.

(3) Angehörige sowie Personen, die die verstorbene Person behandelt oder gepflegt haben, sind verpflichtet, der Ärztin oder dem Arzt auf Verlangen Auskunft über Krankheiten und andere Gesundheitsschädigungen der verstorbenen Person und über sonstige für ihren Tod möglicherweise ursächliche Ereignisse zu erteilen. Sie können die Auskunft verweigern, soweit sie durch die Auskunft sich selbst oder eine in § 52 Abs. 1 der Strafprozessordnung bezeichnete Person der Gefahr einer strafrechtlichen Verfolgung oder eines Verfahrens nach dem Gesetz über Ordnungswidrigkeiten aussetzen würden.

(4) Besteht ein Anhaltspunkt für einen nicht natürlichen Tod, ist die Todesart ungeklärt oder kann die Ärztin oder der Arzt die verstorbene Person in angemessener Zeit nicht identifizieren, so ist sie oder er verpflichtet, unverzüglich die Polizei oder die Staatsanwaltschaft zu benachrichtigen. Die Ärztin oder der Arzt hat in einem solchen Fall von der Leichenschau abzusehen oder diese zu unterbrechen und bis zum Eintreffen der Polizei oder der Staatsanwaltschaft darauf hinzuwirken, dass keine Veränderungen an der Leiche und der unmittelbaren Umgebung vorgenommen werden.

(5) Die Ärztin oder der Arzt hat die Leiche deutlich sichtbar zu kennzeichnen, wenn ein Anhaltspunkt dafür besteht, dass

1. die verstorbene Person an einer meldepflichtigen Krankheit erkrankt war oder
2. von der Leiche eine sonstige Gefahr ausgeht.

§ 5. Innere Leichenschau

Die innere Leichenschau (Sektion) ist außer in den bundesrechtlich geregelten Fällen zulässig, wenn

1. ein erhebliches rechtliches Interesse oder ein erhebliches medizinisches Interesse an der Überprüfung oder weiteren Aufklärung der Todesursache besteht und die nach §8 Abs. 3 in erster Linie Bestattungspflichtigen der Sektion nicht widersprechen oder

2. die Sektion Zwecken der Forschung oder der medizinischen Ausbildung dient und die verstorbene Person schriftlich ihr Einverständnis mit der Sektion erklärt hatte.

Die Sektion darf nur durch Ärztinnen oder Ärzte oder unter deren Aufsicht durchgeführt werden. Sie ist in den Fällen des Satzes 1 Nr. 1 auf den zur Erreichung ihres Zwecks notwendigen Umfang zu beschränken. Die Vorschriften über die Bestattung (§ 8) bleiben unberührt. Ergibt sich während der inneren Leichenschau ein Anhaltspunkt für einen nicht natürlichen Tod, so hat die Person, die die Sektion durchführt, unverzüglich die Polizei oder die Staatsanwaltschaft zu benachrichtigen; § 4 Abs. 4 Satz 2 gilt entsprechend.

§ 6. Todesbescheinigungen und Datenschutz

(1) Unverzüglich nach Beendigung der Leichenschau hat die Ärztin oder der Arzt eine Todesbescheinigung mit den in § 3 Abs. 1 genannten Feststellungen auszustellen. Die Todesbescheinigung dient auch der Prüfung, ob seuchenhygienische oder sonstige Maßnahmen zur Gefahrenabwehr erforderlich sind, sowie Zwecken der Statistik und der Forschung.

(2) Alle Todesbescheinigungen sind von der für den Sterbeort zuständigen unteren Gesundheitsbehörde auf ihre ordnungsgemäße Ausstellung zu überprüfen. Wer eine Todesbescheinigung ausgestellt hat, ist verpflichtet, auf Verlangen der unteren Gesundheitsbehörde die Angaben darin zu vervollständigen und zur Überprüfung erforderliche Auskünfte zu erteilen. Wer die verstorbene Person vor dem Tod ärztlich behandelt hat, ist verpflichtet, auf Verlangen der unteren Gesundheitsbehörde Auskünfte zu erteilen, die zur Überprüfung der Todesbescheinigung erforderlich sind.

(3) Das Fachministerium kann durch Verordnung regeln
1. den Inhalt der Todesbescheinigung,
2. die Übermittlung der Todesbescheinigung an das Standesamt und die untere Gesundheitsbehörde,
3. die Pflicht zur Übermittlung der Todesbescheinigung an die Landesstatistikbehörde und an Polizeidienststellen,
4. die Verarbeitung personenbezogener Daten aus Todesbescheinigungen,
5. die Auswertung von Todesbescheinigungen sowie
6. die Aufbewahrung von und den sonstigen Umgang mit Todesbescheinigungen.

(4) Die untere Gesundheitsbehörde hat Personen, die ein berechtigtes Interesse an der Kenntnis der Todesumstände glaubhaft machen, auf Antrag Einsicht in die Todesbescheinigung zu gewähren oder Auskünfte daraus zu erteilen, wenn kein Grund zu der Annahme besteht, dass schutzwürdige Belange der verstorbenen Person oder ihrer Angehörigen beeinträchtigt werden. Hochschulen und anderen mit wissenschaftlicher Forschung befassten Stellen kann sie nach Maßgabe des § 25 des Niedersächsischen Datenschutzgesetzes auf Antrag Einsicht in Todesbescheinigungen gewähren, soweit dies für ein wissenschaftliches Vorhaben erforderlich ist. Nach Satz 1 oder 2 übermittelte personenbezogene Daten dürfen nur für die im Antrag angegebenen Zwecke verarbeitet werden.

§ 7. Aufbewahrung und Beförderung von Leichen

(1) Jede Leiche soll innerhalb von 36 Stunden nach Eintritt des Todes, bei späterem Auffinden unverzüglich nach Durchführung der Leichenschau, in eine Leichenhalle überführt werden. Leichenhallen sind ausschließlich zur vorübergehenden Aufnahme von Leichen bestimmte Räume auf Friedhöfen, in Krematorien, in medizinischen Einrichtungen, in pathologischen Instituten, bei Polizeibehörden sowie bei Bestattungsunternehmen und ähnlichen Einrichtungen.

(2) Es ist unzulässig, eine Leiche öffentlich auszustellen. In den Fällen des § 4 Abs. 5 ist der Sarg geschlossen zu halten. Die untere Gesundheitsbehörde kann im Einzelfall eine Ausnahme von den Sätzen 1 und 2 zulassen.

(3) Leichen sind in geschlossenen, feuchtigkeitshemmenden Särgen zu befördern. In den Fällen des § 4 Abs. 5 ist ein widerstandsfähiger und feuchtigkeitsundurchlässiger Sarg zu verwenden. Dabei sind die für die Bestattung nach § 9 Abs. 3 erforderlichen Bescheinigungen mitzuführen. Für die Beförderung in einem Fahrzeug im Straßenverkehr dürfen nur Fahrzeuge verwendet werden, die ausschließlich für den Transport von Särgen und Urnen bestimmt und hierfür eingerichtet sind. Unterbrechungen bei der Beförderung sind zu vermeiden. 6Die untere Gesundheitsbehörde kann von den Anforderungen der Sätze 4 und 5 im Einzelfall eine Ausnahme zulassen.

(4) Absatz 3 Sätze 3 bis 5 gilt nicht für die Überführung der Leiche zur örtlichen Leichenhalle und zum örtlichen Bestattungsplatz oder zum örtlichen Krematorium.

(5) Wer eine Leiche einsargt, die nach § 4 Abs. 5 besonders zu kennzeichnen ist, hat den Sarg entsprechend zu kennzeichnen.

(6) Aus dem Ausland dürfen Leichen nur dann nach Niedersachsen befördert werden, wenn aus einer Kennzeichnung auf dem Sarg und zusätzlich aus einem Leichenpass oder einer amtlichen Bescheinigung hervorgeht, ob die verstorbene Person an einer übertragbaren Krankheit gelitten hat. Die untere Gesundheitsbehörde kann Ausnahmen zulassen. Für die Beförderung einer Leiche von Niedersachsen an einen Ort außerhalb Niedersachsens stellt die untere Gesundheitsbehörde auf Antrag einen Leichenpass aus. Sie kann die dafür erforderlichen Nachweise verlangen und Auskünfte einholen.

(7) Das Fachministerium kann durch Verordnung den Inhalt des Leichenpasses nach Absatz 6 Satz 3 regeln.

§ 8. Bestattung

(1) Leichen sind zu bestatten. Auf Verlangen eines Elternteils ist auch ein Fehlgeborenes oder Ungeborenes (§ 2 Abs. 3 Sätze 2 und 3) zur Bestattung zuzulassen. Abgetrennte Körperteile oder Organe verstorbener Personen (Leichenteile) sind, wenn sie nicht bestattet werden, von demjenigen, der den Eingriff vorgenommen hat, zu verbrennen; Absatz 2 Satz 4 und Absatz 4 Satz 1 gelten entsprechend. Die untere Gesundheitsbehörde kann Ausnahmen von Satz 3 Halbsatz 1 für Zwecke der wissenschaftlichen Forschung, der medizinischen Ausbildung oder der geschichtlichen Darstellung zulassen.

(2) Werden Fehlgeborene und Ungeborene nicht bestattet, so sind sie hygienisch einwandfrei und dem sittlichen Empfinden entsprechend zu verbrennen. Ist bei einem Fehlgeborenen die Trennung vom Mutterleib in Gegenwart einer Ärztin oder eines Arztes erfolgt, so hat die Ärztin oder der Arzt die Eltern auf die Bestattungsmöglichkeit nach Absatz 1 Satz 2 hinzuweisen. Wünschen beide Eltern keine Bestattung, so hat die Ärztin oder der Arzt die Verbrennung gemäß Satz 1 sicherzustellen. Hat sich die Fehlgeburt in einer medizinischen Einrichtung ereignet, so trifft auch diese die Verpflichtung nach Satz 3.

(3) Für die Bestattung der verstorbenen Person haben in folgender Rangfolge zu sorgen:

1. die Ehegattin oder der Ehegatte oder die eingetragene Lebenspartnerin oder der eingetragene Lebenspartner,
2. die Kinder,
3. die Enkelkinder,
4. die Eltern,
5. die Großeltern und
6. die Geschwister.

(4) Sorgt niemand für die Bestattung, so hat die für den Sterbe- oder Auffindungsort zuständige Gemeinde die Bestattung zu veranlassen. Die nach Absatz 3 vorrangig Bestattungspflichtigen haften der Gemeinde als Gesamtschuldner für die Bestattungskosten. Diese werden durch Leistungsbescheid festgesetzt. Lassen sich die Bestattungskosten von den vorrangig Verpflichteten nicht erlangen, so treten die nächstrangig Verpflichteten an deren Stelle.

§ 9. Zeitpunkt der Bestattung, Bestattungsdokumente

(1) Leichen dürfen erst nach Ablauf von 48 Stunden seit Eintritt des Todes bestattet werden. Die untere Gesundheitsbehörde kann aus wichtigem Grund Ausnahmen zulassen.

(2) Leichen sollen innerhalb von acht Tagen seit dem Eintritt des Todes bestattet oder eingeäschert worden sein. Soll die Leiche an einen anderen Ort befördert (§ 7 Abs. 3) oder eingeäschert werden, so genügt es, wenn die Leiche in der Frist des Satzes 1 auf den Weg gebracht wird. Die Gemeinden können Tage bestimmen, an denen in der Gemeinde keine Bestattungen stattfinden; diese Tage sind bei der Berechnung der Fristen der Sätze 1 und 2 nicht mitzuzählen. Urnen sind innerhalb eines Monats nach der Einäscherung beizusetzen.

(3) Die Bestattung darf erst erfolgen, wenn der Sterbefall durch das für den Sterbeort

zuständige Standesamt beurkundet worden ist oder die ortspolizeiliche Genehmigung nach § 39 Satz 1 des Personenstandsgesetzes vorliegt. In den Fällen des § 4 Abs. 4 muss auch die schriftliche Genehmigung der Staatsanwaltschaft nach § 159 Abs. 2 der Strafprozessordnung vorliegen.

(4) Zur Bestattung eines Fehlgeborenen oder eines Ungeborenen ist dem Träger des Friedhofs oder des Krematoriums lediglich eine ärztliche Bescheinigung vorzulegen, aus der sich das Datum der Trennung vom Mutterleib sowie der Name und die Anschrift der Mutter ergeben.

§ 10. Bestattungsarten

(1) Die Bestattung kann nur als Begräbnis (Erdbestattung) oder als Einäscherung mit anschließender Aufnahme der Asche in einer Urne und Beisetzung der Urne (Feuerbestattung) durchgeführt werden. Art und Ort der Bestattung sollen dem Willen der verstorbenen Person entsprechen. Ist der Wille nicht bekannt, entscheiden die Bestattungspflichtigen in der Rangfolge des § 8 Abs. 3. Hat die Gemeinde nach § 8 Abs. 4 Satz 1 für die Bestattung zu sorgen, dann entscheidet sie über Art und Ort der Bestattung; liegen Anhaltspunkte für den Willen der verstorbenen Person oder der Personen nach § 8 Abs. 3 vor, so hat die Gemeinde diese bei ihrer Entscheidung zu berücksichtigen. Die Leiche einer unbekannten Person darf nur eingeäschert werden, wenn die für die Gemeinde nach Satz 4 zuständige Polizeidienststelle mitgeteilt hat, dass ihr kein Anhaltspunkt für einen nicht natürlichen Tod bekannt ist.

(2) Das für das Bestattungswesen zuständige Ministerium wird ermächtigt, durch Verordnung als weitere Bestattungsart eine Tieftemperaturbehandlung, mit anschließender Erdbestattung auf einem Friedhof in einem kompostierbaren Sarg, zuzulassen und zu regeln; § 12 Abs. 1 und 2 ist entsprechend anzuwenden.

§ 11. Erdbestattung

(1) Erdbestattungen sind nur in geschlossenen feuchtigkeitshemmenden Särgen und nur auf Friedhöfen (§ 2 Abs. 4, § 19 Abs. 1 Satz 2) zulässig. Die untere Gesundheitsbehörde kann Ausnahmen von der Sargpflicht nach Satz 1 zulassen, wenn in der zu bestattenden Person ein wichtiger Grund vorliegt und ein öffentlicher Belang nicht entgegensteht.

(2) Unberührt bleibt die Möglichkeit, kirchliche Würdenträger wie bisher auch in kirchlichen Gebäuden beizusetzen, die nicht ausschließlich der Totenruhe dienen.

§ 12. Feuerbestattung

(1) Einäscherungen dürfen nur in einem Krematorium vorgenommen werden. Die Einäscherung einer Leiche darf erst durchgeführt werden, wenn eine zweite Leichenschau zweifelsfrei ergeben hat, dass kein Anhaltspunkt für einen nicht natürlichen Tod besteht Satz 2 gilt nicht, wenn die schriftliche Genehmigung der Staatsanwaltschaft nach § 159 Abs. 2 der Strafprozessordnung vorliegt.

(2) Die zweite Leichenschau ist von einer Ärztin oder einem Arzt durchzuführen, die oder

der von der unteren Gesundheitsbehörde hierfür ermächtigt worden ist oder dieser Behörde angehört. Es dürfen nur Ärztinnen und Ärzte ermächtigt werden, die die Gebietsbezeichnung „Rechtsmedizin“, „Pathologie“ oder „Öffentliches Gesundheitswesen“ führen dürfen. § 4 Abs. 2 bis 4 Satz 1 und Abs. 5 gilt entsprechend.

(3) Zur Einäscherung müssen sich die Leichen in einem feuchtigkeitshemmenden Sarg befinden. Sie dürfen nur einzeln eingeäschert werden. Die Asche einer jeden Leiche ist in einer Urne aufzunehmen. Diese ist zu verschließen und mit dem Namen der verstorbenen Person zu kennzeichnen. Bevor das Krematorium die Urne mit der Asche aushändigt oder versendet, muss es sich vergewissern, dass eine ordnungsgemäße Beisetzung gesichert ist. Die Beisetzung ist in der Regel als gesichert anzusehen, wenn die Urne mit der Asche an ein Bestattungsunternehmen übergeben wird.

(4) Das Krematorium hat jede Einäscherung mit der Angabe des Einäscherungstages, des Namens der verstorbenen Person und des Verbleibs der Urne mit der Asche in ein Verzeichnis einzutragen. Die Eintragungen müssen mindestens fünf Jahre lang für die untere Gesundheitsbehörde zur Einsicht bereitgehalten werden.

(5) Die Urne mit der Asche ist auf einem Friedhof (§ 2 Abs. 4, § 19 Abs. 1 Satz 2) beizusetzen; § 11 Abs. 2 gilt entsprechend. Die Urne mit der Asche darf auf Wunsch der verstorbenen Person von einem Schiff aus im Küstengewässer beigesetzt werden. Für die Seebestattung dürfen nur Urnen verwendet werden, die wasserlöslich und biologisch abbaubar sind und keine Metallteile enthalten. Die Urnen sind so zu verschließen und durch Sand oder Kies zu beschweren, dass sie nicht aufschwimmen können. Veranlasst eine Gemeinde nach § 8 Abs. 4 die Bestattung, so ist eine Urnenbeisetzung nach Satz 2 nicht zulässig.

(6) Krematorien sind im Fall des § 8 Abs. 1 Satz 2 verpflichtet, Fehlgeborene und Ungeborene einzuäschern; das Grundrecht auf Berufsausübung (Artikel 12 Abs. 1 Satz 2 des Grundgesetzes) wird eingeschränkt. Die Absätze 3 bis 5 gelten entsprechend.

§ 13. Friedhöfe

(1) Träger von Friedhöfen (§ 2 Abs. 4) können nur sein:

1. Gemeinden,
2. Kirchen, Kirchengemeinden, Kirchengemeindeverbände und andere Religions- und Weltanschauungsgemeinschaften, wenn sie Körperschaften, Anstalten oder Stiftungen des öffentlichen Rechts sind.

Friedhofsträger können mit der Durchführung der ihnen obliegenden Aufgaben, insbesondere mit der Errichtung und dem Betrieb des Friedhofs, Dritte beauftragen; ihre Verantwortlichkeit für die Erfüllung der mit der Trägerschaft verbundenen Pflichten wird durch die Übertragung nicht berührt.

(2) Der Träger eines Friedhofs hat über die Bestattungen so Buch zu führen, dass sich nachvollziehen lässt, wer an welcher Stelle bestattet ist und wann die Mindestruhezeit abläuft.

(3) Die Friedhofsträger sind im Fall des § 8 Abs. 1 Satz 2 verpflichtet, die Bestattung von Fehlgeborenen und Ungeborenen zuzulassen.

(4) Der Friedhofsträger im Sinne des Absatzes 1 Satz 1 Nr. 1 erhebt, soweit nicht ein privatrechtliches Entgelt erhoben wird, für die Benutzung des Friedhofs Gebühren nach den Vorschriften des Niedersächsischen Kommunalabgabengesetzes (NKAG). Für die Erhebung von Gebühren für die Nutzung von Grabstätten gelten ergänzend die folgenden Bestimmungen:

1. Als Beginn der Inanspruchnahme der Grabstätte kann der Zeitpunkt bestimmt werden, zu dem das Nutzungsrecht begründet oder verlängert wird.
2. Die Gebühren für die Nutzung der Grabstätte können bereits bei der Begründung oder Verlängerung des Nutzungsrechts für die gesamte Nutzungszeit erhoben werden.
3. § 5 Abs. 2 Sätze 2 und 3 NKAG ist auf Gebühren für die Nutzung von Grabstätten nicht anzuwenden.

Grabstätten können aus mehreren einzelnen Gräbern bestehen.

§ 14. Mindestruhezeiten

Die Mindestruhezeit nach jeder Bestattung beträgt 20 Jahre. Die untere Gesundheitsbehörde kann

1. für einzelne Friedhöfe oder Teile davon eine längere Mindestruhezeit nach Erdbestattungen festlegen, wenn anderenfalls für die Umgebung eine gesundheitliche Gefahr zu erwarten ist,
2. eine kürzere Mindestruhezeit festlegen, wenn ein öffentlicher Belang nicht entgegensteht, und
3. im Einzelfall eine Ausnahme von der Einhaltung der Mindestruhezeit zulassen, wenn ein wichtiger Grund vorliegt und ein öffentlicher Belang nicht entgegensteht.

§ 15. Ausgrabungen und Umbettungen

Leichen und Aschenreste in Urnen dürfen außer in den bundesrechtlich geregelten Fällen vor Ablauf der Mindestruhezeit nur mit Genehmigung der unteren Gesundheitsbehörde ausgegraben oder umgebettet werden. Die Genehmigung darf nur erteilt werden, wenn ein wichtiger Grund vorliegt. Die Umbettung darf auch zugelassen werden, wenn ein öffentliches Interesse dafür vorliegt, einen Friedhof ganz oder teilweise aufheben zu können (§ 16).

§ 16. Aufhebung von Friedhöfen

Friedhöfe und Teile von Friedhöfen dürfen nur aufgehoben werden, wenn die Mindestruhezeit nach allen Bestattungen abgelaufen ist.

§ 17. Vollstreckungshilfe

Bei kirchlichen Friedhofsgebühren, die aufgrund kirchenbehördlich genehmigter Gebührenordnungen durch Bescheid des Friedhofsträgers festgesetzt wurden, sind die Gemeinden zur Vollstreckungshilfe verpflichtet.

§ 18. Ordnungswidrigkeiten

(1) Ordnungswidrig handelt, wer vorsätzlich oder fahrlässig

1. entgegen § 3 Abs. 2 die Leichenschau nicht oder nicht unverzüglich veranlasst,
2. entgegen § 3 Abs. 3 Satz 1 Nrn. 1 und 2 die Leichenschau nicht durchführt,
3. entgegen § 3 Abs. 4 Satz 2 eine Todesbescheinigung nicht ausstellt,
4. als für die Leichenschau verantwortliche Ärztin oder Arzt die Leichenschau nicht unverzüglich oder nicht in der in § 4 Abs. 2 beschriebenen Weise durchführt,
5. entgegen § 4 Abs. 3 oder § 6 Abs. 2 Satz 3 eine Auskunft nicht, nicht richtig oder nicht vollständig erteilt,
6. entgegen § 6 Abs. 1 Satz 1 eine Todesbescheinigung nicht ausstellt,
7. eine Todesbescheinigung nicht richtig ausstellt oder dabei die Anforderungen einer Verordnung nach § 6 Abs. 3 Nr. 1 nicht beachtet, die für eine bestimmte Anforderung auf diesen Ordnungswidrigkeits-Tatbestand verweist,
8. entgegen § 6 Abs. 2 Satz 2 eine Todesbescheinigung nicht vervollständigt,
9. entgegen § 6 Abs. 4 Satz 3 personenbezogene Angaben zu einem anderen als dem im Antrag angegebenen Zweck verarbeitet,
10. entgegen § 8 Abs. 1 und 2 Satz 1 eine Leiche, ein Fehlgeborenes oder Ungeborenes, ein Leichenteil oder ein Organ nicht bestattet oder in den Fällen des § 8 Abs. 1 Satz 3 und Abs. 2 Satz 1 nicht verbrennt, obwohl er dazu verpflichtet ist,
11. eine Leiche in anderer Weise als durch Erd- oder Feuerbestattung beseitigt oder Handlungen vornimmt, um eine nach § 8 Abs. 1 gebotene Bestattung oder in den Fällen des § 8 Abs. 1 Satz 3 und Abs. 2 Satz 1 die Verbrennung zu verhindern,
12. entgegen § 9 Abs. 1 eine Leiche vor Ablauf von 48 Stunden seit Eintritt des Todes bestattet,
13. eine Leiche bestattet, ohne dass die nach § 9 Abs. 3 erforderlichen Bescheinigungen vorliegen,
14. eine Erdbestattung entgegen § 11 nicht in einem geschlossenen feuchtigkeitshemmenden Sarg oder außerhalb eines Friedhofs (§ 2 Abs. 4, § 19 Abs. 1 Satz 2) vornimmt, es sei denn, es liegt ein Fall des § 19 Abs. 1 Satz 3 vor,
15. eine Urne mit der Asche entgegen § 12 Abs. 5 Satz 1 nicht beisetzt, obwohl er dazu verpflichtet ist,
16. eine Urne mit der Asche entgegen § 12 Abs. 5 oder außerhalb eines Friedhofs (§ 2 Abs. 4, § 19 Abs. 1 Satz 2) beisetzt, es sei denn, es liegt ein Fall des § 19 Abs. 1 Satz 3 vor,
17. eine Leiche oder eine Urne entgegen § 15 Satz 1 ausgräbt oder umbettet.

(2) Ordnungswidrig handelt ferner, wer vorsätzlich oder fahrlässig einer Vorschrift einer aufgrund des § 6 Abs. 3 erlassenen Verordnung zuwiderhandelt, wenn die Verordnung für einen bestimmten Tatbestand auf diese Bußgeldvorschrift verweist.

(3) Die Ordnungswidrigkeit kann mit einer Geldbuße bis zu fünftausend Euro geahndet werden.

§ 19. Übergangsvorschriften

(1) Als Friedhöfe im Sinne der §§ 14 bis 16 gelten auch alle im Zeitpunkt des In-Kraft-Tretens dieses Gesetzes bereits vorhandenen privaten Bestattungsplätze, soweit sie bereits mit behördlicher Duldung belegt worden sind. Soweit Anlagen nach Satz 1 den sachlichen Anforderungen des § 2 Abs. 4 an einen Friedhof entsprechen, kann die untere Gesundheitsbehörde dem Betreiber des Friedhofs die Vornahme von weiteren Bestattungen und Urnenbeisetzungen gestatten. Im Übrigen können von der unteren Gesundheitsbehörde auf Anlagen nach Satz 1 im Einzelfall Bestattungen und Urnenbeisetzungen gestattet werden.

(2) § 8 Abs. 1 Satz 3 gilt nicht für Leichenteile, die vor dem In-Kraft-Treten dieses Gesetzes abgetrennt oder ausgegraben wurden und seither aus Gründen der Forschung, der medizinischen Ausbildung, der geschichtlichen Darstellung oder der religiösen Verehrung aufbewahrt werden.

§ 20. Zuständigkeit, Kostendeckung

Die Aufgaben der Gemeinden nach den §§ 13 und 17 gehören zum eigenen Wirkungskreis; die übrigen durch dieses Gesetz den Gemeinden, Landkreisen und kreisfreien Städten zugewiesenen Aufgaben gehören zum übertragenen Wirkungskreis. Die den Gemeinden, Landkreisen und kreisfreien Städten aus der Wahrnehmung der Aufgaben nach Satz 1 Halbsatz 2 entstehenden Kosten werden im Rahmen ihrer Finanzausstattung durch Finanzausgleichszuweisungen und sonstige Einnahmen gedeckt.

§ 21. Aufhebung von Vorschriften

(1) Es werden aufgehoben:

1. das Gesetz über die Feuerbestattung vom 15. Mai 1934 (Nds. GVBl. Sb. II S. 279), geändert durch Artikel 13 des Gesetzes vom 30. Juli 1985 (Nds. GVBl. S. 246),
2. die Verordnung zur Durchführung des Feuerbestattungsgesetzes vom 10. August 1938 in der Fassung der Verordnung vom 24. April 1942 (Nds. GVBl. Sb. II S. 280),
3. das Gesetz über das Leichenwesen vom 29. März 1963 (Nds. GVBl. S. 142), zuletzt geändert durch Artikel 22 des Gesetzes vom 22. März 1990 (Nds. GVBl. S. 101),
4. die Verordnung über die Bestattung von Leichen vom 29. Oktober 1964 (Nds. GVBl. S. 183), zuletzt geändert durch Verordnung vom 17. September 1986 (Nds. GVBl. S. 303),
5. das Gesetz betreffend die Feuerbestattung vom 14. September 1911 (Nds. GVBl. Sb. III S. 61),
6. das Gesetz über die Einäscherung vom 22. Oktober 1925 (Nds. GVBl. Sb. II S. 286), zuletzt geändert durch Artikel 5 des Gesetzes vom 5. Dezember 1983 (Nds. GVBl. S. 281),
7. das Gesetz betreffend die Organisation der Herrschaft Kniphausen vom 27. Dezember 1854 (Nds. GVBl. Sb. III S. 15),
8. Abschnitt XXI der Dritten Durchführungsverordnung zum Gesetz über die Vereinheitlichung des Gesundheitswesens (Dienstordnung für die Gesundheitsämter – Besonderer Teil) vom 30. März 1935 (Nds. GVBl. Sb. II S. 170) und

9. die Verordnung betreffend die Regulierung einiger Verhältnisse der verschiedenen Religionsgesellschaften zu einander vom 14. Januar 1851 (Nds. GVBl. Sb. III S. 123).

(2) § 15 a des Kirchensteuerrahmengesetzes in der Fassung vom 10. Juli 1986 (Nds. GVBl. S. 281), zuletzt geändert durch Gesetz vom 14. Dezember 2001 (Nds. GVBl. S. 760), wird gestrichen.

§ 22. Inkrafttreten

Dieses Gesetz tritt am 1. Januar 2006 in Kraft. Abweichend von Satz 1 treten § 6 Abs. 3 und § 7 Abs. 7 am Tag nach der Verkündung*) dieses Gesetzes in Kraft.

A36. Weiterführende Literatur zum Thema „Sterben und Tod im Buddhismus"

Verfasser/ Herausgeber	**Titel**	**Ort (Verlag), Jahr**	**Bemerkungen**
Coward, Harold	Das Leben nach dem Tod in den Weltreligionen	Freiburg (Herder), 1998	Sterben u. Tod im Buddhismus allgemein
Heller, Birgit	Aller Einkehr ist der Tod: Interreligiöse Zugänge zu Sterben, Tod und Trauer	Freiburg (Lambertus), 2003	Sterben u. Tod im Buddhismus allgemein
Schwikart, Georg	Tod und Trauer in den Weltreligionen	Gütersloh (Gütersloher Verlagshaus), 1999	Sterben u. Tod im Buddhismus allgemein
Weil, Alfred	Im Spiegel des Todes: Beiträge zu Tod und Sterben aus buddhistischer Sicht	München (Deutsche Buddhistische Union), 1995	Sterben u. Tod im Buddhismus - Fachartikel
Wachs, Marianne	Form ist Leere – Leere Form Sterben und Tod (Band 8)	Berlin (Buddhistischer Studienverlag), 2010	Sterben u. Tod im Buddhismus - Fachartikel
Assmann, Jan	Der Abschied von den Toten Trauerrituale im Kulturvergleich	Göttingen (Wallstein), 2005	Theravada-Buddhismus (Sri Lanka)
Hecker, Hellmuth	Peta-vatthu. Das buddhistische Totenbuch	Stammbuch (Beyerlein & Steinschulte), 2001	Theravada-Buddhismus
Ho, Thanh	Der Übergang von Leben zu Tod und Wiedergeburt im Theravada-Buddhismus. Vorstellungen und Rituale	Marburg (Tectum), 2008	Theravada-Buddhismus (Sri Lanka)
Langer, Rita	Buddhist Rituals of Death and Rebirth. Contemporary Sri Lankan Practice and its Origin	London (Routledge), 2007	Theravada-Buddhismus (Sri Lanka)

Schmidt-Leukel, Perry	Die Bedeutung des Todes für das menschliche Selbstverständnis im Pali-Buddhismus	St. Ottilien (EOS Verlag), 1984	Theravada-Buddhismus
Weil, Alfred	Wege zur Todlosigkeit. Tod und Transzendenz in der Lehre des Buddha	Stammbach (Beyerlein & Steinschulte), 1998	Theravada-Buddhismus
Kapleau, Philip	Das Zen-Buch vom Leben und Sterben	Frankfurt a. M. (O. W. Barth), 2006	Zen-Buddhismus
Evans-Wentz, Walter	Das tibetanische Totenbuch. Ein Weisheitsbuch der Menschheit	Düsseldorf (Walter), 2000	Tibetischer Vajrayana-Buddhismus
Fremantle, Francesca	Das Totenbuch der Tibeter	Düsseldorf (Diederichs), 1980	Tibetischer Vajrayana-Buddhismus
Lauf, Detlef	Geheimlehren tibetischer Totenbücher Jenseitswelten und Wandlung nach dem Tode	Freiburg (Aurum), 1975	Tibetischer Vajrayana-Buddhismus
Mullin, Glenn	Die Schwelle zum Tod	Köln (Diederichs), 1987	Tibetischer Vajrayana-Buddhismus
Sogyal Rinpoche	Das tibetische Buch vom Leben und vom Sterben – ein Schlüssel zum tieferen Verständnis von Leben und Tod	Bern (O. W. Barth), 1997	Tibetischer Vajrayana-Buddhismus
Tulku Thondup	Friedliches Sterben - glückliche Wiedergeburt. Ein tibetisch-buddhistisches Handbuch	Aitrang (Windpferd), 2008	Tibetischer Vajrayana-Buddhismus

In der Schriftenreihe Religionen aktuell sind bisher erschienen:

Carina Back
Hindu-Tempel in Deutschland
Eine Untersuchung tamilisch-hinduistischer Strukturen in der Diaspora
(Band 1)
176 Seiten, 2007
ISBN 978-3-8288-9466-2

Britta Rensing
Die Wicca-Religion:
Theologie, Rituale, Ethik
(Band 2)
371 Seiten, 2007
ISBN 978-3-8288-9486-0

Thanh Ho
Der Übergang von Leben zu Tod und Wiedergeburt im Theravada-Buddhismus:
Vorstellungen und Rituale
(Band 3)
116 Seiten, 2008
ISBN 978-3-8288-9755-7

Stefan Schmitz
Von der Geburt bis zur Erleuchtung:
Das spirituelle Entwicklungsmodell Ken Wilbers
(Band 4)
258 Seiten, 2009
ISBN 978-3-8288-9977-3

Nina Kleinert
Menschenbilder der Weltreligionen:
Eine fachdidaktische Hinführung mit religionswissenschaftlicher Einführung
(Band 5)
94 Seiten, 2009
ISBN 978-3-8288-2042-5

Wolf Ahmed Aries
Der christlich-islamische Dialog
Chancen und Grenzen
(Band 6)
200 Seiten, 2011
ISBN 978-3-8288-2547-5

Britta Rensing und Bertram Schmitz (Hg.)
Himmel und Hölle
Religionen im asiatischen Film
(Band 7)
163 Seiten, 2011
ISBN 978-3-8288-2578-9

The-Za Yang
Das ostasiatische Qi-Konzept als Denkparadigma zwischen Religion und Wissenschaft
Religionswissenschaftliche Einordnung des Qi für die Heilung in Formen außerschulmedizinischer Methoden mit der Einbindung zu traditionell afrikanischen und christlichen Glaubenskonzepten
(Band 8)
382 Seiten, 2011
ISBN 978-3-8288-2674-8

Zeitfracht Medien GmbH
Ferdinand-Jühlke-Straße 7
99095 Erfurt, Deutschland
produktsicherheit@kolibri360.de